Thomas Böhm

Erziehungs- und Ordnungsmaßnahmen in der Schule
4., überarbeitete Auflage

D1672781

Thomas Böhm

Erziehungs- und Ordnungsmaßnahmen in der Schule

Schulrechtlicher Leitfaden

4., überarbeitete Auflage

 Carl Link

Abgeschlossen nach dem Rechtsstand vom 1. Juni 2011

Bibliographische Information der Deutschen Nationalbibliothek
Die Deutsche Nationalbibliothek verzeichnet diese Publikation in der Deutschen Nationalbibliografie; detaillierte bibliografische Daten sind im Internet über **http://dnb.d-nb.de** abrufbar.

Artikelnummer **02289000** (ISBN 978-3-556-02289-4)
Der Inhalt dieses Werkes, alle Vorschriften, Erläuterungen, Anregungen und weiterführenden Fachinformationen, ist mit größter Sorgfalt zusammengestellt. Dies begründet jedoch nicht einen Beratungsvertrag und keine anderweitige Bindungswirkung gegenüber dem Verlag. Es kann schon wegen der nötigen Anpassung an die individuellen Gegebenheiten des Einzelfalls keine Gewähr für Verbindlichkeit, Vollständigkeit oder auch Fehlerfreiheit gegeben werden, obwohl wir alles tun, einen aktuellen und korrekten Stand zu erhalten.
© Wolters Kluwer Deutschland GmbH, Köln, Kronach (2011)

Verantwortlich:
Carl Link
Adolf-Kolping-Straße 10, 96317 Kronach
E-Mail: info@wolterskluwer.de
Internet: www.carllink.de
        www.schulleitung.de
Satz: Typoscript GmbH, München

Printed in Germany – Imprimé en Allemagne

Vorwort

Erziehungs- und Ordnungsmaßnahmen gehören neben den Versetzungen und Prüfungen zu den schulischen Entscheidungen, die besonders häufig Gegenstand von Beschwerde- und Widerspruchsverfahren sind und zu Klagen vor den Verwaltungsgerichten führen. Dabei ist ein Erfolg der Schule besonders wichtig, da ein Scheitern im Widerspruchsverfahren oder vor Gericht über den Einzelfall hinaus die erzieherische Arbeit der Schule und die Wahrnehmung ihrer Schutzfunktion allen am Schulleben Beteiligten gegenüber unter Umständen erheblich erschweren kann.

Ihrer Verantwortung für die Erziehung der Schüler und die schulische Ordnung kann und darf sich die Schule auch nicht mit einem Hinweis auf die Möglichkeit zivilrechtlicher Schadensersatzforderungen oder die Erstattung einer Strafanzeige etwa durch tätlich angegriffene Schüler oder Lehrer entziehen. Diese rechtlichen Möglichkeiten sind allerdings zusätzlich zu erzieherischen Maßnahmen oder Ordnungsmaßnahmen der Schule in Betracht zu ziehen und werden daher auch in einem eigenen Kapitel behandelt.

Rechtliche und pädagogische Fragen sind dabei nahezu untrennbar miteinander verbunden, da beispielsweise die Prüfung der Verhältnismäßigkeit einer schulischen Maßnahme nur auf der Grundlage pädagogischer Überlegungen möglich ist. Pädagogik und schulische Lebenswirklichkeit bilden die Inhalte, die mit Hilfe der gesetzlichen und rechtswissenschaftlichen Begrifflichkeit und Systematik in den juristischen Entscheidungsprozess eingehen. Das Recht ist dabei weit mehr als eine bloße Ansammlung von Verfahrensvorschriften. Es bietet eine Begrifflichkeit und Struktur, die auch erheblich zur pädagogischen Qualität schulischer Entscheidungen beitragen können. Eine »richtige« und rechtmäßige Entscheidung ist daher grundsätzlich nur möglich, wenn beide Bereiche – Pädagogik und Recht – ernst genommen, in ihrer Eigengesetzlichkeit respektiert und als sinnvoll ergänzend aufeinander bezogen betrachtet werden.

Die zahlreichen Zitate aus der Rechtsprechung bieten einen unmittelbaren und vertieften Einblick in Fallsituationen aus der schulischen Praxis und juristische Begründungszusammenhänge. Sie veranschaulichen und belegen bestimmte Aussagen des vorausgehenden, eher systematisch angelegten Textes. Zudem hilft das Studium möglichst zahlreicher Fälle, ein Gefühl für verhältnismäßige Reaktionen auf Störungen der schulischen Ordnung zu entwickeln.

Der vorliegende Leitfaden kann daher sowohl als Nachschlagewerk zur Lösung konkreter Fälle aus der eigenen schulischen Praxis der Leser als auch zur Schulung des eigenen Urteilsvermögens genutzt werden. In jedem Fall soll er ermutigen, besonnen und entschlossen zu handeln, und eine Erziehung fördern, die die Rechte aller am Schulleben Beteiligten schützt.

Dr. Thomas Böhm

Hattingen, im Juni 2011

Hinweise zur Benutzung dieses Buches:

B = erläuternder Beispielsfall

F = Ausgangs-Fall zur Erläuterung eines Rechtsproblems

! = Tipp, praktischer Hinweis

Inhaltsverzeichnis

I. Erzieherische Maßnahmen: Rechtscharakter und Zweck

1. Abgrenzung zwischen erzieherischen Maßnahmen und Ordnungsmaßnahmen

Die Länder verwenden teilweise unterschiedliche Bezeichnungen für **1** erzieherische Maßnahmen im Unterschied zu Ordnungsmaßnahmen. So werden etwa die Bezeichnungen »erzieherische Mittel«, »pädagogische Maßnahmen« oder »erzieherische Einwirkungen« gebraucht. Etwaige inhaltliche Unterschiede stehen aber in keinem Zusammenhang mit der Verschiedenheit der Bezeichnungen.

Auch für die Abgrenzung von erzieherischen Maßnahmen und Ordnungsmaßnahmen kommt es letztlich auf die in den Schulgesetzen verwendete Terminologie nicht an. »Was der Gesetzgeber als »Erziehungsmaßnahme« bezeichnet, kann sehr wohl eine Ordnungsmaßnahme sein und umgekehrt« → *(Avenarius/Füssel, S. 492)*. Entscheidend ist der rechtliche Charakter der jeweiligen Maßnahme (siehe unten 4.).

Gemeinsam ist den Erzieherischen Maßnahmen und Ordnungsmaßnah- **2** men, dass es sich bei ihnen nicht um Strafen handelt. Ihnen fehlt der Vergeltungs- und Sühnegedanke. Sie dienen lediglich der Gewährleistung einer geordneten Unterrichts- und Erziehungsarbeit der Schulen sowie dem Schutz der Mitschüler, Lehrer, anderer beteiligter Personen und Sachen. Dieses Ziel sollen sie vorrangig durch die pädagogische Beeinflussung einzelner Schüler, die gegen die schulische Ordnung verstoßen haben, erreichen. Der Gedanke der Erziehung ist bei erzieherischen Maßnahmen von besonderer Bedeutung. Bei ihnen stehen daher die Persönlichkeit und das Alter beteiligter Schüler in besonderem Maße im Vordergrund. Sie zielen vorrangig auf eine Verhaltensänderung durch Einsicht. Bei den Ordnungsmaßnahmen, bei denen es sich ebenfalls um pädagogische und erzieherische Einwirkungen handelt, gewinnt dagegen je nach Situation der reine Ordnungs- und Schutzgedanke an Bedeutung für die Auswahl der Maßnahme.

3 Die Erziehungsmaßnahmen unterscheiden sich in mehrfacher Hinsicht von den Ordnungsmaßnahmen.

Zum einen sind die Erziehungsmaßnahmen in den Gesetzen nicht abschließend, sondern allenfalls beispielhaft aufgeführt. Die Zahl der möglichen Erziehungsmaßnahmen ist daher theoretisch unbegrenzt, während der Katalog der Ordnungsmaßnahmen durch die Schule nicht erweitert werden darf. Die Ordnungsmaßnahmen werden in den Schulgesetzen der Länder abschließend aufgezählt. Die Schule darf daher keine anderen Ordnungsmaßnahmen ergreifen, als die im Gesetz aufgeführten. Sie ist nicht berechtigt, etwa in einer eigenen Schulordnung weitere Ordnungsmaßnahmen einzuführen (zu den Schulen in freier Trägerschaft s. Kapitel X).

4 Erziehungsmaßnahmen können von jedem Lehrer in eigener pädagogischer Verantwortung getroffen werden, während es bei den Ordnungsmaßnahmen für jede Maßnahme eine bestimmte Zuständigkeitsregelung gibt. Lehrer bedürfen nicht der Zustimmung anderer Lehrkräfte, einer Konferenz oder der Schulleitung, um bestimmte Erziehungsmaßnahmen ergreifen zu können. Ihnen steht bei der Auswahl der Erziehungsmaßnahmen ein Ermessen zu. Aus den schulgesetzlichen Regelungen zu den erzieherischen Maßnahmen lässt sich aber nicht unmittelbar ein Recht der Lehrer ableiten, Erziehungsmaßnahmen unabhängig von Weisungen des Schulleiters und der Schulaufsicht zu wählen. Das Ausmaß der Entscheidungsfreiheit des Lehrers hängt von den jeweiligen Regelungen zur pädagogischen Freiheit der Lehrer in den Schulgesetzen der Länder ab.

Einige Schulgesetze und Verwaltungsvorschriften beschränken Eingriffe des Schulleiters auf Fälle, in denen gegen geltende Vorschriften, Anordnungen der Schulaufsichtsbehörden oder Beschlüsse der Konferenzen verstoßen wird oder eine geordnete Unterrichts- und Erziehungsarbeit nicht gewährleistet ist (so z. B. § 19 Abs. 2 Satz 2 ADO NW). Lehrer dürfen dann Erziehungsmaßnahmen unabhängig von Weisungen des Schulleiters selbstständig ergreifen, soweit eine geordnete Erziehungsarbeit dadurch nicht gefährdet ist. Eine solche Gefährdung ist aber erst anzunehmen, wenn Lehrer sich grundsätzlich weigern, Erziehungsmaßnahmen anzuwenden, oder ohne Berücksichtigung des konkreten Falles schematisch immer wieder nur ein bestimmtes Erziehungsmittel anwenden.

Einschränkungen der Weisungsbefugnis sind in Bezug auf die Schulaufsicht seltener als bei der Schulleitung, aber in einzelnen Ländern gegeben.. »Doch ist kein Land dem Vorschlag der Schulrechtskommission des Deutschen Juristentages gefolgt, Eingriffe der Schulaufsicht in die Unterrichtsarbeit des Lehrers nur zuzulassen, wenn dieser gegen Rechtsvorschriften verstoßen hat. Soweit es sich um ... erzieherische Maßnahmen der Schule handelt, haben Bremen, Hessen, Mecklenburg-Vorpommern und Niedersachsen die Befugnisse der Fachaufsicht ... stärker eingeengt: Die Schulbehörde kann diese Entscheidungen nur aufheben oder abändern, wenn sie gegen Rechts- oder Verwaltungsvorschriften verstoßen, auf unrichtigen Voraussetzungen oder sachfremden Erwägungen beruhen oder wenn sie allgemein anerkannte pädagogische Grundsätze oder Bewertungsmaßstäbe verletzen.« → *(Avenarius/Füssel, S. 185)*. Auch in diesen Ländern gilt allerdings, dass es für Lehrer schwierig ist, ihre pädagogische Freiheit erfolgreich vor Gericht zu verteidigen, da die Rechtsprechung in der Regel davon ausgeht, Lehrer seien durch Anordnungen der Schulaufsicht nicht als Träger eigener Rechte betroffen und könnten daher lediglich Gegenvorstellung erheben und sich ggf. an den nächsthöheren Dienstvorgesetzten wenden. Allerdings zeichnet sich in den letzten Jahren eine Tendenz zur Ausdehnung des Rechtsschutzes gegen innerschulische Weisungen ab. Sollten über die Weisung hinaus für den Lehrer rechtlich nachteilige Maßnahmen wie eine Eintragung in die Personalakte oder Disziplinarmaßnahmen ergriffen werden, stehen ihm unstrittig Rechtsbehelfe zur Verfügung.

Ein Betroffensein in der persönlichen Rechtsstellung kann auch durch zivil- und strafrechtliche Konsequenzen des Lehrerhandelns zu bejahen sein. Eine Lehrerin, die einen Schüler von der Teilnahme an einem Klassenausflug ausschließt und deswegen von der Schulaufsicht belehrt wird, ihr Verhalten sei rechtswidrig, kann die gerichtliche Feststellung der Rechtmäßigkeit ihres Verhaltens begehren:

»Entgegen der Auffassung der Schulbehörde betrifft die zwischen den Beteiligten streitige Befugnis der Klägerin, die Grundschüler von der Exkursion auszuschließen, die Lehrerin nicht nur in ihrem innerdienstlichen Betriebsverhältnis zur Schulbehörde, sondern auch in ihrer subjektiven Rechtsstellung. Zwar ist der Schulbehörde darin zu folgen, dass ein Beamter noch nicht dadurch in seinen Rechten betroffen wird, dass er einer seiner Auffassung nach sachlich fehlerhaften Weisung seiner Vorgesetzten zu folgen hat. Beamte sind weisungsgebunden und können die sachliche Berechtigung einer innerdienstlichen Weisung grundsätzlich nicht im Wege einer Feststellungsklage gerichtlich überprüfen lassen. Anderes gilt aber dann, wenn sich eine innerdienstliche Regelung auf die persönliche Rechtsstellung des Beamten auswirkt. So liegt es hier:

Die Schulbehörde hat bei der Ausgestaltung der bei der Durchführung von Klassenausflügen von den Lehrern zu beachtenden Regeln die ihr obliegende Fürsorgepflicht zu wahren. Ihre Fürsorgepflicht ist berührt, wenn sie auf der einen Seite von den Lehrkräften erwartet, dass diese Klassenausflüge durchführen, sie aber auf der anderen Seite keine Vorsorge dafür trifft, dass die Lehrerinnen und Lehrer ihrer Aufsichtspflicht gegenüber den ihnen anvertrauten Schülerinnen und Schülern genügen können. Denn diese Aufsichtspflicht trifft die Lehrkräfte nicht nur in ihrem innerdienstlichen Verhältnis zur Schulbehörde. Verletzungen der Aufsichtspflicht können vielmehr auch haftungsrechtliche oder sogar strafrechtliche Konsequenzen nach sich ziehen und betreffen damit die Lehrkräfte in ihrer persönlichen Rechtsstellung. Daran ändert der Hinweis der Schulbehörde nichts, die Lehrerin sei zivilrechtlich und strafrechtlich exkulpiert, wenn sie gegenüber ihrem Schulleiter darauf hinweise, dass ihrer Auffassung nach es nicht zu verantworten sei, einzelne Schüler auf einen Schulausflug mitzunehmen. Schon das Risiko, zivil oder strafrechtlich im Falle eines schweren Unfalles der ihr anvertrauten Schüler in Anspruch genommen zu werden, zeigt, dass die Lehrerin auch in ihren eigenen Rechten betroffen ist.« → *(Hamburgisches Oberverwaltungsgericht, Az.: 1 Bf 413/00; SchulRecht 2/2004, S. 35–37, hier: 36).*

5 Erziehungsmaßnahmen setzen nicht die Durchführung eines bestimmten Verfahrens voraus, während bei Ordnungsmaßnahmen Verfahrensvorschriften zu beachten sind.

2. Erzieherische Maßnahmen und allgemeiner Erziehungsauftrag .

6 Erziehungsmaßnahmen sind von den Ordnungsmaßnahmen zu unterscheiden, aber auch von erzieherischen Maßnahmen abzugrenzen, die dem allgemeinen Erziehungs- und Bildungsauftrag der Schule entsprechen.

Während Erziehungsmaßnahmen einen Verstoß gegen den Bildungs- und Erziehungsauftrag der Schule, also ein Fehlverhalten, voraussetzen, beruhen sonstige erzieherische Handlungen der Schule auf dem generellen Erziehungsauftrag der Schule. So ist etwa die Einführung eines Ordnungsdienstes an einer Schule keine Erziehungsmaßnahme – als solche wäre sie unzulässig, da sicherlich nicht alle Schüler der Schule das Gebäude und Gelände verschmutzt haben –, sondern eine pädagogische Maßnahme zur Erfüllung des Erziehungsauftrages, die Schüler zu Eigenverantwortung und sozialem Verhalten zu erziehen.

3. Fehlverhalten und Verhältnismäßigkeit

Die Schulgesetze führen einige Pflichten der Schüler wie etwa die Verpflichtung zum Schulbesuch oder zum Anfertigen von Hausaufgaben ausdrücklich auf. Da sie aber nicht annähernd alle Verpflichtungen der Schüler aufzählen können, enthalten sie sogenannte Auffangtatbestände. Dabei handelt es sich um sehr allgemeine Formulierungen wie »Die Schüler müssen alles unterlassen, was die Ordnung in der Schule stört.«, auf die sich die Schule stützen kann, um auf die Vielfalt unterschiedlicher störender Verhaltensweisen reagieren zu können. **7**

Erzieherische Einwirkungen und Ordnungsmaßnahmen setzen ein Fehlverhalten des Schülers voraus. Für Fehlverhalten ihrer Eltern können Schüler nicht durch erzieherische Einwirkungen oder Ordnungsmaßnahmen zur Rechenschaft gezogen werden. **8**

F Die verlängerten Ferien
Der Vater eines 15-jährigen Schülers beantragt bei der Schule die Beurlaubung seines Sohnes für drei auf die Weihnachtsferien folgende Schultage, da die Familie während dieser Zeit im Urlaub sei. Die Schule lehnt den Antrag ab.
Der Schüler nimmt an den drei Schultagen nach den Weihnachtsferien nicht am Unterricht teil und kehrt mit einer von seinem Vater unterzeichneten Entschuldigung in die Schule zurück.
Die Klassenkonferenz beschließt daraufhin, dem Schüler einen schriftlichen Verweis zu erteilen, da er seine Teilnahmepflicht am Unterricht verletzt habe.

Das Verwaltungsgericht Düsseldorf → *(Az.: 1 K 1989/83; SPE 922 Nr. 2)* erklärte die Ordnungsmaßnahme für rechtswidrig:

»In jedem Fall kommt die Verhängung einer Ordnungsmaßnahme in Form eines Verweises ... rechtmäßigerweise nur dann in Betracht, wenn der Schüler den ordnungswidrigen Zustand ... selbst in zurechenbarer Weise herbeigeführt hat ... Eine individuelle Verantwortlichkeit, die den betreffenden Schülern zuzurechnen ist, liegt nur dann vor, wenn für den Schüler eine Handlungsmöglichkeit mit verschiedenen Handlungsalternativen besteht. Sieht sich dagegen der Schüler mit einer Situation konfrontiert, in der ihm nur eine bestimmte Verhaltensweise eröffnet und möglich ist, so lässt sich von einer Freiheit bei der Auswahl unter mehreren Handlungsalternativen und damit von einer individuellen Verantwortung für ein Tun oder Unterlassen nicht mehr sprechen; an einem Fehlverhalten fehlt es dann, da der Schüler sich nicht anders verhalten konnte. (Dem Schüler blieb vor Urlaubsantritt nur die Alternative,) sich den Eltern zu fügen und mit in den Urlaub zu fahren oder aber sich den Wünschen und Anordnungen seiner Eltern zu widersetzen. Dass sich der Schüler den Weisungen seiner Eltern fügte und keine eigene Entscheidungsmöglichkeit sah, obwohl er dadurch – wie ihm bewusst war – gegen seine Pflichten als Schüler verstieß, kann ihm als damals 15-jährigem nicht zum Vorwurf gemacht werden ...

Es sei jedoch darauf hingewiesen, dass nach Erreichen des 18. Lebensjahres jeder Schüler selbst ausschließlich für sein Verhalten und damit auch für eine Verletzung der Teilnahmepflicht verantwortlich ist.«

Das Gericht weist des weiteren darauf hin, dass bei der Vollzeitschulpflicht unterliegenden Schülern die richtige Reaktion die Verhängung eines Bußgeldes gegen die Erziehungsberechtigten gewesen wäre.

Stören Erziehungsberechtigte in anderer Weise als durch eine Schulpflichtverletzung die schulische Ordnung, ohne dass sich ein Fehlverhalten des jeweiligen Schülers feststellen lässt, kann die Schule darauf unter bestimmten Umständen mit schulischen Maßnahmen, aber nicht mit erzieherischen Einwirkungen oder Ordnungsmaßnahmen reagieren (dazu siehe unten Kapitel VI. 3.). Zeigen sich Eltern bei Gesprächen mit Lehrern wiederholt in erheblichem Maße aufdringlich, belästigend, rücksichtslos und uneinsichtig, kann der Schulleiter ein Hausverbot aussprechen. Dazu führt das Oberverwaltungsgericht Nordrhein-Westfalen → *(Az.: 19 B 1473/05; SchulRecht 3-4/2006, S. 33–35)* aus: »Der Mangel des Vaters an Einsichtsfähigkeit und an Bereitschaft zur Rücksichtnahme lässt besorgen, dass erneut Konfliktsituationen auftreten, die aufgrund seines Verhaltens zu einer erheblichen Störung des Schulbetriebs führen. Demgegenüber wiegen die mit dem Hausverbot verbundenen Einschränkungen für den Vater nicht schwer und sind hinzunehmen. Information und Beratung der Eltern können durchgeführt werden. Neben den von dem Hausverbot nicht betroffenen telefonischen und schriftlichen Kontakten kann der Vater Besprechungstermine mit Lehrern, wie die Schulleiterin hervorgehoben hat, außerhalb der Zeiten des Schulbetriebs vereinbaren. Sonstige Besprechungstermine, Elternabende und Elternsprechtage kann seine Ehefrau wahrnehmen.«

Die Verhältnismäßigkeit eines Hausverbotes hängt vom Ausmaß der Störung der schulischen Ordnung und den weiterhin bestehenden Möglichkeiten der Elterninformation ab, wie eine Entscheidung des Verwaltungsgerichts Aachen → *(Az.: 9 K 1428/06; SchulRecht 5-6/2009, S. 62)* zeigt: »Das Hausverbot war insbesondere erforderlich, weil die Gefahr bestand, dass sich derartige Störungen wiederholten. Dies zeigt bereits das Verhalten der Mutter am 21. Februar, als es wiederum zu einer Auseinandersetzung mit der Schulleiterin kam und die Mutter auf deren Aufforderung die Schule auch dann nicht verlassen wollte, als die Einschaltung der Polizei angekündigt war. Die Maßnahme war schließlich angemessen, da sie kein umfassendes Hausverbot zum Gegenstand hatte, sondern den Besuch der Schule zu vereinbarten Gesprächsterminen zuließ.« Unterbleibt eine Anhörung, bevor ein Hausverbot ausgesprochen wird, kann die Anhörung nachgeholt werden. Eine Anhörung ist nachgeholt, wenn der Betroffene sich zum Sachverhalt äußert und die Schule sowie die Schulaufsicht die Äußerungen bei ihrer Entscheidung über den Widerspruch berücksichtigen (VG Aachen, a. a. O.).

Sind erzieherische Maßnahmen zulässig, müssen sie selbstverständlich **9** verhältnismäßig sein (zu den Einzelheiten bei der Prüfung der Verhältnismäßigkeit siehe unten).

4. Verwaltungsaktscharakter erzieherischer Maßnahmen und Ordnungsmaßnahmen

10 **F** **Der Sinneswandel des Verordnungsgebers**
Eine Schule entscheidet aufgrund einer Übergreifenden Schulordnung mit dem Rechtscharakter einer Rechtsverordnung, einen Schüler in die parallele Klasse zu überweisen. Die Überweisung in die parallele Klasse war vom Verordnungsgeber (dem Ministerium) früher als Ordnungsmaßnahme, zum Zeitpunkt der Entscheidung der Schule aber als förmliche Erziehungsmaßnahme eingestuft worden. Als die Eltern des betroffenen Schülers Widerspruch einlegen, stellt sich für die Schule die Frage, ob der Sinneswandel des Verordnungsgebers auch zu einer Änderung der Rechtsnatur der beschlossenen Maßnahme geführt hat.

Erzieherische Maßnahmen sind in aller Regel keine Verwaltungsakte. Sie stellen lediglich einen geringfügigen Eingriff in Rechte der Schüler dar und sind auch nur mit verhältnismäßig geringen tatsächlichen Belastungen verbunden.

Zum obigen Fall führt das entscheidende Gericht → *(VG Koblenz, Az.: 7 L 3791/92.KO; SPE 902 Nr. 2, in diesen Aussagen bestätigt durch das OVG Rheinland-Pfalz, Az.: 2 B 10416/93.OVG; SPE 902 Nr. 3)* aus:

Die Überweisung in die parallele Klasse greift »unmittelbar in die Rechtspersönlichkeit des hiervon betroffenen Schülers ein.

Diese Auffassung war nach altem Recht unbestritten. Ihr lag allerdings die Einstufung der Überweisung in die Parallelklasse durch den Verordnungsgeber als Ordnungsmaßnahme zugrunde ... Entgegen der Auffassung des Regierungspräsidenten stellt allein die Tatsache, dass der Verordnungsgeber die Überweisung in eine andere Klasse nicht mehr als Ordnungsmaßnahme gewertet wissen will, sondern sie nunmehr als erzieherische Einwirkung ansieht, die Qualifizierung dieser Maßnahme als Verwaltungsakt nicht in Frage. Dies beruht darauf, dass die Auswirkungen einer derartigen Maßnahme für den hiervon betroffenen Schüler gleich geblieben sind. Die Intention des Verordnungsgebers mag sich geändert haben, die unmittelbare Beeinträchtigung der Rechtspersönlichkeit des jeweiligen Schülers hingegen nicht.«

Die Einstufung einer schulischen Maßnahme als Verwaltungsakt darf **11** also nicht schematisch erfolgen (»Alle Ordnungsmaßnahmen sind Verwaltungsakte, erzieherische Maßnahmen sind niemals Verwaltungsakte.«), da ein solches Vorgehen es ausschließlich von der Einstufung durch den Gesetzgeber abhängig machen würde, ob eine Maßnahme Verwaltungsakt ist oder nicht. Angesichts der unterschiedlichen Länderregelungen bedeutete das zudem, dass eine Maßnahme in einem Land Verwaltungsakt wäre, in einem anderen dagegen nicht. So wird etwa in Baden-Württemberg das zweistündige Nachsitzen unter Erziehungs- und Ordnungsmaßnahmen in der Zuständigkeit des Klassenlehrers oder unterrichtenden Lehrers ausdrücklich im Gesetz aufgeführt (§ 90 Abs. 3 SchulG), während es beispielsweise in NRW bei den erzieherischen Einwirkungen als »Nacharbeit unter Aufsicht nach vorheriger Benachrichtigung der Eltern« (§ 53 Abs. 2 SchulG) bezeichnet wird.

Es besteht daher kein zwingender Zusammenhang zwischen der ausdrücklichen Regelung einer Maßnahme im Schulgesetz und dem Verwaltungsaktscharakter einer Maßnahme. Maßnahmen, die den im Gesetz erwähnten Ordnungsmaßnahmen in ihrer Belastungswirkung gleichkommen oder diese sogar übertreffen, sind daher nicht von vornherein unzulässig, sondern sind ggf. als Verwaltungsakte zu behandeln, da der Verwaltungsaktscharakter einer Maßnahme in jedem Einzelfall zu prüfen ist.

F Die Verweise

Eine Schule erteilte einem Schüler einen »verschärften Verweis«, weil er das Werkstück einer Mitschülerin zerstört habe. Ein Jahr später erhielt der Schüler einen »schriftlichen Verweis«, weil er einer Lehrkraft einen Schlag auf den Hinterkopf versetzt habe. Der Schüler bestritt in beiden Fällen den von der Schule festgestellten Tathergang. Sein Widerspruch wurde mit der Begründung zurückgewiesen, es handle sich bei den Verweisen nicht um Verwaltungsakte, so dass ein Widerspruch unzulässig sei.

Das Verwaltungsgericht Bayreuth, → *(Az.: B 6 K 99.153; SchulRecht 3/ 2000, S. 60 f.)* wies die Klage als unzulässig ab, »weil die Anfechtungsklage mangels Vorliegens eines Verwaltungsakts nicht statthaft ist … Daß eine Maßnahme in dem Katalog der Ordnungsmaßnahmen aufgeführt ist, besagt allein noch nichts über die Rechtsnatur der Maßnahme ... Daß (lediglich) die Begleitumstände eines Akts für den Betroffenen diskriminierend sind, macht einen solchen Rechtsakt nicht zu einem Verwaltungsakt ... Bei den Ordnungsmaßnahmen Verweis und verschärfter Verweis steht der Erziehungscharakter eindeutig im Vordergrund. Durch sie soll der Schüler dazu angehalten werden, sich der Ordnung in der Schule anzupassen, damit ein geordneter Schulbetrieb gewährleistet wird. Auswirkungen auf den Ausbildungsgang (vgl. Art. 12 Abs. 1 GG) und das Ansehen des Schülers (Empfindlichkeiten und Eigenheiten besitzen dabei kein sachlich messbares Gewicht) sind nicht festzustellen. Diese Maßnahmen berühren daher grundsätzlich nicht in rechtsrelevanter Weise die individuelle Rechtssphäre des Schülers; ausnahmsweise wäre dies nur der Fall bei einem willkürlichen bzw. schikanösen Verhalten der Schule.«

12 Zweifelsfrei zu den Verwaltungsakten zu zählen sind Unterrichtsausschlüsse von erheblicher Dauer, die Überweisung in die parallele Klasse, die Androhung der Verweisung an eine andere Schule und die Verweisung selbst, die Entlassung nicht mehr schulpflichtiger Schüler von der Schule sowie die Verweisung von allen öffentlichen Schulen eines Landes. Zweifel am Verwaltungsaktscharakter können vor allem beim schriftlichen Verweis bestehen, da diese Maßnahme erfahrungsgemäß von den meisten Schülern subjektiv als nicht sonderlich belastend empfunden wird und auch objektiv angesichts der mit ihr verbundenen Belastung als nur geringfügig in Rechte der Schüler eingreifende Maßnahmen eingestuft werden kann. Allerdings wird auch diese Maßnahme häufig als Verwaltungsakt angesehen, da sie als ein förmliches Unwerturteil über das bisherige Verhalten des Schülers seine Rechtsstellung tangiert→ *(Niehues, RdNr. 452)*.

Aus der Sicht der schulischen Praxis sind aber wohl nicht vorrangig Kommentatoren und Rechtsprechung zu befragen, ob und ggf. mit welcher Begründung bestimmte Maßnahmen als Verwaltungsakte anzusehen sind, sondern der jeweilige Verordnungsgeber, sofern er verhältnismäßig geringfügige Maßnahmen als Ordnungsmaßnahmen einstuft und damit ein aufwendiges förmliches Verfahren vorschreibt, das die Handlungsfähigkeit der Schulen nicht erweitert, sondern einengt, obwohl eine Maßnahme wie der schriftliche Verweis wegen des von ihm ausgehenden geringfügigen Eingriffs in Rechte der Schüler sicherlich nicht zwingend im Gesetz als Ordnungsmaßnahme aufgeführt werden muss.

Die Einstufung einer Maßnahme als Verwaltungsakt ist vor allem **13** wegen der aufschiebenden Wirkung eines Widerspruchs, wenn diese nicht ausdrücklich im Schulgesetz ausgeschlossen wird, und des gerichtlichen Rechtsschutzes von Bedeutung. Außerdem ist bei einem Widerspruchsverfahren die Weiterleitung des Widerspruchs an die Schulaufsicht obligatorisch, falls die Schule dem Widerspruch nicht abhilft, während eine solche Weiterleitung bei einer Beschwerde von den Beschwerdeführern ausdrücklich oder offensichtlich gewünscht werden muss. Auf das Verfahren wirkt sich die Verneinung des Verwaltungsaktcharakters einer Ordnungsmaßnahme dagegen nicht aus, da auch bei Ordnungsmaßnahmen, die nicht als Verwaltungsakte anzusehen sind, das im Gesetz vorgesehene Verfahren durchgeführt werden muss. Eine Klagemöglichkeit kann für Eltern und Schüler auch gegen schulische Maßnahmen bestehen, die keine Verwaltungsakte sind, da »die Möglichkeit, vor Gericht Rechtsschutz gegen hoheitliche Maßnahmen zu sichern, nicht von der Rechtsnatur der angegriffenen Maßnahme ..., sondern allein davon abhängt, ob sich der Betroffene auf eine Verletzung einer eigenen Rechtsposition berufen kann.« → *(Schleswig-Holsteinisches OVG, Az.: 3 L 36/92; SPE 452 Nr. 4)*. Allerdings wird die Verletzung einer eigenen Rechtsposition nicht wie beim Verwaltungsakt unterstellt, sondern ist ausdrücklich darzulegen.

Bei bestimmten, schwerwiegend in Rechte der Schüler eingreifenden **14** oder die Schüler tatsächlich erheblich belastenden erzieherischen Maßnahmen kann es sich um Verwaltungsakte handeln. Hierzu könnten z. B. umfangreiche Aufgaben gehören, deren Erledigung außerhalb der allgemeinen Unterrichtszeit erfolgen soll. Wird etwa einem Schüler, der einen Teil des Schulgartens verwüstet hat, aufgetragen, in insgesamt zehn Arbeitsstunden nachmittags den angerichteten Schaden wieder gutzumachen und den Schulgarten insgesamt zu pflegen, ist die belastende Wirkung einer solchen Maßnahme so erheblich, dass ein Verwaltungsakt vorliegen dürfte und damit auch ein Widerspruch möglich wäre. Der Schüler müsste daher den Schulgarten erst instandsetzen und pflegen, wenn über den Widerspruch entschieden ist oder die sofortige Vollziehung angeordnet wird, es sei denn, die aufschiebende Wirkung eines Widerspruchs ist bereits gesetzlich ausgeschlossen.

15 F **Der voreilige Widerspruch**
Schüler, die einen Unterrichtsraum verschmutzt haben, werden vom Lehrer für 15 Minuten im Raum eingeschlossen und zur Säuberung des Raumes angehalten.
Einer der Schüler legt beim Lehrer sofort Widerspruch gegen diese Anordnung ein.

Eltern und Schüler können gegen erzieherische Maßnahmen, die in aller Regel keine Verwaltungsakte sind, nicht mit einem Widerspruch, sondern lediglich mit einer Beschwerde vorgehen. Die für die Schule wichtigste Folge besteht neben dem in der Regel weniger formalisierten Verfahren der Bearbeitung in der fehlenden aufschiebenden Wirkung einer Beschwerde. Für die Praxis bedeutet das, dass ein Schüler zunächst tun muss, was ihm durch eine erzieherische Maßnahme aufgetragen wurde und sich anschließend beschweren kann. Wird ein Schüler beispielsweise angewiesen, einen verunreinigten Raum zu säubern, hat er zunächst den Raum zu säubern, bevor er sich bei der Schulleitung beschweren kann. Auch eine sofort dem Lehrer gegenüber erhobene Beschwerde hat keine aufschiebende Wirkung.

16 »Wenn ein Lehrer eine Schultür für etwa 15 Minuten von innen abschließt/versperrt, um Schüler daran zu hindern, das Gebäude vor Beendigung eines gemeinschaftlichen Aufräumens zu verlassen, so liegt darin auch dann kein Verwaltungsakt, wenn die Schüler deswegen entsprechend länger in der Schule bleiben müssen, als nach ihrem Stundenplan vorgesehen ...

Die von den Klägern erhobenen formellen Rügen (... Missachtung der aufschiebenden Wirkung des Widerspruchs) sind unberechtigt. Sie gehen von der Annahme aus, dass ein Verwaltungsakt vorliegt.« → (*Schleswig-Holsteinisches OVG, Az.: 3 L 36/92; SPE 452 Nr. 4*).

5. Verfahren/Anhörung

17 Vor dem Ergreifen erzieherischer Maßnahmen müssen die Erziehungsberechtigten nicht angehört werden, da ein solches Anhörungsrecht gesetzlich nicht vorgeschrieben ist und es sich bei diesen Maßnahmen nur in seltenen Ausnahmefällen um Verwaltungsakte handelt.

Sollten erzieherische Maßnahmen im Einzelfall tatsächlich und rechtlich so erheblich in Rechte von Schülern eingreifen, dass sie den Charakter von Verwaltungsakten haben, sind die Eltern und der betroffene Schüler vor Durchführung der Maßnahme zu hören.

Bei bestimmten Maßnahmen, die den privaten Bereich in erheblicher Weise berühren, sind die Eltern aber vor der Durchführung zu informieren. Das gilt vor allem für das Nachholen schuldhaft versäumten Unterrichtsstoffs und andere Aufgaben, die außerhalb der Unterrichtszeit zu erledigen sind. **18**

Auch betroffene Schüler müssen – im Gegensatz zum Verfahren bei Ordnungsmaßnahmen – nicht vor einer erzieherischen Maßnahme gehört werden. Im Normalfall wird man Einwände und Bedenken eines Schülers anhören und den Sinn und Zweck der Maßnahme erläutern. Eine Anhörung ist aber nicht – wie bei den Ordnungsmaßnahmen – Voraussetzung für die Rechtmäßigkeit der Maßnahme. Ein Anhörungsrecht wäre auch nicht praktikabel, da es zu langen Diskussionen über jede der zahlreichen erzieherischen Maßnahmen führen würde, die im schulischen Alltag zur schnellen Lösung eines Konfliktes oder zur schnellen Beseitigung einer Gefahr ergriffen werden müssen. **19**

6. Inhaltliche und verfahrensmäßige Regelungen in eigenen Schulordnungen der Schulen

Beabsichtigen Schulen, in einer eigenen Schulordnung bestimmte Verhaltensweisen ausdrücklich zu untersagen und bestimmte erzieherische Einwirkungen aufzuführen, sollten sie folgendes beachten: **20**

– Erzieherische Einwirkungen sollten niemals in einem abschließenden Katalog aufgeführt werden, sondern immer nur beispielhaft, um eigene Handlungsspielräume nicht einzuengen.
– Es sollte keine »Wenn ... dann«-Beziehung zwischen bestimmtem Fehlverhalten und bestimmten erzieherischen Einwirkungen hergestellt werden, da ein schematisches Vorgehen gegen den Grundsatz der Verhältnismäßigkeit, der die Prüfung eines jeden Einzelfalles verlangt, verstößt. Das gilt z. B. für Regelungen wie: »Drei Eintragungen in das Klassenbuch führen zu einem dreitägigen Ausschluss von der Hofpause.«

– Insbesondere die das Fehlverhalten beschreibenden Aussagen sollten eher weit als eng formuliert werden. Statt eines »Waffenverbotes«, das eventuell die Diskussion auslöst, ob damit nur Waffen im Sinne des Waffengesetzes gemeint sind, sollte eher ein Verbot des Mitbringens »gefährlicher Gegenstände« ausgesprochen werden.

21 | ! | Die wichtigsten Vorteile einer beispielhaften Aufzählung erzieherischer Einwirkungen in einer eigenen Schulordnung der Schule sind die sich daraus ergebenden Anregungen an die Lehrer, eine größere Zahl unterschiedlicher erzieherischer Einwirkungen einzusetzen, eine höhere Wahrscheinlichkeit gemeinsamen erzieherischen Handelns innerhalb des Kollegiums, die größere Legitimität der von der Schul- oder Gesamtkonferenz beschlossenen Maßnahmen und das Nachdenken aller am Schulleben Beteiligten über die praktische Umsetzung und Durchsetzung der Maßnahmen. So löst etwa die Einführung eines »Nachsitzens« die Frage nach der Aufsicht aus. Je nach Größe der Schule und Häufigkeit der Fälle könnten hier Lösungen gefunden werden, die etwa durch die Festlegung bestimmter Termine innerhalb einer Woche oder eines Monats für alle von einer solchen Maßnahme betroffenen Schüler die einzelnen, die Maßnahme anordnenden Lehrer weitgehend von ihrer Aufsichtspflicht entlasten.

II. Einzelne erzieherische Maßnahmen

1. Beispielhafte erzieherische Maßnahmen

Die Länderregelungen führen Erziehungsmaßnahmen wie erzieherische **22** Gespräche mit dem Schüler, Gespräche mit den Eltern, gemeinsame Absprachen mit Schülern und Eltern, die fördernde Beratung, und die formlose Missbilligung des Fehlverhaltens auf. Unabhängig von der Erwähnung gemeinsamer Absprachen bei den erzieherischen Einwirkungen sehen einige Schulgesetze Erziehungsvereinbarungen vor (z. B. § 42 Abs. 5 SchulG NRW). Dabei handelt es sich nicht um rechtlich verbindliche Verträge, vielmehr werden Rechte und Pflichten, die sich aus dem öffentlich-rechtlichen Schulverhältnis ergeben, in diesen Vereinbarungen konkretisiert und den Eltern und Schülern vor Augen geführt. Beispielsweise können ein bestimmtes Fehlverhalten beschrieben und Schritte vereinbart werden, wie Eltern, Schüler und Schule dazu beitragen werden, das Fehlverhalten zu verhindern. Erfüllen die Eltern und Schüler ihre in der Vereinbarung beschriebenen Pflichten nicht, kann das bei zukünftigen erzieherischen Maßnahmen und Ordnungsmaßnahmen erschwerend berücksichtigt werden.

a. Lob

Das Schulgesetz des Landes Thüringen nennt ausdrücklich neben der **23** Ermahnung auch das Lob (§ 51 Abs. 1 Satz 3 SchulG Th). Die Erwähnung des Lobes bei den Erziehungsmaßnahmen verdeutlicht, dass nicht nur Maßnahmen mit einer belastenden Wirkung für den Betroffenen zu den Erziehungsmaßnahmen gehören können, sondern auch positive Maßnahmen. Selbst auf ein eindeutiges Fehlverhalten kann unter Umständen sinnvoll mit einer »positiven« Maßnahme reagiert werden. So ist es beispielsweise denkbar, unzuverlässige Schüler mit einer als Auszeichnung empfundenen Aufgabe wie der Pflege eines Aquariums zu betrauen, um eine erzieherische Wirkung zu erzielen.

b. Schriftliche Mitteilung an die Eltern (Hinweis) bei schweren oder häufigen Pflichtverletzungen

Die in allen Ländern mögliche schriftliche Missbilligung (Tadel) kann **24** als Eintragung in die dafür vorgesehenen schulischen Dokumente (z. B.

Klassenbuch, falls landesrechtliche Regelungen das aus datenschutz-rechtlichen Gründen nicht untersagen) erfolgen oder als schriftliche Mitteilung an die Erziehungsberechtigten. Eine solche schriftliche Mitteilung unterscheidet sich vom schriftlichen Verweis, den je nach Landesregelung die Konferenz der Lehrer der Klasse, eine für Ordnungsmaßnahmen zuständige Teilkonferenz oder der Schulleiter aussprechen, durch den geringeren Grad der Missbilligung, da er weder von einer Konferenz beschlossen, noch vom Behördenleiter ausgesprochen wird. Er hat daher in rechtlicher Hinsicht eine weniger belastende Wirkung.

c. Nacharbeiten schuldhaft versäumten Unterrichts nach vorheriger Benachrichtigung der Erziehungsberechtigten

25 Das »Nachsitzen« ist auch ohne ausdrückliche gesetzliche Grundlage zulässig, da es nicht den Zweck verfolgt, die körperliche Bewegungs-freiheit zu beschränken und von dem Betroffenen nicht verlangt wird, eine Einschränkung seiner Freiheit zur räumlichen Aufenthaltsbestim-mung zu dulden (wie das etwa bei einem »Karzer« der Fall wäre), son-dern lediglich die Verpflichtung zur Teilnahme am Unterricht und sons-tigen schulischen Veranstaltungen auf einige Stunden außerhalb der regulären Unterrichtszeit ausgedehnt wird. Es wird daher lediglich die Schulbesuchpflicht im Einzelfall erweitert, nicht dagegen die körperli-che Bewegungsfreiheit eingeschränkt → (VGH Baden-Württemberg, Az.: 9 S 2757/83; SPE 452 Nr. 3). Auch in den Ländern, in denen das »Nachsitzen« nicht ausdrücklich im Gesetz geregelt ist, ist es daher als Maßnahme zulässig.

Unter dem Gesichtspunkt der Verhältnismäßigkeit ist zu entscheiden, ob das Nachholen nicht auch in Form einer häuslichen Nacharbeit geschehen kann. Sollte das der Fall sein, ist die häusliche Nacharbeit als weniger einschneidende Maßnahme anzuordnen. Eine Nacharbeit in der Schule setzt in der Regel voraus, dass der Auftrag zu häuslicher Nacharbeit nicht erfüllt wurde.

26 Ob die Verpflichtung, außerhalb der Unterrichtszeit in der Schule besondere Aufgaben zu erfüllen, auf das Nachholen versäumten Unter-richtsstoffes beschränkt ist, oder auch zur Erfüllung anderer Aufgaben, etwa der schriftlichen Auseinandersetzung mit eigenem Fehlverhalten oder dem Aufräumen einer Bibliothek angeordnet werden kann, ist umstritten. Die Rechtsprechung bejaht die Zulässigkeit solcher Maßnahmen → *(s. SPE 452 Nr. 1, Nr. 2, Nr. 3 und Nr. 4, Stichwort »Nachsitzen«).* Bedenken in der Literatur → *(Avenarius/Füssel, S. 500),* die wegen eines Eingriffs in die Freiheit der Person (Art. 2 Abs. 2 Satz 2 GG) eine besondere gesetzliche Grundlage verlangen und darauf hinweisen, dass einige Länder lediglich das Nachholen von Lernrückständen und Nachholen schuldhaft versäumten Unterrichts (etwa durch Zuspätkommen oder Unterrichtsstörungen) ausdrücklich für zulässig erklären, können dagegen nicht überzeugen.

Es bedarf daher auch keiner bestimmten gesetzlichen Grundlage, die die **27** Schüler zur Erfüllung übertragener Aufgaben auch in der unterrichtsfreien Zeit am Nachmittag verpflichtet. So führte der Verwaltungsgerichtshof Baden-Württemberg vor der ausdrücklichen Aufnahme des Nachsitzens in das Schulgesetz aus: »Bei der Anordnung des »Nachsitzens« bis zu zwei Unterrichtsstunden durch den Klassenlehrer oder unterrichtenden Lehrer handelt es sich um eine Maßnahme, die einer schlichten Erziehungsmaßnahme des Lehrers innerhalb des laufenden Unterrichts- und Schulbetriebs vergleichsweise am nächsten kommt. Dies rechtfertigt es, sie trotz ihres Charakters als belastenden Verwaltungsakt noch als eine – nach herkömmlicher Rechtsüberzeugung – ohne spezielle gesetzliche Ermächtigung in der pädagogischen Verantwortung des Lehrers liegende, der Erfüllung seiner Erziehungsaufgabe dienende Maßregel anzusehen, zu deren Erlass der Lehrer ... allgemein und unmittelbar ermächtigt war.« → *(SPE a. F. II D II, S. 39–39 c, hier: S. 39 c).*

Da es sich lediglich um eine Beschränkung der allgemeinen Handlungsfreiheit des Schülers (Art. 2 Abs. 1 GG) und nicht um einen Eingriff in seine körperliche Bewegungsfreiheit (Art. 2 Abs. 2 Satz 2 GG) handelt, da der Zweck der Maßnahme weder in der Einschränkung der körperlichen Bewegungsfreiheit besteht noch der Schüler gewaltsam der Schule zugeführt oder gewaltsam am Verlassen der Schule gehindert werden würde, falls er sich der Maßnahme entziehen sollte, handelt es sich um eine erzieherische Maßnahme, für die als gesetzliche Grundlage die gesetzliche Ermächtigung, erzieherische Maßnahmen ergreifen zu dürfen, ausreicht.

28 Die Beschäftigung von Schülern mit besonderen Aufgaben außerhalb der Unterrichtszeit – zu Hause oder in der Schule – ist immer dann zulässig, wenn eine solche Maßnahme verhältnismäßig, d. h. insbesondere geeignet ist, eine im Interesse einer geordneten Unterrichts- und Erziehungsarbeit erforderliche Verhaltensänderung herbeizuführen.

d. Übertragung besonderer Aufgaben

29 »Strafarbeiten« gelten als unzulässige Erziehungsmaßnahmen. Die Übertragung besonderer Aufgaben, zu denen auch die Anfertigung einer schriftlichen Ausarbeitung gehören kann, ist dagegen grundsätzlich zulässig. Der Unterschied zwischen einer Strafarbeit und einer zu erzieherischen Zwecken aufgegebenen Arbeit liegt sowohl in der Geeignetheit oder Erforderlichkeit der Maßnahme als auch in dem reinen Strafcharakter der Strafarbeit.

30 Reinen Strafcharakter hat eine Maßnahme, wenn sie erfolgt, obwohl die Gefahr einer Wiederholung des Fehlverhaltens äußerst gering ist, die Maßnahme also ausschließlichen Sühnecharakter hat.

Als unzulässige Strafarbeit ist in der Regel das bloße Abschreiben eines sich ständig wiederholenden Satzes oder langer Textpassagen etwa einer Schul- oder Hausordnung anzusehen, da eine solche Maßnahme nicht geeignet ist, beim Betroffenen Einsicht in sein Fehlverhalten zu wecken. Das Abschreiben dürfte allerdings anders zu beurteilen sein, wenn es sich um jüngere Schüler handelt, bei denen das Abschreiben die Kenntnisnahme der Schulordnung sicherstellen soll und in den Fällen, in denen ein Gespräch über den durch das Schreiben zur Kenntnis genommenen Text Bestandteil der erzieherischen Maßnahme ist.

31 Dass erzieherische Maßnahmen immer auch auf die Einsicht des Schülers gerichtet sein müssen, entspricht allgemeiner Überzeugung, ist aber in einigen Schulgesetzen auch ausdrücklich normiert: § 63 Abs. 1 Satz 3 SchulG Br regelt ausdrücklich, dass sich Erziehungsmaßnahmen vor allem an die Einsicht der Schüler richten. § 51 **Abs. 1 Satz 3 SchulG Th** gestattet »die Beauftragung mit Aufgaben, die geeignet sind, den Schüler sein Fehlverhalten erkennen zu lassen«. Auch in den anderen Ländern ist davon auszugehen, dass die Einsicht der Schüler entscheidendes Ziel der Erziehung ist. Eine zu erzieherischen Zwecken aufgegebene

Arbeit könnte beispielsweise die Aufforderung an einen Schüler sein, eigene Regeln für das Zusammenleben in der Schule aufzustellen und zu begründen.

Am Kriterium der Erforderlichkeit scheitern Arbeiten, deren Umfang über das zur Korrektur des Fehlverhaltens erforderliche Maß hinausgeht.

Die Unzulässigkeit häuslicher »Strafarbeiten« mit der abschließenden **32** Regelung häuslicher Arbeiten durch die Vorschriften über Hausaufgaben zu begründen, überzeugt nicht, da die Regelungen zu den Hausaufgaben offensichtlich nur die häuslichen Aufgaben erfassen, die im inhaltlichen Zusammenhang mit dem Unterricht und der Leistungsbeurteilung stehen und nicht erzieherische Maßnahmen.

Möglich ist auch die Übertragung besonderer Aufgaben in der Schule, **33** also beispielsweise die Teilnahme an Aufräum-, Pflege- und Reinigungstätigkeiten, soweit diese nicht mit besonderen Gefahren (z. B. Fensterputzen, Umgang mit bestimmten Reinigungsmitteln) verbunden sind. Schüler sind im Rahmen dieser Tätigkeiten auch verpflichtet, nicht von ihnen verursachte Verschmutzungen z. B. des Schulhofes zu beseitigen, es sei denn, es bestünde keinerlei innerer Zusammenhang zwischen dem Fehlverhalten und der übertragenen Aufräum- bzw. Reinigungstätigkeit, so dass sie unter erzieherischen Gesichtspunkten als offensichtlich ungeeignet anzusehen ist. Dabei ist allerdings kein strenger Maßstab anzulegen. So genügt für diesen Zusammenhang, dass die Aufräum- und Putzarbeiten zur Ordnung anhalten oder die Bedeutung eines Dienstes für die Allgemeinheit vor Augen führen und damit rücksichtslosem Verhalten entgegenwirken sollen.

F Der putzende Schläger **34**
> Ein Schüler hatte bei einer Schulveranstaltung einen Schüler einer anderen Schule misshandelt.
> Die Schule sprach die Androhung der Entlassung aus und verpflichtete ihn zusätzlich, vier Wochen lang jeden Nachmittag die Schule zu putzen.

Das Verwaltungsgericht Karlsruhe → *(Az.: 14 K 173/99; SchulRecht 5/2000, S. 111 f.)* äußerte keine rechtlichen Bedenken gegen diese mit einer Ordnungsmaßnahme verbundene erzieherische Maßnahme, die zwar selbst nicht Gegenstand des Verfahrens war, aber im Verfahren thematisiert wurde.

Unzulässig sind Aufgaben, die wegen der Art der Verschmutzung oder ungeeigneter bzw. fehlender Hilfsmittel unzumutbar sind oder sogar entwürdigenden Charakter haben, etwa weil sie einen Schüler der Lächerlichkeit preisgeben.

35 Es ist fraglich, ob die rechtlichen Grundlagen ausreichen, um Schüler zu sozialen Diensten außerhalb der Schule wie der zeitlich begrenzten Mitarbeit in einer sozialen Einrichtung am Nachmittag oder Wochenende zu verpflichten. Sollte eine solche Maßnahme im Einzelfall sinnvoll erscheinen und nach Absprache mit einer sozialen Einrichtung möglich sein, bietet lediglich die Zustimmung der Erziehungsberechtigten eine sichere Grundlage für eine solche Maßnahme. Dabei kann durchaus darauf hingewiesen werden, dass die Schule u. U. eine Ordnungsmaßnahme beschließen wird, wenn der Schüler sich nicht zu einem »sozialen Dienst« in angemessenen Umfang bereitfindet → *(VG Aachen, Az.: 9 K 206/98; SchulRecht 1/2002, S. 16 f.)*. Allerdings rechtfertigt nicht jede Unkorrektheit beim sozialen Dienst, wie etwa eine geringfügige Verkürzung der vereinbarten Dienststunden, eine Ordnungsmaßnahme, wenn sich damit nicht der gesamte soziale Dienst als Misserfolg erweist und der Schüler sich in der Schule einsichtig und korrekt verhält (VG Aachen, a. a. O.).

e. Zeitweise Wegnahme von Gegenständen

36 Soweit die Länder diese Maßnahme ausdrücklich erwähnt haben, haben sie damit eine eindeutige rechtliche Grundlage für die Wegnahme geschaffen. § 51 Abs. 6 Satz 2 und 3 SchulG Th: »Die Schule ist befugt, den Schülern Gegenstände, die den Unterricht oder die Ordnung der Schule stören können oder stören, wegzunehmen und sicherzustellen. Über den Zeitpunkt der Rückgabe derartiger Gegenstände entscheidet der Schulleiter.« Damit wird klargestellt, dass nicht nur gefährliche Gegenstände wie etwa ein Messer weggenommen werden dürfen, sondern auch ungefährliche, aber den Unterricht oder die Ordnung der Schule störende Gegenstände wie etwa ein Walkman oder ein Handy.

Außerdem ist nicht eine tatsächliche Störung Voraussetzung für die Wegnahme, sondern es genügt eine mögliche Störung (»stören können«). Diese Vorschrift schafft damit eine eindeutige und die Handlungsfähigkeit der Lehrkräfte sichernde Rechtsgrundlage für die Wegnahme störender Gegenstände. Weniger eindeutig ist § 53 Abs. 2 SchulG NRW formuliert, der lediglich »... die zeitweise Wegnahme von Gegenständen ...« aufführt. Auf dieser Rechtsgrundlage dürfte sich die Wegnahme potentiell störender Gegenstände aber wohl ebenfalls rechtfertigen lassen. Von der Zuständigkeit des Schulleiters bei der Entscheidung über den Zeitpunkt der Rückgabe ist wegen der Schwere des Eingriffs in Rechte der Eltern und Schüler auch ohne ausdrückliche Regelung auszugehen.

Aber auch in den Ländern, die eine solche Vorschrift nicht kennen, ist davon auszugehen, dass die Schule auf Grund ihres Bildungs- und Erziehungsauftrages berechtigt und im Interesse der ihr anvertrauten Schüler auch verpflichtet ist, Schülern gefährliche oder störende Gegenstände wegzunehmen. Allerdings kann dies ohne eine ausdrückliche Rechtsgrundlage, wie sie in Thüringen gegeben ist, in Fällen ungefährlicher und nicht unmittelbar, sondern lediglich potentiell störender Gegenstände fraglich sein.

Bayern hat eine Rechtsgrundlage für ein generelles Verbot des Einschaltens von Mobilfunktelefonen und digitalen Speichermedien in der Schule geschaffen. Art. 56 Absatz 5 BayEUG: »Im Schulgebäude und auf dem Schulgelände sind Mobilfunktelefone und sonstige digitale Speichermedien, die nicht zu Unterrichtszwecken verwendet werden, auszuschalten. Die unterrichtende oder die außerhalb des Unterrichts Aufsicht führende Lehrkraft kann Ausnahmen gestatten. Bei Zuwiderhandlung kann ein Mobilfunktelefon oder ein sonstiges digitales Speichermedium vorübergehend einbehalten werden.« Durch den Begriff »digitale Speichermedien« erfasst das Gesetz auch iPods und zukünftige Entwicklungen.

Gem. § 51 Abs. 6 Satz 2 und 3 SchulG Th entscheidet der Schulleiter über den Zeitpunkt der Rückgabe weggenommener Gegenstände. Von der Zuständigkeit des Schulleiters als Behördenleiter ist auch in den anderen Ländern auszugehen. Lehrer sollten auch im eigenen Interesse, um Verdächtigungen in Bezug auf den korrekten Umgang mit weggenommenen Gegenständen vorzubeugen, diese Gegenstände unverzüglich im Schulsekretariat abgeben, wo sie erfasst und gelagert werden können. Der Schulleiter entscheidet dann, ob der Gegenstand dem Schüler oder seinen Erziehungsberechtigten zurückgegeben wird und legt den Zeitpunkt der Rückgabe fest. Bei dieser Entscheidung sind unter anderem das Alter des Schülers und die Art des Gegenstandes, insbesondere seine Gefährlichkeit, sowie das Ausmaß der Störung der schulischen Ordnung und eine eventuelle akute Wiederholungsgefahr zu berücksichtigen.

f. Änderung der Sitzordnung

37 Die Umsetzung eines Schülers innerhalb der Klasse gehört zu den gebräuchlichen Erziehungsmitteln, um den Unterricht störungsfreier gestalten zu können und stellt lediglich eine geringfügige Beeinträchtigung des Schülers dar → *(VG Braunschweig, Az.: VG D 96/88; SPE 632 Nr. 7).*

g. Ausschluss von der laufenden Unterrichtsstunde

38 Schüler können sich bei einem Ausschluss von der laufenden Unterrichtsstunde nicht erfolgreich auf ihr Recht auf Bildung und Unterricht berufen, da der Ausschluss der Sicherung dieses Rechtes – und zwar aufseiten der Mitschüler – dient. Es ist allerdings zu prüfen, ob mildere Maßnahmen wie Ermahnungen, Androhung von erzieherischen Maßnahmen oder eine vorübergehende Änderung der Sitzordnung ausgereicht hätten, um einen störungsfreien Unterrichtsablauf sicherzustellen. Sind solche Maßnahmen erfolglos geblieben oder wegen der Schwere der Unterrichtsstörung von vornherein nicht erfolgversprechend, ist der Ausschluss verhältnismäßig.

Der Ausschluss von der laufenden Unterrichtsstunde ist als erzieherische Einwirkung im Hinblick auf die Verhältnismäßigkeit zu prüfen, muss aber auch den Anforderungen an eine kontinuierliche, präventive und aktive Aufsichtsführung genügen. Die Erfüllung der Aufsichtspflicht hängt dabei von der konkreten Gestaltung des Ausschlusses ab, die vom Stehen des Schülers vor der verschlossenen Tür bis zur Übergabe an einen im Nachbarraum unterrichtenden Lehrer reichen kann → *(Thomas Böhm: Der Ausschluss von der laufenden Unterrichtsstunde. In: SchulRecht 7-8/2009, S. 77).*

F **Kein Sport und kein Spiel**

Der Mutter eines Grundschülers wird von der Schule schriftlich mitgeteilt, der Schüler sei ab sofort bis zum 20. Juni unverzüglich nach seinem Unterrichtsende abzuholen und sie habe mit ihm das Schulgelände zu verlassen. Dem Schüler sei der Aufenthalt auf dem Schulgelände nach dessen Unterrichtsende bis Ende des Schulbetriebs um 13.15 Uhr wegen einiger Konflikte mit Mitschülern nicht erlaubt. Außerdem wird der Schüler wegen der Beschädigung eines Gymnastikreifens und unsportlichen Verhaltens von der Sportlehrerin vom laufenden Spiel während der Sportstunde ausgeschlossen und für die nächste Sportstunde einer anderen Klasse zugewiesen.

Das Verwaltungsgericht Trier → *(Az.: 5 K 24/09. TR; SchulRecht 5-6/ 2010, S. 57)* hat die gegen diese Entscheidungen gerichteten Anträge des Schülers abgewiesen:

»Bei der Mitteilung der M.-Grundschule handelt es sich – wie sich aus der Begründung des Schreibens ergibt – um eine allgemeine formlose Maßnahme zur Minderung einer aktuell aufgetretenen konfliktbeladenen Situation, die ausschließlich der Aufrechterhaltung des Schulbetriebes diente. Derartige Maßnahmen, die lediglich eine Regelung des inneren Schulbetriebes beinhalten, stellen dann keinen Verwaltungsakt dar, wenn sie den Schüler in seiner Rechtspersönlichkeit nicht unmittelbar beeinträchtigen. Eine solche unmittelbare Rechtsbeeinträchtigung des Schülers scheidet vorliegend bereits deshalb aus, weil die Maßnahme ausschließlich die Zeit nach Beendigung des Unterrichts des Schülers betroffen hat. Damit fehlt es aber zugleich an einem feststellungsfähigen Rechtsverhältnis, weil ein subjektiv öffentliches Recht des Schülers auf Teilnahme am allgemeinen Schulbetrieb (hier: letzte Pause und Nutzung des Pausenhofs bis zum allgemeinen Schulschluss um 13.15 Uhr) nach dessen eigenem Unterrichtsende nicht besteht.

Keine hinreichende Erfolgsaussicht hat der Klageantrag, festzustellen, dass der Ausschluss des Schülers vom Sportunterricht für zwei Wochen rechtswidrig gewesen ist. Ausweislich der Verwaltungsvorgänge ist dem Schüler gegenüber aus Anlass des – auch von ihm zur Begründung für das Sportverbot angeführten – Beschädigen eines Gymnastikreifens zunächst einmal kein zweiwöchiges Sportverbot erteilt worden. Vielmehr war die Beschädigung des Gymnastikreifens durch den Schüler, welche nach dessen Darstellung versehentlich erfolgt ist, Anlass dazu, diesen in der laufenden Unterrichtsstunde nicht mehr am Spiel teilnehmen zu lassen und für die nächste Sportstunde einer anderen Klasse zu überweisen. Selbst wenn es sich – wie der Schüler meint – bei dieser Maßnahme um eine Ordnungsmaßnahme und damit um einen Verwaltungsakt handeln sollte, wäre seine Klage voraussichtlich nicht erfolgreich, weil die im pädagogischen Ermessen des betreffenden Lehrers stehende Maßnahme sich nicht als unverhältnismäßig darstellt. Ausweislich des Gedächtnisprotokolls der Sportlehrerin zeigte sich der Schüler bei dem sich an das Beschädigen des Reifens anschließenden Gesprächsversuch völlig uneinsichtig und blockte diesen mit der Bemerkung ab: »Ich sage meiner Mama, das war unabsichtlich, und dann glaubt sie mir.« Bereits diese kundgegebene Einstellung des Schülers, der er mit der Klage nicht entgegengetreten ist, vermag die Maßnahme der Sportlehrerin im Rahmen der ihr zustehenden pädagogischen Freiheit zu rechtfertigen, ohne dass es letztlich darauf ankäme, ob das eigentliche Beschädigen des Reifens tatsächlich versehentlich erfolgt ist.

Sollte es sich bei der von der Sportlehrerin ergriffenen Maßnahme – wofür einiges spricht – lediglich um eine erzieherische Maßnahme handeln, käme es zu keinem anderen Ergebnis. Erzieherische Maßnahmen sind lediglich einer eingeschränkten verwaltungsgerichtlichen Kontrolle zugänglich, weil grundsätzlich von der pädagogischen Freiheit der Lehrkräfte auszugehen ist. Diesen verbleibt im Unterricht bei der Erfüllung ihres Erziehungsauftrages ein Spielraum, den sie benötigen, um ihrer pädagogischen Verantwortung gerecht zu werden. Die Grenzen der pädagogischen Freiheit ergeben sich u. a. aus den Grundrechten der Schüler und Eltern, den schulgesetzlichen Bestimmungen, den allgemeinen Bildungs- und Erziehungszielen sowie dem Verbot sachfremder Erwägungen. Dafür, dass diese Grenzen vorliegend überschritten worden wären, ist in Anbetracht des soeben wiedergegebenen Geschehensablaufs der streitgegenständlichen Sportstunde nichts ersichtlich und wird seitens des Schülers nichts substantiiert dargetan.

Bei der von der Sportlehrerin ergriffenen Maßnahme – Ausschluss vom Spiel im Sportunterricht – hat es sich um eine erzieherische Maßnahme gehandelt. Ausweislich der Aktennotiz der Sportlehrerin war Anlass der Maßnahme, dass der Schüler sich im Verlaufe der Sportstunde vielfach unkameradschaftlich und der Lehrerin gegenüber unangemessen verhalten hat. Davon, dass die Sportlehrerin die Grenzen des ihr zustehenden Spielraums überschritten hätte, ist in Anbetracht der von dieser in der Aktennotiz wiedergegebenen anderen Verfehlungen des Schülers während des Sportunterrichts, die dieser nicht in Abrede gestellt hat, nicht auszugehen.«

Der Ausschluss gilt immer nur längstens für die vom ausschließenden Lehrer erteilte Unterrichtsstunde. Lehrer können Schüler immer nur vorübergehend vom eigenen Unterricht und nicht vom Unterricht anderer Lehrer ausschließen. Über Unterrichtsausschlüsse für mehrere Unterrichtsstunden oder -tage entscheiden der Schulleiter bzw. die zuständigen Konferenzen. → *(Zur Problematik der Aufsicht bei Unterrichtsausschlüssen siehe Böhm: Aufsicht und Haftung in der Schule. 4. überarbeitete. Aufl. Köln 2011, S. 99 ff).*

h. Verpflichtung zur Wiedergutmachung eines angerichteten Schadens

Können Schüler einen angerichteten Schaden durch eigenes Tun **39** problemlos wiedergutmachen, indem sie z. B. einen von ihnen verschmutzen Raum oder Gegenstand säubern, darf die Schule sie dazu auffordern und bei einer Weigerung mit weiteren erzieherischen Einwirkungen oder Ordnungsmaßnahmen reagieren.

Sind Körper- oder Sachschäden entstanden, wird die Schule den Sachverhalt aufklären und die Beteiligten über ihre Rechte und Pflichten informieren. Die Durchsetzung eventueller Schmerzensgeld und Schadensersatzansprüche ist aber mit schulischen Mitteln nicht möglich.

i. Entschuldigung

Schüler können aufgefordert werden, sich bei anderen mündlich oder **40** schriftlich, im persönlichen Gespräch oder öffentlich – etwa bei einem beleidigten Lehrer vor der Klasse – zu entschuldigen.

Sollte der Schüler – etwa wegen fehlender Einsicht in sein Fehlverhalten – eine Entschuldigung ablehnen oder durch die Art der Entschuldigung deutlich machen, dass sie nicht ernst gemeint ist, sollte die Schule mit weiteren erzieherischen Maßnahmen oder Ordnungsmaßnahmen reagieren, da sich dann das relativ milde Mittel der Aufforderung zur

Entschuldigung als ungeeignet erwiesen hat. Eine Entschuldigung kann auch mit anderen erzieherischen Einwirkungen oder Ordnungsmaßnahmen verbunden werden. Lehrer sind nicht verpflichtet, die Entschuldigung eines Schülers anzunehmen → *(VG Hannover, Az.: 6 A 3649/00; SchulRecht 11-12/2002, S. 193 f).*

j. Eintragung in das Klassenbuch

41 Gegen Eintragungen von Tadeln in das Klassenbuch werden gelegentlich datenschutzrechtliche Bedenken geltend gemacht. Sind solche Eintragungen nicht ausdrücklich oder durch eine abschließende Aufzählung des zulässigen Inhaltes eines Klassenbuches in Verwaltungsvorschriften untersagt, ist davon auszugehen, dass Fälle von Störungen, Unregelmäßigkeiten oder Fehlverhalten von Schülern als besondere Vorkommnisse in das Klassenbuch eingetragen werden dürfen, um dem schulischen Interesse an einer möglichst schnellen und unbürokratischen Information aller Lehrer über besondere Vorkommnisse in der Lerngruppe gerecht werden zu können. Diese Eintragungen können auch den Charakter einer Rüge oder eines Tadels haben, da die gelegentlich vorgeschlagene Differenzierung zwischen der Eintragung eines besonderen Vorkommnisses und der tadelnden Bewertung dieses Vorkommnisses, die nur in Aufzeichnungen des Lehrers vorgenommen werden dürfe, in der Praxis wohl kaum praktikabel ist und zu einem fruchtlosen Streit über Details einer Formulierung geradezu herausfordert.

Eine gesetzliche Grundlage für missbilligende Eintragungen in das Klassenbuch bieten die Vorschriften über erzieherische Maßnahmen. Danach sind Eintragungen zulässig, wenn sie unter erzieherischen Gesichtspunkten der Situation, dem Fehlverhalten und der Persönlichkeit des Schülers gerecht werden. Pädagogisch und rechtlich bedenklich ist daher z. B. eine große Zahl immer gleich formulierter Eintragungen, da sie als ungeeignet anzusehen sind, die gewünschte erzieherische Wirkung zu erreichen.

2. Unzulässigkeit der körperlichen Züchtigung

42 Die körperliche Züchtigung ist in allen Ländern untersagt. Unter körperlicher Züchtigung ist ein gezieltes Handeln zu verstehen, durch das dem Betroffenen als Reaktion auf ein bestimmtes Fehlverhalten zur

Strafe Schmerz zugefügt werden soll. Das bloße Festhalten oder sonstiges Berühren eines Schülers stellt keine körperliche Züchtigung dar.

Eine körperliche Züchtigung erfüllt zugleich den Tatbestand einer Körperverletzung. § 223 Abs. 1 StGB versteht unter Körperverletzung eine körperliche Misshandlung oder eine Gesundheitsbeschädigung. Die Rechtsprechung definiert körperliche Misshandlung als eine üble, unangemessene Behandlung, die das körperliche Wohlbefinden oder die körperliche Unversehrtheit nicht ganz unerheblich beeinträchtigt. Die gelegentlich vertretene Auffassung, der Begriff der körperlichen Züchtigung sei weiter gefasst als der Begriff der Körperverletzung, überzeugt weder rechtlich noch pädagogisch, da sie im Ergebnis auch ganz unerhebliche Beeinträchtigungen des körperlichen Wohlbefindens als Züchtigung einstuft.

Die Definition der Körperverletzung durch die Rechtsprechung entspricht die schulrechtliche Auffassung, dass der Begriff der körperlichen Züchtigung eine natürliche Eingrenzung durch das allgemeine Sinnverständnis des Wortes Züchtigung erfahren muss. Es handelt sich auch schon tatbestandlich nicht um eine Züchtigung und Körperverletzung im Amt, wenn ein Schüler aus der Klasse entfernt werden muss, sich dem aber widersetzt und herausgeschoben oder herausgetragen werden muss. »Dazu reicht nicht ein leichter Klaps, ein Abdrängen in den Pausenhof oder das Auseinanderzerren streitender Schüler. Den Tatbestand der Körperverletzung erfüllt aber grundsätzlich eine Ohrfeige; ein bleibender Schaden (z. B. Riss des Trommelfells o. ä.) braucht dazu nicht einzutreten.« *(Staupe, S. 128).*

F Des Widerspenstigen Zähmung

Eine Lehrerin hat den 11-jährigen Schüler J.K., der den Unterricht erheblich gestört hatte und sich trotz mehrfacher Aufforderung der Lehrerin, den Klassenraum zu verlassen, geweigert hatte, zu gehen, derart heftig am Oberarm gefasst, um ihn aus dem Klassenraum zu geleiten, dass der Schüler ein 2 cm großes Hämatom am Oberarm erlitt. Als der Schüler infolge des Griffs über Schmerzen klagte, hatte die Lehrerin ihn losgelassen. Die Mutter des Schülers erstattete Strafanzeige wegen Körperverletzung.

Das Amtsgericht Berlin-Tiergarten und das Landgericht Berlin → *(Az: 518 Qs 60/09; SchulRecht 9-10/2010, S. 102)* lehnten die Eröffnung eines Strafverfahrens ab: »Es liegt keine körperliche Misshandlung im Sinne von § 223 Abs. 1 StGB vor. Eine solche ist nur zu bejahen, wenn eine andere Person übel und unangemessen behandelt wird. Erforderlich ist eine nicht unerhebliche Beeinträchtigung des körperlichen Wohlbefindens. Die Beurteilung der Erheblichkeit richtet sich nach der Sicht eines objektiven Betrachters, nicht nach dem subjektiven Empfinden des Betroffenen (oder seiner Erziehungsberechtigten), und insbesondere auch nach der Dauer und der Intensität der störenden Beeinträchtigung. Nicht mit jedem körperlichen Übergriff ist die Tatbestandsschwelle des § 223 StGB überschritten. Geringe Blutergüsse oder ähnliches gelten als unerhebliche Beeinträchtigungen unterhalb der Bagatellgrenze zur Körperverletzung.

§ 63 Abs. 2 Satz 2 des Schulgesetzes für das Land Berlin (im folgenden: SchulG) steht dem nicht entgegen. Der Anwendungsbereich der Gesetzesnorm, die jede körperliche Züchtigung untersagt, ist bereits nicht eröffnet. Eine Züchtigung hat die Lehrerin ebenso wenig begangen wie eine üble und unangemessene Behandlung. Ihrem Wortsinn nach stellt eine Züchtigung eine regelmäßig mit Demütigung verbundene Bestrafung dar. Eine solche liegt hier sowohl in objektiver als auch in subjektiver Hinsicht fern. Das einfache Umfassen des Oberarms – ohne zusätzlichen körperlichen Einsatz (z. B. Schütteln oder Schläge) oder Verwendung von Hilfsmitteln – diente der Durchsetzung einer Ordnungsmaßnahme, nachdem diese verbal nicht durchgesetzt werden konnte. Der Lehrerin kam es allein darauf an, die angeordnete und der Sachlage angemessene Maßnahme, das Verlassen der Klasse, durchzusetzen und nicht darauf, dem Schüler – in Bestrafungsabsicht – Schmerzen zuzufügen. Sie reagierte mit dem mildesten Mittel, das ihr noch zur Verfügung stand, unmittelbar auf ein grobes kindliches Fehlverhalten.

Der Ausschluss vom Unterricht ist in § 63 Abs. 2 Nr. 2 SchulG grundsätzlich als erzieherische Maßnahme vorgesehen. Danach darf bei einem Scheitern der nach § 62 Abs. 1 SchulG vorrangig zu ergreifenden erzieherischen Mittel und fortdauernder Beeinträchtigung der ordnungsgemäßen Unterrichtsarbeit – was hier vorliegt – der Ausschluss vom Unterricht veranlasst werden.

Die Durchsetzung der Aufforderung, die letztlich der Wiederherstellung der Ordnung und einer ungestörten Unterrichtung der Lernwilligen in der Klasse diente, durch einfachen körperlichen Zwang stellt ein nicht tatbestandsmäßiges sozialadäquates Handeln dar. Hier kommt die Kürze der Einwirkung hinzu. Die Zeugin W. hat bekundet, dass die Angeschuldigte J. K. sofort losgelassen habe, als dieser angegeben habe, Schmerzen zu erleiden. Allein dieser Umstand lässt die Bewertung, die Lehrerin habe den Schüler züchtigen wollen, mehr als fernliegend erscheinen.

Selbst bei Unterstellung, der Tatbestand einer Körperverletzung wäre erfüllt, wäre das Handeln der Lehrerin gerechtfertigt.

Eine Rechtfertigung folgt aus den allgemeinen Regeln, weil der Landesgesetzgeber den Lehrern mit dem Berliner Schulgesetz nur unzureichende Handlungsmöglichkeiten eröffnet. Es ist zwar geregelt, dass Ordnungsmaßnahmen unter näher geregelten Voraussetzungen ergriffen werden können. Durch die systematische Verknüpfung der in §§ 62 und 63 Abs. 2 Satz 1 SchulG bezeichneten Maßnahmen mit dem in § 63 Abs. 2 Satz 2 SchulG geregelten Verbot der Züchtigung ist weiterhin klargestellt worden, dass dieses Mittel nicht der Durchsetzung der Ordnungsmaßnahmen dienen darf. Ob und welche – niedrigschwelligeren – Mittel ein Lehrer zur Durchsetzung der Ordnungsmaßnahmen nutzen darf, wenn die verbale Aufforderung vom Schüler nicht befolgt wird, ist nicht geregelt. Dass Lehrer vom Gesetzgeber in derartigen – in Großstädten wie Berlin fast schon alltäglichen – Situationen ohne Handlungsvorgaben sich selbst überlassen bleiben, kann allerdings nicht, wie die Staatsanwaltschaft offensichtlich meint, zur Folge haben, dass ihnen – anders als Polizisten – die Möglichkeit einer Rechtfertigung generell versagt ist, wenn sie – wie hier die Lehrerin – als ultima ratio zu einfachem körperlichen Zwang ohne erkennbare Züchtigungsabsicht greifen.

Eine derart auf Tatbestands- und Rechtfertigungsebene weite Auslegung von § 63 Abs. 2 Satz 2 Schulgesetz (der die körperliche Züchtigung untersagt) ist jedenfalls bei der strafrechtlichen Bewertung eines Vorgangs verfehlt. Dies zeigt schon der Vergleich mit einer Notwehr- oder Nothilfesituation. Die extensive und noch dazu für die Bewertung einer Handlung allein maßgebliche Anwendung des § 63 Abs. 2 Satz 2 SchulG auf jeden körperlichen Zwang (auch unterhalb der Eingriffsintensität einer körperlichen Züchtigung) und jede Situation führte zu einer Schutzlosigkeit der Lehrer und ggf. auch der Mitschüler.

Das Hausrecht stellt eine Rechtsgrundlage für Eingriffsakte dar. Die Ordnungsgewalt zur Durchsetzung eines ungestörten Schulbetriebs hatte hier die Lehrerin als unmittelbare Repräsentantin der Schule inne.

Ihre Entscheidung, den Schüler aus dem Klassenzimmer zu entfernen, war nicht ermessensfehlerhaft. Das Zufassen war auch nach dem Grundsatz der Verhältnismäßigkeit als zur Zielerreichung geeignet, erforderlich und angemessen anzusehen. Die Handlung war ungefährlich und vergleichsweise unbedeutend. ... Die Lehrerin hat den Eingriff zudem auf ein Minimum beschränkt. Sie hat den Schüler sofort losgelassen, als dieser Schmerzen angegeben hatte. Das Zufassen war in dieser Situation alternativlos. Die Möglichkeit, in vergleichbaren Situationen immer sofort die Polizei oder andere Mitarbeiter der Schule herbeizurufen, zöge nicht nur – so bereits das Amtsgericht zutreffend – einen nicht wiedergutzumachenden Autoritätsverlust der Lehrerin nach sich. Zwangsläufig entstünde der Eindruck, die Lehrerin könne sich nicht einmal einem 11-jährigen Schüler gegenüber durchsetzen. Ihre Stellung als Autoritätsperson würde nachhaltig untergraben. Der jeweilige Schüler und Nachahmer hätten es zudem in der Hand, den Schulbetrieb dauerhaft stillzulegen. Dies ist auch in Abwägung mit den Grundrechten anderer, insbesondere dem in Art. 20 Abs. 1 der Verfassung des Landes Berlin und in § 2 Abs. 1 SchulG geschützten Recht auf Bildung der anderen Mitschüler nicht zu verantworten. Dieses Recht umfasst auch ein Recht der Lernwilligen gegenüber den Lehrern auf Durchsetzung des Bildungsauftrags der Schule und Ermöglichung eines ungestörten Unterrichts. Eine einseitig auf die Belange der Schüler, die sich nicht einordnen können oder wollen, gerichtete Betrachtungsweise wird dem Gesamtgefüge der Grundrechte aller nicht gerecht und birgt zudem die Gefahr in sich, dass den Lehrern, die den staatlichen Bildungsauftrag trotz aller Widrigkeiten des Schulalltags engagiert durchsetzen wollen, bei jeder noch so geringfügigen Reaktion Strafverfolgungsmaßnahmen drohen, weil andere als die in den Normen des Schulgesetzes niedergelegten Ermächtigungsgrundlagen bzw. Rechtfertigungsgründe ausgeblendet werden.«

Unberührt bleiben in jedem Fall auch beim Vorliegen einer tatbestandlichen Körperverletzung das Recht und die Pflicht der Lehrkräfte, gegebenenfalls durch einen körperlichen Einsatz im Rahmen der Verhältnismäßigkeit Menschen und Sachen vor Gefahren zu bewahren und etwa einem angegriffenen Schüler in Nothilfe beizustehen oder einen ihnen drohenden Angriff in Notwehr abzuwehren (§ 32 StGB). Dabei ist allerdings zu beachten, dass das Notwehrrecht mit der Beseitigung der drohenden Gefahr erlischt und Handlungen, die nicht mehr unmittelbar der Gefahrenabwehr dienen, eine rechtswidrige Körperverletzung darstellen. **43**

Rechtlich zulässig sind außerdem Notstandshandlungen zur Abwendung von Gefahren für Leib, Leben, Freiheit, Ehre, Eigentum oder für ein anderes Rechtsgut von sich oder einem anderen, wenn das zu schützende Interesse das beeinträchtigte Interesse wesentlich überwiegt (§ 34 StGB). Ein rechtfertigender Notstand wäre z. B. gegeben, wenn ein Lehrer die Jacke eines Schülers benutzen würde, um einen Brandherd im Klassenraum zu ersticken.

Liegt eine Körperverletzung im Amt vor, können Schülern Ansprüche auf Schmerzensgeld wegen eines Eingriffs in ihr allgemeines Persönlichkeitsrecht zustehen. Für die Bejahung eines solchen Anspruchs genügt aber nicht schon das bloße Vorliegen einer Körperverletzung. **44**

F Der geschlagene Beleidiger

Ein Schüler wollte im Sportunterricht einer Anordnung seines Lehrers keine Folge leisten. Es entwickelte sich eine verbale Auseinandersetzung zunächst sachlichen Inhalts. Als der Lehrer sich umdrehte, weil die Sache für ihn erledigt war, zeigte der Schüler ihm im Beisein mehrerer Mitschüler den sog. »Stinkefinger«, also den ausgestreckten Mittelfinger, und führte dann den Finger an die Stirn, sog. »Vogelzeigen«. Die Mitschüler beobachteten den Vorgang. Daraufhin drehte sich der Lehrer um und versetzte dem Schüler in einer spontanen Reaktion mit dem Handrücken eine »Ohrfeige«, wodurch die Brille des Schülers beschädigt wurde und der Schüler eine Prellung der linken Gesichtshälfte erlitt.

Im Anschluss daran beleidigte der Schüler den Lehrer mit den Worten: »Altes Arschloch, Ihnen hat wohl ein Vogel ins Hirn geschissen, Ihr Hirn ist wohl so groß wie eine Erbse, geh zur Sonderschule, wo Du hingehörst«, was der Lehrer ohne weitere Reaktion über sich ergehen ließ.

Das Landgericht Göttingen → *(Az.: 2 O 467/94; SchulRecht 3/2001, S. 54 ff.)* lehnte die Klage des Schülers auf ein Schmerzensgeld in Höhe von 600,00 DM ab:

»Ohne jeden Zweifel hat der Lehrer eine tatbestandsmäßige Körperverletzung begangen. Da die »Ohrfeige« auch nicht der Abwehr weiterer Beleidigungen durch den Schüler diente, hat der Lehrer auch rechtswidrig gehandelt.

Daraus folgt aber noch nicht, dass dem Schüler ein Schmerzensgeld zusteht ... Der Schüler hat seinen Lehrer vor Dritten in ganz erheblicher Weise beleidigt und eine zwar nicht rechtmäßige, aber durchaus verständliche Reaktion des in seiner Ehre und seiner Autorität verletzten Lehrers heraufbeschworen. Das damit gegebene erhebliche Mitverschulden des Schülers lässt seinen Schmerzensgeldanspruch völlig zurücktreten, wobei dies auch – auch wenn der Schüler am Vorfallstage noch gar nicht strafmündig war – aus dem Rechtsgedanken des § 233 StGB folgt, nach dem im Falle einer Körperverletzung als sofortige Erwiderung auf eine Beleidigung von Strafe abgesehen werden kann. Denn das Unrecht seines Verhaltens, das der »Ohrfeige« voranging, konnte der Schüler erkennen. Darüberhinaus hat der Schüler keine erhebliche Verletzungen erlitten ...

Zudem haben die Mitschüler des Schülers die Angelegenheit verfolgt, kannten also den Anlass und werden die »Ohrfeige« daher eher als »gerechte Strafe« empfunden haben und nicht als entehrenden, ungerechten Angriff des Lehrers, der nach einer Genugtuung des Schülers verlangt. Der Angriff auf das Persönlichkeitsrecht des Schülers rechtfertigt das Schmerzensgeldverlangen daher ebenfalls nicht ...

Außerdem ist zu bedenken, dass der Lehrer sich beim Schüler entschuldigt hat ... Der Schüler mag an dieser Stelle in sich gehen und sich fragen, was er erwidert hätte, wenn der Lehrer wegen der im Anschluss an die Ohrfeige erfolgten Beleidigungen von ihm ein Schmerzensgeld verlangen würde. Es liegt auf der Hand, dass dann ausgeführt worden wäre, der Lehrer habe diese Reaktion, nämlich durch die »Ohrfeige«, selbst verschuldet. Das wäre durchaus zutreffend argumentiert, trifft aber so gerade auch auf die »Ohrfeige« selbst zu.«

Ein Anspruch auf Schmerzensgeld wegen eines Eingriffs in das allgemeine Persönlichkeitsrecht setzt einen schwerwiegenden, anders nicht wiedergutzumachenden Eingriff voraus. Daran fehlt es in aller Regel, wenn die Handlung als solche schon nicht schwerwiegend ist, der Täter sich entschuldigt oder ein erhebliches Mitverschulen des Opfers vorliegt.

§ 63 Abs. 1 Satz 4 SchulG Br untersagt nicht nur ausdrücklich die kör- **45** perliche Züchtigung, sondern auch »andere entwürdigende Maßnahmen«. § 44 Abs. 2 Satz 2 SchulG S-A bestimmt ausdrücklich, dass die Würde der Schüler durch Ordnungsmaßnahmen nicht verletzt werden darf. Diese Regelungen erscheinen überflüssig, da das Verbot entwürdigender Maßnahmen sich in allen Ländern ohne weiteres aus dem Bildungs- und Erziehungsauftrag der Schule, den Strafgesetzen und dem Grundgesetz ableiten lässt.

III. Ordnungsmaßnahmen: Rechtscharakter und Zweck

1. Fehlverhalten

Ordnungsmaßnahmen setzen ein Fehlverhalten eines oder mehrerer **46** Schüler voraus. Ordnungsmaßnahmen sind Reaktionen auf Störungen der Unterrichts- und Erziehungsarbeit der Schule und auf Gefährdungen von Personen oder Sachen. Sie dienen der Erfüllung des Bildungs- und Erziehungsauftrages der Schule und dem Schutz von Personen und Sachen. Der Bildungs- und Erziehungsauftrag der Schule wird in den Schulgesetzen näher definiert.

Ordnungsmaßnahmen sind pädagogische Maßnahmen, die auch erzie- **47** herischen Zwecken dienen, da sie in der Regel das Verhalten des Schülers beeinflussen sollen. »Je schwerer aber die vom Schüler verursachte Störung und die darauf anzuwendende Maßnahme ins Gewicht fallen, um so mehr treten individuelle pädagogische Erwägungen hinter den Gesichtspunkt der Funktionssicherung der Schule zurück. Ordnungsmaßnahmen sind in erster Linie darauf gerichtet, die auf schwerwiegenden Pflichtverletzungen beruhenden Beeinträchtigungen der Unterrichts- und Erziehungsarbeit der Schule für die Zukunft zu verhindern.« → *(Avenarius/Füssel, S. 491)*.

Die Schulgesetze und Schulordnungen nennen einzelne wichtige Pflichten der Schüler wie die Pflicht zum Schulbesuch, zum Anfertigen von Hausaufgaben und zur Beachtung der Schul- und Hausordnung sowie der Anordnungen der Lehrer, ohne dass diese Aufzählungen abschließend wären.

Da nicht jedes denkbare und in der schulischen Realität auftretende Fehlverhalten ausdrücklich in einer bestimmten Vorschrift genannt werden kann, finden sich in allen Schulgesetzen so genannte Auffangtatbestände, also Normen, die allgemeine Pflichten der Schüler wie z. B. die Pflicht, jede Störung der schulischen Ordnung zu unterlassen oder zur Erfüllung des schulischen Bildungs- und Erziehungsauftrages beizutragen, beschreiben.

Verstöße gegen die Ordnung der Schule liegen immer dann vor, wenn **48** der Unterricht oder sonstige Schulveranstaltungen durch Worte, Taten oder Unterlassen gestört werden. Zuspätkommen, das unerlaubte Verlassen des Unterrichtsraumes oder des Schulgeländes, Verstöße gegen die Schul- oder Hausordnung wie unerlaubtes Rauchen und das Nichtbefolgen von Anordnungen, die die Lehrkräfte im Rahmen des Bildungs- und Erziehungsauftrages der Schule treffen, sind typische Verstöße gegen die schulische Ordnung.

Schüler müssen die im Rahmen des Unterrichts oder im Interesse eines geordneten Schullebens ergehenden Anordnungen des Schulleiters, der Lehrer und anderer dazu befugter Personen, also z. B. des Hausmeisters oder der Schulsekretärin, befolgen (z. B. § 42 Abs. 3 Satz 3 SchulG NRW).

49 Gibt es zwischen Schülern und weisungsberechtigten Personen Meinungsverschiedenheiten darüber, ob eine Anordnung rechtmäßig ist, können die Schüler und Eltern sich beschweren. Die Beschwerde hat keine aufschiebende Wirkung. Das Fehlen einer aufschiebenden Wirkung sowie die Gewährleistung einer geordneten Unterrichts- und Erziehungsarbeit führen dazu, dass Schüler nicht das Recht haben, die Befolgung möglicherweise rechtswidriger Anordnungen zu verweigern. Hätten sie dieses Recht, würde das zu schwerwiegenden Behinderungen der schulischen Unterrichts- und Erziehungsarbeit führen und setzte die Schüler der Gefahr aus, wegen ihrer Weigerung mit einer Ordnungsmaßnahme belegt zu werden, falls sich die Anordnung als rechtmäßig erweist. Schüler können daher nur nach Befolgung der Anordnung von ihrem Beschwerderecht Gebrauch machen. Lediglich in den äußerst seltenen Fällen, in denen Anordnungen offensichtlich nicht im Rahmen des Bildungs- und Erziehungsauftrages erfolgen, gegen Gesetze oder die Menschenwürde verstoßen, stellt die Weigerung, eine Anordnung zu befolgen, keinen Verstoß gegen die Ordnung der Schule dar.

50 Ob bei außerunterrichtlichen Schulveranstaltungen wie Museums- und Theaterbesuchen oder Klassenfahrten strengere oder mildere Maßstäbe an das Verhalten der Schüler anzulegen sind, lässt sich nicht generell, sondern nur im Einzelfall beantworten. Für mildere Maßstäbe können im Einzelfall die besondere Atmosphäre etwa bei einem geselligen Abend, für strengere Maßstäbe die erhöhte Gefahrenlage oder die unmittelbare Beeinträchtigung Dritter etwa bei einem Theater- oder Museumsbesuch sprechen.

Zu den Personen, für deren Sicherheit die Schule sorgen muss, gehören **51** alle Personen, die am schulischen Leben teilnehmen oder mit der Schule in Berührung kommen, also außer Schülern und Lehrern unter anderem Hausmeister, Sekretärinnen, Handwerker, Besucher der Schule, Schulbusfahrer und Passanten, da die Schule die Verantwortung nicht nur für Gefahren trägt, die auf dem Schulgelände bestehen, sondern auch für alle Gefahren, die vom Schulgelände und von schulischen Veranstaltungen ausgehen. Zu den zu schützenden beteiligten Personen und Sachen gehören daher nicht nur Personen und Sachen, die sich auf dem Schulgelände befinden, sondern auch alle Personen wie z. B. Passanten, auf die vom Schulgelände oder von einer schulischen Veranstaltung aus eingewirkt wird. Es muss sich um Beeinträchtigungen handeln, die sich aus dem Schulbetrieb oder anlässlich des Schulbetriebs ergeben.

Ordnungsmaßnahmen setzen nach den Schulgesetzen der Länder grobe **52** Pflichtverletzungen (§ 61 Abs. 2 NSchG), und »erhebliche Störungen des Schul- oder Unterrichtsbetriebs, die Gefährdung der Sicherheit von Personen« (§ 60 a Abs. 4 Satz 1 SchulG MV) voraus.

Die Rechtsprechung legt aber erfreulicherweise die Begriffe grobe Pflichtverletzung, Gefahr für Mitschüler oder Sicherheit der Mitschüler nicht eng aus. So hat das Verwaltungsgericht Braunschweig → *(Az.: 6 B 48/03; SchulRecht 5/2004, S. 108 ff.)* im Falle eines Schülers, der häufig unentschuldigt fehlte und verspätet zum Unterricht erschienen war, ausgeführt: »Eine grobe Pflichtverletzung liegt vor, wenn der Schüler seine Pflichten derart weitreichend verletzt, dass die geordnete, zur Erfüllung des Bildungs- und Erziehungsauftrages der Schule erforderliche Unterrichts- und Erziehungsarbeit erheblich beeinträchtigt ist. ... Der Schüler hat durch sein Verhalten (häufiges unpünktliches Erscheinen zum Unterricht, d.Verf.) zum Ausdruck gebracht, dass er nicht bereit ist, wichtige, für den ordnungsgemäßen Schulbetrieb bedeutsame Regeln zu beachten. Im Rahmen ihres Erziehungs- und Bildungsauftrages hat die Schule dazu beizutragen, dass der Schüler ein Arbeits- und Sozialverhalten erlernt, das ihn in die Lage versetzt, den Anforderungen des Berufslebens zu entsprechen. Hierzu gehört, dass der Schüler jedenfalls regelmäßig pünktlich zum Unterricht erscheint. Kommt ein Schüler derart häufig und in dem Umfang zu spät, wie dies beim Antragsteller im Zeitraum vom 9. September bis zum 17. Dezember der Fall gewesen ist, so werden auch der Fortgang des Unterrichts und die Lernmöglichkeiten der Mitschüler beeinträchtigt.«

Auch das Merkmal der »ernstlichen Gefährdung der Sicherheit von Menschen« darf nicht zu eng ausgelegt werden:

»Das Gesetz (will) insoweit nicht lediglich die körperliche Integrität von Menschen schützen. Eine dahingehende Begrenzung des Schutzobjekts ist weder von der sprachlichen Fassung noch vom Sinn des Gesetzes nahegelegt. Die Sicherheit von Menschen umfasst nach allgemeinem Sprachgebrauch insbesondere auch ein entsprechendes (Sicherheits-)Gefühl, das jedenfalls in dem Maße nicht mehr gewahrt ist, wie die Gefahr besteht, persönlich Opfer krimineller Machenschaften zu werden. Zumindest bei Erpressungsopfern ist diese Sicherheit regelmäßig erschüttert.« → *(VG Braunschweig, Az.: 6 B 61542/96; SchulRecht 2/1997, S. 26).*

»Der Gefahrbegriff in § 60 Abs. 1 Satz 3 SchulG ist in einem weiten Sinne zu verstehen. Es geht nicht nur um die körperliche Unversehrtheit, sondern auch um eine nicht nur unerhebliche negative Beeinflussung der persönlichen, insbesondere der charakterlichen Entwicklung. Dazu zählt auch die Förderung aggressiver Intoleranz gegenüber politisch Andersdenkenden.« → *(OVG Mecklenburg-Vorpommern. Az.: 2 M 94/96; Schul-Recht 1/1998, S. 13).*

53 Selbstverständlich stellen alle Handlungen, durch die das Eigentum, die Ehre oder die körperliche Unversehrtheit anderer am Schulleben beteiligter Personen gefährdet oder verletzt werden, Ordnungsverstöße dar. Das gilt nicht nur für strafbare Handlungen, sondern auch für Fehlverhalten, das nicht strafrechtlich verboten ist , aber gegen den schulischen Bildungs- und Erziehungsauftrag verstößt. Das gilt etwa für das Belügen und Täuschen von Lehrern sowie für Kränkungen und Herabsetzungen, die nicht strafbar sind.

54 Wird ein Schüler vor der Verhängung einer Ordnungsmaßnahme von der Schule abgemeldet, ist das Verfahren damit beendet, da der Schüler nicht mehr Schüler dieser Schule ist und eine weitere Störung der schulischen Ordnung an der bisher besuchten Schule ausgeschlossen ist. Die neue Schule kann keine Ordnungsmaßnahme verhängen, da die Ordnung der aufnehmenden Schule nicht gestört wurde. Handelt es sich aber um ein besonders schwerwiegendes Fehlverhalten und eine entsprechende beabsichtigte Ordnungsmaßnahme, z. B. die Entlassung von der Schule, und wird der Schüler an einer anderen Schule angemeldet, können der den Schüler aufnehmenden Schule der Sachverhalt und die beabsichtigte Ordnungsmaßnahme mitgeteilt werden, um einer drohenden schweren Gefährdung der Ordnung an der neuen Schule und der Gefährdung wichtiger Rechtsgüter vorzubeugen.

Der Schüler kann sich nach einem Schulwechsel nur noch im Ausnahmefall gegen eine Ordnungsmaßnahme der bisher besuchten Schule mit Rechtsbehelfen und einer Klage wehren.

F Der überholte Ausschluss

Eine Schülerin einer 10. Klasse eines Gymnasiums wurde von der weiteren Teilnahme an einer Klassenfahrt wegen Drogenkonsums ausgeschlossen. Außerdem beschloss die Lehrerkonferenz die Androhung der Entlassung von der Schule. Die Schülerin verließ kurze Zeit nach dem Konferenzbeschluss die Schule und setzte ihre Schullaufbahn an einem anderen Gymnasium fort. Die ehemalige Schule trug den Beschluss über die Androhung der Entlassung in das Schülerstammblatt ein, das sie der neuen Schule übermittelte. Außerdem informierte der Schulleiter der bisherigen Schule den Schulleiter der aufnehmenden Schule telefonisch über den gesamten Sachverhalt.

Die Schülerin beantragte beim Verwaltungsgericht die Feststellung, der Ausschluss von der Fahrt und die Androhung der Entlassung seien rechtswidrig gewesen.

Das Verwaltungsgericht Düsseldorf → *(Az.: 1 K 12848/96; SchulRecht 11-12/2002, S. 185 ff)* wies die Klage hinsichtlich des Ausschlusses von der Klassenfahrt als unzulässig und in Bezug auf die Androhung der Entlassung als unbegründet ab:

»Ob die Erledigung hinsichtlich der Bestätigung der Entscheidung des Schulleiters über den Ausschluss von der Studienfahrt bereits deshalb eingetreten ist, weil die Studienfahrt bei Erlass des Bescheides schon beendet war, kann offenbleiben. Denn der Bescheid der Schule hat insgesamt für die Schülerin keine belastende Wirkung mehr, weil sie das beklagte Gymnasium verlassen und damit das Schulverhältnis zu dieser Schule beendet hat.

Das für die Zulässigkeit einer Fortsetzungsfeststellungsklage weiter erforderliche berechtigte Interesse an der Feststellung der Rechtswidrigkeit des Verwaltungsaktes ist nur insoweit anzuerkennen, als die Androhung der Entlassung von der Schule ausgesprochen worden ist. ...

Das Interesse, in einer erledigten Streitsache nachträglich eine Bestätigung der eigenen Rechtsansicht zu erlangen, das beeinträchtigte Rechtsgefühl und der Wunsch nach Genugtuung reichen allein nicht aus.

Von einer fortwirkenden Beeinträchtigung des Ansehens der Schülerin, die ein schutzwürdiges Interesse an angemessener Rehabilitierung rechtfertigt, kann nur im Hinblick auf die Androhung der Entlassung von der Schule ausgegangen werden. Dies ergibt sich zunächst daraus, dass nach dem derzeitigen Kenntnisstand nur diese Ordnungsmaßnahme im Schülerstammblatt des beklagten Gymnasiums verzeichnet ist, das der aufnehmenden Schule übermittelt worden ist. Weil der Schulleiter des beklagten Gymnasiums seinen Angaben zufolge den Schulleiter des aufnehmenden Gymnasiums über die zu dieser Maßnahme führenden Umstände in groben Zügen informiert hat, ist davon auszugehen, dass der Sachverhalt zumindest den Lehrern der Schülerin in der neuen Schule bekannt geworden ist. Da es sich zudem um eine Ordnungsmaßnahme von nicht unerheblicher Tragweite gehandelt hat, ist insoweit ein Feststellungsinteresse unter dem Gesichtspunkt der Rehabilitierung anzuerkennen. ...

(Dagegen ist es) eher fernliegend und auch nicht substantiell geltend gemacht, dass der Ausschluss von der weiteren Teilnahme an der Studienfahrt der früheren Schule, mag er auch zum damaligen Zeitpunkt belastende Wirkung gehabt haben, noch bei Ergehen der gerichtlichen Entscheidung die Schülerin in ihrem Ansehen in der neuen Schule objektiv gravierend beeinträchtigt. Dies gilt umsomehr, als sie nichts dafür vorgetragen hat, dass auch diese Maßnahme einem größeren Personenkreis in der neuen Schule bekannt geworden sei. ...

Die hier noch zur Überprüfung stehende Ordnungsmaßnahme (die Androhung der Entlassung) war auch in materieller Hinsicht rechtmäßig. ... Schließlich nähme die Schule ihren Erziehungsauftrag nicht in der gebotenen Weise wahr, wenn sie nicht nachdrücklich darauf hinwirken würde, dass angesichts der beträchtlichen Risiken, die ein Umgang mit Betäubungsmitteln in sich birgt, die Verantwortung des Schülers gegenüber seinen Mitschülern, der Allgemeinheit und sich selbst gestärkt wird.«

2. Außerschulisches Verhalten

Aus dem Sicherungszweck der Ordnungsmaßnahmen ergibt sich, dass **55** außerschulisches Verhalten nur dann zur Verhängung einer Ordnungsmaßnahme führen darf, wenn es unmittelbar störende Auswirkungen auf den Schulbetrieb hat und in einem unmittelbaren Bezug zum Schulbesuch steht wie Angriffe auf Lehrer oder Mitschüler aus einem schulischen Anlass oder in schulischem Zusammenhang (so ausdrücklich Art. 86 Abs. 8 BayEUG, § 64 Abs. 1 Satz 3 SchulG Br, § 82 Abs. 6 Satz 3 SchG Hessen, § 60 a Abs. 4 Satz 4 SchulG MV) oder beispielsweise Gewalttätigkeiten gegen Mitschüler auf dem Schulweg, Dealer-Tätigkeit oder Aufrufe zum Unterrichtsboykott.

F **Der Schmierfink**
Ein Schüler hat die Telefonnummer einer Mitschülerin an ein Straßenbahnwartehäuschen und einen Stromkasten geschrieben. Die Mitschülerin erhält daraufhin zahlreiche Anrufe.

Der Verwaltungsgerichtshof Baden-Württemberg → *(Az.: 9 S 1303/92; SPE 154 Nr. 6)* hat die aufschiebende Wirkung des Widerspruchs gegen die von der Schule ergriffenen Erziehungs- und Ordnungsmaßnahmen wiederhergestellt:

»Es kommt hinzu, dass sich das dem Schüler von der Klassenkonferenz zum Vorwurf gemachte Anschreiben der Telefonnummer der Mitschülerin an einem Straßenbahnwartehäuschen und einem Stromkasten außerhalb des Schulgeländes abgespielt hat ... Die Reaktionsmöglichkeiten der Schule sind zwar nicht auf das Verhalten des Schülers im Bereich des Schulgebäudes und des Schulhofs beschränkt; vielmehr kommen, soweit ein außerschulisches Verhalten störend in den Schulbetrieb hineinwirkt, hieran anknüpfende Erziehungs- und Ordnungsmaßnahmen durchaus in Betracht. Deren rechtlich vertretbares Maß ist aber vom Grad der konkret feststellbaren negativen Auswirkungen auf den Schulbetrieb abhängig und muss auch relativierend den Verantwortungsbereich der Eltern für das außerschulische Verhalten in Rechnung stellen. Als konkrete Auswirkung des Anschreibens der Telefonnummer der Mitschülerin hat die Klassenkonferenz aber in erster Linie störende Anrufe im Haus der Eltern der Mitschülerin angeführt.«

56 Letztlich entscheidend bei der Würdigung außerschulischen Verhaltens ist die Frage des inneren Bezuges zum schulischen Geschehen, also die Frage nach den Auswirkungen auf den schulischen Bereich.

F Die Falle

Eine Schülerin einer 9. Klasse eines Gymnasiums beschloss aufgrund nicht näher aufgeklärter Unstimmigkeiten mit einem Mitschüler, diesem »eins auszuwischen«. Sie verabredete mit einem Freund, den Mitschüler von einer Geburtstagsparty zu einer Gaststätte zu locken und dort von zwei anderen Jugendlichen verprügeln zu lassen. Der Plan gelang. Der Mitschüler erlitt eine Nasenbeinfraktur, eine Jochbeinfraktur und einen doppelten Kieferbruch und musste 10 Tage stationär behandelt werden. Die Schülerin schaute dabei – was sie selbst bestritt – nach Angaben von Zeugen aus wenigen Metern Entfernung zu.

Sie wurde daraufhin für eine Woche durch den Schulleiter vom Unterricht ausgeschlossen. Etwa eine Woche später wurde sie einstweilig in die Parallelklasse überwiesen. Zu einer angesetzten Anhörung zum beabsichtigten Erlass einer Ordnungsmaßnahme erschien die Schülerin nicht. Daraufhin wurde sie unter Anordnung der sofortigen Vollziehung an ein anderes Gymnasium überwiesen.

Zum Vorliegen einer Störung des Schul- und Unterrichtsbetriebes führt das Oberverwaltungsgericht Greifswald → *(Az.: 2 M 72101; Schul-Recht 2/2002, S. 30 ff)* aus:

»Gewalttätigkeiten der hier in Frage stehenden Art sind geeignet, Furcht und Angst vor dem die Gewalttätigkeit ausübenden oder auslösenden Schüler und vor eventuellen Nachahmungstätern zu bewirken. Dies um so mehr, als die Schule ein in sich geschlossenes soziales Milieu darstellt, in dem eine Regelverletzung der hier in Rede stehenden Schwere sich besonders auswirkt. Entsteht zudem der Eindruck, als könne sich der Regelverletzer dies ohne größere Sanktion leisten, wird vielen anderen Schülern der Eindruck vermittelt, die Einhaltung von Regeln, die unbestreitbar für einen ordnungsgemäßen Schul- oder Unterrichtsbetrieb unabdingbar sind, sei nicht mit dem nötigen Ernst zu beachten. Daher sind Vorfälle wie der hier der Ordnungsmaßnahme zugrunde liegende durchaus geeignet, den Schul- oder Unterrichtsbetrieb zu stören. Die Schaffung eines von Angst und Furcht mitgeprägten Schulklimas gefährdet massiv den Bildungs- und Erziehungsauftrag der Schule und hindert die Schüler, sich zu freien und selbstbestimmten Persönlichkeiten zu entwickeln. ...

Die »Bestrafung« eines Mitschülers in der von der Schülerin durchgeführten Art und Weise ist in dem besonderen sozialen Milieu einer Schule einer der denkbar schwersten Verstöße gegen grundlegende Verhaltensregeln, die erst die erfolgreiche Verwirklichung des Erziehungs- und Bildungsauftrages der Schule ermöglichen. Denn dadurch entsteht ein Klima der Angst und des gegenseitigen Misstrauens, das die Beziehungen der Schüler untereinander vergiftet und die Entwicklung der Schüler zu selbstständigen Persönlichkeiten nachhaltig zu beeinträchtigen geeignet ist. ...

Die Schülerin hat in besonderer Weise die Arglosigkeit des späteren Opfers ausgenutzt, das in keiner Weise erkennen konnte, dass es ... in eine Falle gelockt und von einer Überzahl von Schlägern verletzt werden sollte. Damit hat sie in ganz erheblichem Maße die Grundregeln des Umgangs mit Mitschülern (und Mitmenschen überhaupt) verletzt und den Schul- und Unterrichtsbetrieb mit erheblicher Wahrscheinlichkeit massiv gestört. Ein weiteres Verbleiben an der Schule dürfte mit großer Wahrscheinlichkeit bei den Mitschülern den Eindruck erwecken, eine solche Regelverletzung bliebe bis auf bloß vorübergehende Maßnahmen ungeahndet, und geeignet sein, ein Klima der Einschüchterung und Angst zu verstärken und zu perpetuieren.«

Ordnungsmaßnahmen können auch bei pflichtverletzendem Fehlverhalten eines Schülers außerhalb des Schulgeländes verhängt werden, wenn ein direkter Zusammenhang zum Schulverhältnis besteht, insbesondere wenn das Fehlverhalten unmittelbar in den schulischen Bereich hineinwirkt.

Das ist der Fall, wenn das Zusammenleben der am Schulleben Beteiligten durch das Fehlverhalten gestört oder gefährdet worden ist und wenn die Ordnungsmaßnahme daher geeignet und erforderlich ist, u. a. auf einen gewaltfreien Umgang der Schüler miteinander hinzuwirken, dem Schutz der am Schulleben beteiligten Schüler zu dienen und damit eine geordnete Unterrichts- und Erziehungsarbeit der Schule zu gewährleisten.«
→ (OVG Nordrhein-Westfalen, Az.: 19 E 391/98; SchulRecht 1/1999, S. 12).

Verhalten sich Schüler während des Schulbustransportes so, dass sie die 57 Rechte von Mitschülern verletzen, indem sie diese z. B. schlagen, bedrohen oder beschimpfen, kann die Schule darauf mit erzieherischen Einwirkungen und Ordnungsmaßnahmen reagieren, falls diese Vorkommnisse Auswirkungen auf den schulischen Bereich haben, also z. B. die angegriffenen Schüler den Weg zur Schule nicht mehr angstfrei zurücklegen können. Zu den möglichen erzieherischen Einwirkungen kann auch die Verpflichtung der Täter – nach Information der Eltern –, vorläufig getrennt zu fahren, indem sie jeweils einen früheren beziehungsweise späteren Bus benutzen, gehören.

F Der Haltestangenschwung

In einem Schulbus kam es zu einem Streit zwischen einer Schülergruppe, der auch der Schüler A. angehörte, und der Schülerin S. Dabei ließ sich der Schüler A. an den Haltestangen im Bus schwingen und nutzte den Schwung, um die Schülerin zu treten. Nach den Feststellungen des Klassenlehrers durch Schülerbefragungen hatte die Schülerin durch ihr Verhalten den Streit verbal angeheizt, jedoch keine körperliche Gewalt ausgeübt.

Die Klassenkonferenz entschied, den Schüler an eine andere Schule derselben Schulform zu überweisen.

Das Verwaltungsgericht Oldenburg → *(Az.: 5 A 1002/02; SchulRecht 2/2005, S. 35 f)* wies die Klage des Schülers ab:

»Die Gewalttätigkeit gegenüber Mitschülern ist eine grobe Pflichtverletzung im Sinne von § 61 Abs. 2 NSchG. Dabei kann ebenso dahinstehen, ob der Schüler zuvor verbal provoziert wurde, wie auch, ob sich die Ermittlungsergebnisse der polizeilichen Ermittlungen mit denjenigen der Schule vollständig decken, denn in der Feststellung der Art der Gewaltausübung stimmen sie überein. Die von dem Schüler ausgeübte körperliche Gewalt überschreitet nach Ansicht der Kammer jedes möglicherweise noch entschuldbare Maß jugendlicher Unkontrolliertheit.«

Sind unmittelbare Auswirkungen auf die Schule nicht feststellbar, z. B. bei Sachbeschädigungen am Bus, der Störung des Busfahrers durch übermäßigen Lärm oder Streitereien ohne schulische Auswirkung, kann nicht die Schule gegen die Schüler vorgehen, sondern der Busfahrer, der Busunternehmer und der Schulträger, indem sie den Täter vorübergehend oder dauerhaft vom weiteren Bustransport ausschließen. Dabei ist der Grundsatz der Verhältnismäßigkeit zu beachten.

Das Verwaltungsgericht Braunschweig → *(Az.: 6 B 61040/94; SPE 669 Nr. 2)* wies den Antrag eines Schülers, der die Sicherheit des Schülertransports und das Eigentum des Busunternehmers durch Lärmen, Wechseln des Sitzplatzes und Prügeleien gefährdet hatte, auf Gewährung vorläufigen Rechtsschutzes im Wesentlichen ab:

> Die Vorschriften des Landes »sehen im Falle einer nachhaltigen Störung im Schülerverkehr u. a. ein gemeinsames Bemühen von Schule, Eltern, Träger der Schülerbeförderung und ggf. Busunternehmen um eine Wiederherstellung der notwendigen Ordnung vor. In diesem Sinne haben zunächst Gespräche des Ausbildungsleiters der Schülerlotsen mit dem Schüler und der Lehrer mit den Eltern stattgefunden, bevor dann der Schulleiter mit Schreiben vom … die Eltern nochmals aufgefordert hat, ihren Sohn zu einer unverzüglichen Verhaltensänderung bei den Busfahrten zu veranlassen. Kommt es trotz eines solchen Bemühens um die Wiederherstellung der Ordnung gleichwohl zu weiteren erheblichen Störungen des Busbetriebs, kann sowohl der Busunternehmer und sein Betriebspersonal als auch … der Träger der Schülerbeförderung … einen zeitweisen Ausschluss von der Beförderung verfügen.«

Ein von der Schule ausgesprochener Ausschluss war wegen fehlender Zuständigkeit der Schule zurückgenommen worden. Das Verwaltungsgericht betrachtete einen vom Schulträger ausgesprochenen Ausschluss von neun Tagen wegen der besonderen Umstände des Einzelfalles (eine alternative Beförderungsmöglichkeit bestand weder mit öffentlichen Verkehrsmitteln noch durch die Eltern) als unverhältnismäßig und reduzierte ihn auf fünf Tage.

3. Strafmündigkeit und Verschulden

Ordnungsmaßnahmen sind keine Strafen. Sie dienen nicht der Sühne **58** und Vergeltung für vergangenes Fehlverhalten, sondern der Sicherung der schulischen Ordnung durch eine Verhaltensänderung von Schülern, die gegen die schulische Ordnung verstoßen haben, durch ihre warnende Funktion gegenüber Mitschülern, die zu ähnlichem Fehlverhalten neigen und durch die unmittelbare Abwehr von Gefahren, die Personen oder Sachen drohen.

Ob Verschulden des Schülers Voraussetzung für die Verhängung einer **59** Ordnungsmaßnahme ist, haben die meisten Länder nicht ausdrücklich geregelt (Ausnahme: Mecklenburg-Vorpommern: § 60 a Abs. 4 Satz 3 SchulG, der Ordnungsmaßnahmen nur bei Vorsatz oder Fahrlässigkeit für zulässig erklärt.).

Verschulden bedeutet entweder Vorsatz, also ein bewusstes und gewolltes Handeln und Herbeiführen des Erfolges, oder Fahrlässigkeit, die gegeben ist, wenn die den konkreten Umständen nach erforderliche Sorgfalt außer acht gelassen wird.

Von der Frage des Verschuldens zu unterscheiden ist die Tatsache, dass wie im obigen Fall des minderjährigen Schülers, der mit seinen Eltern in Urlaub fahren musste, eine Verhaltensänderung durch eine Ordnungsmaßnahme und damit ein Verhalten im Sinne einer geordneten Unterrichts- und Erziehungsarbeit von vornherein nicht erreicht werden kann, da der Schüler nicht zwischen Handlungsalternativen wählen kann. In einem solchen – äußerst seltenen Fall – ist die Verhängung einer Ordnungsmaßnahme gegen den Schüler eine objektiv ungeeignete Maßnahme, da der Schüler den ordnungswidrigen Zustand auch in Zukunft aus eigener Kraft nicht wird verhindern können, und die Schule mit ihrer Maßnahme nicht die Ursache der Störung beseitigen kann.

F **Die unberechenbaren Attacken**
Ein Schüler ist seelisch behindert. Der Behinderungsgrad beträgt 70 %. Nach einem kinder- und jugendpsychiatrischen Gutachten besteht eine tiefgreifende Entwicklungsstörung, die vor allem gekennzeichnet ist durch ausgeprägte Störungen der sozialen Wahrnehmung, der sprachlichen Verständigung in Bezug auf komplexe emotionale, interpersonelle und soziale Sachverhalte sowie durch impulsives Verhalten und aggressive Durchbrüche. Er hat wiederholt auf die Integrationshelferin und Mitschüler eingeschlagen, hat nach der Integrationshelferin getreten, hat im Kunstunterricht einen Schmutzwassereimer und einen Arbeitstisch umgeworfen sowie mit voller Wucht gegen eine von innen von Mitschülern zugehaltene Tür getreten.
Die Schulleiterin hatte ihn im Wege einer Sofortmaßnahme drei Wochen vor dem Unterrichtsausschluss durch die Klassenkonferenz für drei Tage vom Unterricht ausgeschlossen. Die Klassenkonferenz beschloss einen dreimonatigen Unterrichtsausschluss.

Das Verwaltungsgericht Göttingen → *(Az.: 13 M 1242/00; SchulRecht 9/2001, S. 150 ff)* hat den Antrag auf Wiederherstellung der aufschiebenden Wirkung des erhobenen Widerspruchs abgelehnt. Das Niedersächsische Oberverwaltungsgericht → *(Az.: 13 M 1242/00; SchulRecht 9/2001, S. 150 ff)* hat diese Entscheidung bestätigt:

»Unbeachtlich ist in diesem Zusammenhang, ob die massiven Verhaltensauffälligkeiten krankhaft sind und der Schüler für sein Verhalten gar nicht oder nur eingeschränkt verantwortlich ist. Ordnungsmaßnahmen haben in erster Linie den Zweck, einen ordnungsgemäßen Schulbetrieb zu gewährleisten, und stellen kein Vergeltung für begangenes Unrecht dar. ...

Es spricht alles dafür, dass die Pflichtverstöße aus der Behinderung resultieren.

Dies ändert jedoch nichts an der grundsätzlichen Anwendbarkeit der Regelungen des § 61 NSchG. § 61 NSchG gilt für jede Schulform, auch für die Sonderschulen. Die Vorschrift beansprucht konsequenterweise auch in vollem Umfang Gültigkeit, wenn – wie hier – ein Schüler mit sonderpädagogischem Förderbedarf an einer allgemeinen Schule unterrichtet wird. Jede Schule muss die Möglichkeit haben, zur Aufrechterhaltung eines ordnungsgemäßen Schulbetriebs grundsätzlich den gesamten Maßnahmekatalog der Schulordnungsmaßnahmen umsetzen zu können. ...

Unabhängig davon, welche Integrationsfortschritte sich für den Schüler im Laufe des Schuljahrs ergeben haben, erstrecken sich seine gewaltsamen Überreaktionen bis in die jüngste Zeit. So beurteilt nach den Ermittlungen der Klassenkonferenz eine überwiegende Zahl von Mitschülern den Schüler wegen seiner erheblichen Körperkräfte und seiner Gleichgültigkeit gegenüber Gewalt als gefährlich und hat besonders in den Unterrichtspausen Angst. Die Kammer (des Verwaltungsgerichts) hält die Befürchtungen der Klassenkonferenz für zutreffend, dass bei einem weiteren Schulbesuch des Schülers sich seine zeitweilig auftretende gewaltsame Verhaltensweise trotz der Begleitung durch die Integrationshelferin nicht ändert und die Gefahr erheblicher Verletzungen für Schulangehörige besteht.

Der Unterrichtsausschluss ist auch verhältnismäßig. ... Angesichts der Häufung und der teilweise schwerwiegenden Angriffe insbesondere gegenüber Mitschülern war es berechtigt, einen zeitlich spürbaren Unterrichtsausschluss zu verfügen und die gesetzlich vorgegebene Höchstdauer auszuschöpfen. Dabei reicht der Ausschluss bis in die Osterferien hinein. Insoweit hält das Gericht auch die Überlegung der Klassenkonferenz für sachgerecht, dass in dieser Zeit die Chance besteht, eine den pädagogischen Bedürfnissen des Schülers besser gerecht werdende Beschulung als die jetzt bei der Schule praktizierte zu finden.«

Das Niedersächsisches Oberverwaltungsgericht ergänzt diese Ausführungen des Verwaltungsgerichts:

»Soweit die Eltern und der Schüler die Geeignetheit der getroffenen Maßnahme bezweifeln und damit eine Verletzung des Verhältnismäßigkeitsgrundsatzes rügen, ist dem entgegenzuhalten, dass – worauf das Verwaltungsgericht zutreffend abgestellt hat – Ordnungsmaßnahmen nicht nur beiläufig, sondern wohl vorrangig den Zweck verfolgen, einen ordnungsgemäßen Schulbetrieb zu gewährleisten. Dieser Regelungszweck war im vorliegenden Fall durch die streitige Ordnungsmaßname sicher gewährleistet. Ob die Verhängung von Ordnungsmaßnahmen ausscheidet, wenn von vornherein feststeht, dass sich der betroffene Schüler davon nicht wird beeindrucken lassen, erscheint höchst zweifelhaft. Folglich wäre es rechtlich aber auch ohne Bedeutung, sofern die erzieherische Wirkung einer Ordnungsmaßnahme aufgrund einer seelischen Erkrankung zu verneinen ist.«

In der Regel ist das Fehlverhalten von Schülern auch schuldhaftes Verhalten. Fehlt es in einem Fall an vorsätzlichem oder fahrlässigem Verhalten, kann die Ursache der Störung aber durch eine Ordnungsmaßnahme beseitigt werden, setzen nach richtiger Ansicht Ordnungsmaßnahmen kein Verschulden voraus, da sie nach allgemeiner Auffassung keinen Strafcharakter haben, sondern der Sicherung der schulischen Ordnung dienen. Sie setzen daher kein Verschulden, sondern lediglich eine objektive Pflichtverletzung voraus. Fehlt das Erfordernis des Verschuldens in den gesetzlichen Regelungen, ist daher dem Charakter der Ordnungsmaßnahmen entsprechend davon auszugehen, dass Verschulden nicht unabdingbare Voraussetzung für die Verhängung einer Ordnungsmaßnahme ist.

Das Verschulden ist nicht ausschlaggebend für das »Ob« einer Ordnungsmaßnahme, hier ist die Verhinderung zukünftiger Beeinträchtigungen der Unterrichts- und Erziehungsarbeit der Schule entscheidend, sondern das Verschulden ist beim »Wie« der Ordnungsmaßnahme zu

berücksichtigen. Fehlendes Verschulden kann zu einer milderen Maßnahme führen, während Verschulden, insbesondere Vorsatz, eine
schwerwiegende Maßnahme erforderlich machen kann → *(so auch
Avenarius/Heckel, TZ 30.21; Niehues RdNr. 24).*

Da es sich bei Ordnungsmaßnahmen nicht um Strafen handelt, ist die **60**
Vollendung des 14. Lebensjahres und damit die Strafmündigkeit eines
Schülers nicht Voraussetzung für die Verhängung einer Ordnungsmaß-
nahme.

Hamburg (§ 49 Abs. 3 SchulG) schränkt die Anwendung von Ordnungsmaßnahmen in der Primarstufe ein. Gelegentlich wird auch in
anderen Ländern die Auffassung vertreten, Ordnungsmaßnahmen seien
in der Primarstufe nur teilweise oder gar nicht anzuwenden.

Diese Auffassungen sind pädagogisch und rechtlich problematisch, da
zum kurzfristigen Schutz der Mitschüler auch in der Primarstufe beispielsweise angesichts einer Bereitschaft zur Gewaltanwendung, die
nicht erst in der Sekundarstufe I einsetzt und des durchaus fortgeschrit-
tenen Alters einiger Grundschüler, ein Unterrichtsausschluss notwendig
sein kann. Ebenso dürfte die Überweisung in die parallele Klasse in
bestimmten Situationen sinnvoll oder sogar notwendig sein. Dass
uneinsichtige Eltern eine solche Maßnahme verhindern können, scheint
wenig sachgerecht.

Die Beschränkung der Ordnungsmaßnahmen auf die weiterführenden
Schulen ist aus schulrechtlicher Sicht überflüssig, da die Schulen auch in
den Ländern, die ein Verbot der Anwendung von Ordnungsmaßnahmen in der Primarstufe nicht kennen, dem Gesichtspunkt einer besonderen Rücksichtnahme auf das Alter und den Entwicklungsstand von
Grundschülern gerecht werden, da im Rahmen der Verhältnismäßigkeitsprüfung selbstverständlich auch das Alter und der Entwicklungsstand der Schüler zu berücksichtigen sind.

Die offensichtliche Notwendigkeit, auch in Ländern, die in der Primarstufe Ordnungsmaßnahmen wie den Unterrichtsausschluss oder Ausschluss von einer schulischen Veranstaltung nicht kennen, die schulische Ordnung und die Rechte Beteiligter zu schützen, sieht offenbar
auch die Rechtsprechung.

F **Der Ausschluss vom Ausflug**

Die Klassenlehrerin einer 3. Klasse vereinbarte mit den Eltern der Schüler ihrer Klasse, dass die Schüler bei fünf oder mehr Verstößen gegen die mit der Klasse verabredeten Verhaltensregeln im Laufe eines Monats von dem nächsten monatlichen Ausflug ausgeschlossen werden und die Schüler stattdessen in einer anderen Klasse am normalen Unterricht teilnehmen. Nachdem 5 Schüler mehr als fünfmal in einem Monat gegen die Verhaltensregeln verstoßen hatten, benachrichtigte sie deren Eltern und schloss sie von einem geplanten Ausflug aus. Am Morgen des Ausfluges widerrief der Schulleiter die Genehmigung für den zum Thema »Naturerkundung« geplanten Ausflug, nachdem die Eltern eines ausgeschlossenen Schülers sich beschwert hatten. Die Lehrerin führte den Ausflug gleichwohl durch. Die Schulaufsicht teilte ihr daraufhin mit, das von ihr praktizierte Ausschlußsystem verstoße gegen das Schulrecht und sei zu untersagen. Der Ausschluss vom Unterricht ist in Hamburg als Ordnungsmaßnahme an Grundschulen unzulässig.

Das Hamburgische Oberverwaltungsgericht → *(Az.: 1 Bf 413/00; SchulRecht 2/2004, S. 35 f.)* hat festgestellt, der Ausschluss sei nicht rechtswidrig gewesen:

»Die Schulbehörde hat bei der Ausgestaltung der bei der Durchführung von Klassenausflügen von den Lehrern zu beachtenden Regeln die ihr obliegende Fürsorgepflicht zu wahren. Ihre Fürsorgepflicht ist berührt, wenn sie auf der einen Seite von den Lehrkräften erwartet, dass diese Klassenausflüge durchführen, sie aber auf der anderen Seite keine Vorsorge dafür trifft, dass die Lehrerinnen und Lehrer ihrer Aufsichtspflicht gegenüber den ihnen anvertrauten Schülerinnen und Schülern genügen können. ...

Gemäß § 49 Abs. 4 HmbSG sind förmliche Ordnungsmaßnahmen nur unter den dort geregelten Voraussetzungen in der Sekundarstufe I und II zulässig. In der Grundschule – d. h. der Primarstufe – dürfen förmliche Ordnungsmaßnahmen nicht getroffen werden. ...

Förmliche Ordnungsmaßnahmen sind nach der gesetzlichen Aufzählung in § 49 Abs. 4 S. 2 HmbSG erstens der schriftliche Verweis, zweitens der Ausschluss vom Unterricht für einen bis höchstens fünf Unterrichtstage, drittens die Umsetzung in eine Parallelklasse oder eine entsprechende organisatorische Gliederung, viertens die Überweisung in eine andere Schule oder fünftens die Entlassung aus der Schule. Zu diesen Maßnahmen gehören die von der Lehrerin verfügten Ausschlüsse nicht. Sie hat die Grundschüler nicht im Sinne des § 49 Abs. 4 S. 2 Nr. 2 HmbSG vom Unterricht für einen Tag ausgeschlossen. Denn die Schüler mussten an dem Tag des Ausfluges ihrer Klasse am Unterricht in einer Parallelklasse teilnehmen. …

Eine bloße »Nichtmitnahme« auf einen eintägigen Ausflug kann von pädagogischen Gründen getragen sein und sich in ihrer Wirkung von den – unzulässigen – förmlichen Ordnungsmaßnahmen unterscheiden. Dass – wie anscheinend im vorliegenden Falle die Maßnahme auch dazu dienen sollte, den Schülern die Bedeutung der Einhaltung zuvor vereinbarter Verhaltensregeln vor Augen zu führen, macht die Maßnahme noch nicht zu einer bloßen nach dem Willen des Gesetzgebers unzulässigen »Strafe«. Maßgeblich ist, ob die Maßnahme aus pädagogischen Gründen getroffen wird, d. h. pädagogisch geprägt ist. Aus pädagogischen Gründen können sogar Maßnahmen getroffen werden, die ihrer äußeren Ausgestaltung nach den förmlichen Ordnungsmaßnahmen vergleichbar sind. … Im vorliegenden Falle waren die von der Lehrerin verfügten Ausschlüsse von dem Klassenausflug in ein pädagogisches Konzept eingebunden. … Insoweit bedarf keiner Klärung, inwieweit sich die Lehrerin subjektiv auch von Überlegungen der Gewährleistung der Sicherheit der ihr anvertrauten Kinder hat leiten lassen. Derartige Erwägungen können sich – anders als das Verwaltungsgericht zu meinen scheint – mit pädagogischen Aspekten verbinden. Eine – wie hier – in ein pädagogisches Konzept eingebundene Maßnahme verliert nicht deshalb ihren pädagogischen Charakter, weil sie auch wesentlich von Überlegungen der Gefahrenabwehr bestimmt ist. …

Die Klägerin ist als Lehrerin für die Sicherheit der ihr anvertrauten Schulkinder auf den von ihr durchgeführten Ausflügen verantwortlich. Damit ist es nicht vereinbar, Schüler mitzunehmen, die wegen ihrer Verhaltensauffälligkeit auf dem Ausflug erkennbar nicht ausreichend beaufsichtigt werden können. Die Schulbehörde muss deshalb der Lehrerin die Möglichkeit offenlassen, einzelne Grundschüler ausnahmsweise nicht auf einen Klassenausflug mitzunehmen, wenn deren Mitnahme wegen ihrer Verhaltensauffälligkeit nicht verantwortet werden kann.«

Diese Entscheidung kann nicht ohne weiteres auf die Länder übertragen werden, die Ordnungsmaßnahmen in der Grundschule nicht ausschließen. In diesen Ländern müsste bei einer Ordnungsmaßnahme nicht zwischen der Gefahrenabwehr auf der einen und pädagogischen Überlegungen auf der anderen Seite unterschieden werden. Im Normalfall wird eine Ordnungsmaßnahme sowohl mit der Gefahrenabwehr als auch mit erzieherischen Überlegungen begründet werden. Das OVG Hamburg hat beides getrennt, um mögliche gravierende Folgen für die Sicherheit der Mitschüler, die durch die gesetzliche Regelung entstehen können, abzuwenden.

4. Generalprävention

61 Fraglich ist, ob und in welchem Maße neben der Intensität der Störung und dem Grad der Vorwerfbarkeit gegenüber dem Schüler sowie dem zu erwartenden zukünftigen Verhalten des Schülers eine abschreckende Wirkung auf die Mitschüler (generalpräventive Wirkung) in die Überlegungen zum Erlass einer Ordnungsmaßnahme einfließen darf.

Die Formulierungen der Schulgesetze – mit der möglichen Ausnahme Mecklenburg-Vorpommerns (siehe unten) – sprechen nicht dagegen, und die Verwaltungsgerichte akzeptieren die angemessene Berücksichtigung generalpräventiver Gesichtspunkte. Bei der rechtlichen Würdigung eines Sachverhaltes darf daher auch die Wirkung des Fehlverhaltens auf die Mitschüler berücksichtigt werden.

Der Bayerische Verwaltungsgerichtshof → *(Az.: 7 CS 02.776; Schul-Recht 6-8/2004, S. 133 f)* führt dazu bei Schulentlassungen wegen Drogenkonsums und Weitergabe von Drogen aus:

»Eine Ausnahme von dieser Regel (der vorherigen Androhung, d.Verf.) ist jedoch zulässig, wenn das Fehlverhalten des Schülers und die Beeinträchtigung des Bildungs- und Erziehungsauftrages der Schule gewichtig sind und in nicht zu beanstandender Weise manifestiert werden soll, dass der Umgang mit Rauschgift im Verantwortungsbereich der Schule sofort wirksam und dauerhaft unterbunden werden soll.« *(Az.: 7 CS 02.776).* »Übergeordnete Entscheidungsgesichtspunkte dafür, ob einer Entlassung zunächst deren Androhung vorauszugehen hat, sind das Gewicht des Fehlverhaltens des Schülers sowie die Bewertung, in welchem Maße dadurch der Bildungs- und Erziehungsauftrag der Schule beeinträchtigt wurde. Unter diesem Gesichtspunkt dürfen entgegen der Auffassung des Schülers auch »generalpräventive« Gesichtspunkte eine Rolle spielen.« → *(Az.: 7 ZS 97.1403; SchulRecht 6-8/2004, S. 135).*

Wollte man die abschreckende Wirkung einer Ordnungsmaßnahme als entscheidungserhebliche Überlegung ausschließen, könnten Ordnungsmaßnahmen ihre Aufgabe, die Ordnung in der Schule zu sichern, in bestimmten Fällen nicht mehr erfüllen. Allerdings darf es nicht ausschließlich darum gehen »ein Exempel zu statuieren«, sondern im Rahmen der Verhältnismäßigkeitsprüfung sind auch generalpräventive Gesichtspunkte angemessen zu berücksichtigen.

5. Kollektivmaßnahmen

Ordnungsmaßnahmen dürfen nicht als Kollektivmaßnahmen verhängt **62** werden, es sei denn, das Fehlverhalten ist jedem einzelnen Schüler zuzurechnen. Das gilt auch in den Ländern, die über keine ausdrückliche Regelung verfügen, da Ordnungsmaßnahmen in jedem Fall ein Fehlverhalten der betroffenen Schüler voraussetzen. Es ist daher nicht zulässig, eine Ordnungsmaßnahme gegen eine Schulklasse zu ergreifen, weil einige Schüler dieser Klasse die schulische Ordnung gestört haben, die Störer aber nicht festgestellt werden können. Rechtmäßig ist dagegen eine Maßnahme, die sich auf eine Schülergruppe erstreckt, die als Gruppe die schulische Ordnung gestört hat.

»Das Erfordernis eines individuellen Fehlverhaltens hat besondere Bedeutung, wenn die Ordnungsmaßnahme wegen Vorfällen angeordnet werden soll, an denen Schüler mit unterschiedlichen Tatbeiträgen beteiligt waren. Von einem individuellen Fehlverhalten darf die Schule in diesen Fällen insbesondere ausgehen, soweit der Schüler als Mittäter, Gehilfe oder Anstifter anzusehen ist; für die Anordnung als solche genügt es aber auch, wenn der Schüler die Pflichtverletzung eines anderen in zurechenbarer Weise mitverursacht hat. ... Dass ein individuelles Fehlverhalten vorliegt, hat die Schule nachzuweisen; im gerichtlichen Verfahren ... genügt es, dass der entscheidungserhebliche Sachverhalt von der Schule glaubhaft gemacht wird, also überwiegend wahrscheinlich ist.« → *(VG Braunschweig, Az.:6 B 398/05; SchulRecht 5-6/2006, S. 60)*

Bei einem gemeinschaftlichen Fehlverhalten einer Klasse oder Lerngruppe verpflichten einige Vorschriften die Schule, den Ursachen für das Fehlverhalten in besonderer Weise nachzugehen. Das gilt gleichermaßen für erzieherische Maßnahmen wie für Ordnungsmaßnahmen und sollte auch aus erzieherischen Gründen selbstverständlich sein.

IV. Ordnungsmaßnahmen: Verfahren

1. Verfahrenseröffnung

Gelangt der Klassenlehrer auf Grund eigener Erkenntnisse oder auf der **63** Grundlage von Informationen durch andere Lehrkräfte nach einer ersten Prüfung des Sachverhalts zu dem Ergebnis, dass möglicherweise eine Ordnungsmaßnahme ausgesprochen werden muss, informiert er den Schulleiter, da dieser über alle wesentlichen Vorkommnisse an der Schule unterrichtet sein muss. Lehrer können aber auch unmittelbar den Schulleiter über ein Fehlverhalten eines Schülers informieren. Der Weg über den Klassenlehrer ist sinnvoll und üblich, es läge aber kein Verfahrensfehler vor, wenn der Klassenlehrer nicht vor dem Schulleiter informiert würde. Über die notwendigen Schritte zur Sachverhaltsaufklärung entscheiden je nach Zuständigkeit für die vermutlich zu ergreifende Ordnungsmaßnahme der Klassenlehrer oder ein sonstiger als Konferenzvorsitzender zuständiger Lehrer oder der Schulleiter.

Die Zuständigkeit für die weiteren Verfahrensschritte nach Aufklärung **64** des Sachverhaltes hängt von der gesetzlichen Regelung des jeweiligen Landes ab. Die Schulgesetze der Länder sehen Ordnungsmaßnahmen vor, für deren Verhängung jeweils der Lehrer, der Schulleiter, die Klassenkonferenz, die Jahrgangsstufenkonferenz, die Gesamt- bzw. Lehrerkonferenz oder eine Teilkonferenz für Ordnungsmaßnahmen zuständig sind. In Nordrhein-Westfalen kann der Schulleiter über die Ordnungsmaßnahmen schriftlicher Verweis, Unterrichtsausschluss und Überweisung in die parallele Lerngruppe entweder selbst entscheiden oder zuvor die Teilkonferenz anhören oder die Entscheidungszuständigkeit auf die Teilkonferenz übertragen (§ 53 Abs. 6 SchulG NRW). Diese Ermessensentscheidung hat er in jedem Einzelfall zu treffen, da sie nur einzelfallbezogen sachgerecht begründet werden kann. Der Schulleiter darf daher nicht auf die Wahl einer Teilkonferenz verzichten, da er ohnehin immer nur selbst ohne Beratung entscheiden will, er darf aber auch nicht von vornherein alle Entscheidungen auf die Teilkonferenz übertragen, weil er sich nicht mit Ordnungsmaßnahmen beschäftigen möchte.

Das Verfahren kann dann je nach Zuständigkeit entweder vom Schulleiter wegen seiner eigenen Zuständigkeit oder in seiner Eigenschaft als Vorsitzender der Lehrerkonferenz bzw. Teilkonferenz oder vom Klassenlehrer in seiner Eigenschaft als Vorsitzender der Klassenkonferenz oder von der gesetzlich festgelegten Mindestzahl der Konferenzmitglieder (in der Regel ein Drittel) eingeleitet werden. Der Schulleiter kann dem Klassenlehrer und den Konferenzmitgliedern die Einleitung eines Verfahrens nicht untersagen, da er damit die in den Mitwirkungsregelungen und gesetzlichen Zuständigkeitsregelungen enthaltene Aufgabenverteilung in der Schule außer Kraft setzen würde. Hält der Schulleiter den Beschluss über eine Ordnungsmaßnahme für rechtswidrig, bleibt ihm wie bei anderen Konferenzbeschlüssen nur der Weg der Beanstandung des Konferenzbeschlusses.

Die Einberufung einer Klassenkonferenz kann er nur dann anordnen, wenn die Einberufung die einzig rechtmäßige Handlungsweise darstellt. Voraussetzung für die Weisung ist eine Ermessensreduzierung auf null, also eine Situation, in der kein Ermessen mehr besteht, sondern einzig eine bestimmte Handlungsweise rechtlich geboten ist. Diese Situation dürfte im Zusammenhang mit Ordnungsmaßnahmen sehr selten sein. Liegt sie vor, ergibt sich die Weisungsbefugnis des Schulleiters dem Klassenlehrer gegenüber auch aus der Tatsache, dass eine geordnete Erziehungsarbeit die Einberufung der Konferenz erfordert.

Bei der Regelung der Zuständigkeit für bestimmte Ordnungsmaßnahmen und allen anderen Verfahrensregelungen handelt es sich nicht um formaljuristische Feinheiten, die mit der Sache nichts zu tun haben, sondern um wichtige Grundlagen einer sachgerechten Entscheidung und eines rechtsstaatlichen Verfahrens, dem gerade bei Ermessensentscheidungen, die der Schule einen gewissen Freiraum bei der Entscheidungsfindung geben, eine große Bedeutung zukommt:

»Die Zuständigkeiten sind nach (dem Schulgesetz) für die Anordnung der einzelnen Ordnungsmaßnahmen abgestuft, wobei die tatbestandlichen Voraussetzungen für den Erlass von Ordnungsmaßnahmen sich wegen der Vielzahl denkbarer Pflichtverletzungen und der notwendigen pädagogischen Flexibilität nicht präzise formulieren lassen. Von daher sind generalklauselartige Regelungen unvermeidlich. Um so mehr kommt es deshalb darauf an, dass das Verfahren, in dem die Maßnahmen ergehen, rechtsstaatlich ausgestaltet ist ... Die Zuständigkeiten sind strikt einzuhalten.« → *(VG Meiningen, Az.: 8 E 1278/97.Me; SchulRecht 10/1998, S. 121).* Verfahrensregelungen sollen sicherstellen, dass möglichst alle bedeutsamen Aspekte eines Sachverhalts beachtet werden, die Interessen aller Beteiligten artikuliert werden können und Macht kontrolliert und beschränkt wird.

2. Feststellung des Sachverhalts

Die Art der Sachverhaltsermittlung hängt von den Umständen des Einzelfalles ab. Die spätere Entscheidung über die Verhältnismäßigkeit einer Ordnungsmaßnahme erfordert eine sorgfältige Aufklärung des Sachverhaltes mit dem Ziel der Ermittlung aller entlastenden und belastenden Sachverhaltselemente. Da die Schulgesetze hierzu keine Verfahrensregelungen enthalten, gelten die §§ 10, 24 und 26 VwVfG. Gemäß § 10 VwVfG ist das Verfahren einfach und zweckmäßig durchzuführen. Bei einem einfachen unstrittigen Sachverhalt reicht daher eine kurze Aktennotiz des zuständigen Lehrers. Bei komplexen, strittigen Sachverhalten können ausführliche Befragungen von Zeugen und Betroffenen notwendig werden, die in wörtlichen Protokollen festgehalten werden müssen. Protokolle sollten nur die entscheidungserheblichen Aussagen enthalten. Abschweifungen des Aussagenden oder Wertungen des Vernehmenden gehören daher nicht zu den Inhalten eines Protokolls. Besonderheiten des Verhaltens des Vernommenen – etwa Erröten oder Vermeiden des Blickkontaktes – sollten dagegen in das Protokoll aufgenommen werden, da sie für die Beweiswürdigung wichtig sein könnten.

65

! Entscheidungserhebliche Tatsachen müssen genau ermittelt werden. So sollte man sich nicht mit vagen Aussagen wie »A hat B geschlagen.« zufriedengeben, sondern die konkreten Umstände genau feststellen, also z. B., ob mit der offenen Hand oder der Faust oder einem Gegenstand geschlagen wurde und ob einmal oder mehrfach zugeschlagen wurde.

F Der Zeuge vom Hörensagen
Zu einer tätlichen Auseinandersetzung zwischen Schülern fertigte der Klassenlehrer folgende Aktennotiz: »Am Dienstag kam mir Kollege K. am Ende der zweiten großen Pause mit S. und R. auf dem Flur entgegen. Er berichtete, S. habe R. den Finger umgeknickt, so dass dieser in

die Knie ging, ihn dann auf den Bauch geschmissen, sich auf seinen Rücken gekniet und seinen Kopf auf den Boden geschlagen. R. ergänzte, dass er zuvor von mehreren Schülern, u. a. auch S., beleidigt wurde.«
An der daraufhin einberufenen Klassenkonferenz nahm der Zeuge Lehrer K. nicht teil. Die Konferenz beschloss, den S. für zwei Wochen vom Unterricht auszuschließen.

Das Verwaltungsgericht Gelsenkirchen → *(Az.: 4 K 2849/98; Schul-Recht 9/1999, S. 104–106)* hob die schulische Maßnahme auf, da sie auf einem unrichtigen Sachverhalt beruhe:

»Die Beweisaufnahme hat ergeben, dass die Schule ihre Entscheidung auf der Grundlage eines Sachverhalts getroffen hat, der von dem, der sich tatsächlich ereignete, in relevanter Weise abweicht ... Denn nach dem Protokoll der Klassenkonferenz hat diese den Sachverhalt zur Grundlage ihrer Entscheidung gemacht, wie ihn der Klassenlehrer in seiner Aktennotiz niedergelegt hat ... Herr K. selbst nahm an der Konferenz nicht teil und konnte deshalb nicht persönlich befragt werden ... Die Aussage des Zeugen K. in der mündlichen Verhandlung hat indes ergeben, dass die gefertigte Aktennotiz, auf deren Basis die Konferenz allein entschieden hat, ein unzutreffendes Bild des Geschehens vermittelte.

(Durch die Aktennotiz) entsteht der Eindruck, als habe Herr K. das gesamte Geschehen, insbesondere die einzelnen Tätlichkeiten seitens des S., selbst beobachtet. Dieser Eindruck ist jedoch falsch. In seiner Zeugenaussage hat der Zeuge K. nämlich angegeben, er habe lediglich beobachtet, dass S. über R. gesessen oder gekniet habe.

Es liegt nahe, dass für die Konferenz gerade der Eindruck von Bedeutung war, das gesamte Geschehen sei von einer neutralen, in ihrer Aussage zuverlässigen Person beobachtet worden, so dass für sie kein Anlass bestand, an der Richtigkeit der Darstellung zu zweifeln. Dies wird durch das Protokoll bestätigt ... Ob es nämlich zutrifft, dass der Schüler S. den R. mit dem Kopf auf den Boden geschlagen hat ... ist durchaus unklar. Der Schüler S. hat das in der mündlichen Verhandlung bestritten ... Der Zeuge K. hat vom Austausch von Tätlichkeiten nichts mitbekommen; er ist erst hinzugekommen, als der Schüler S. bereits statisch über seinem Kontrahenten kniete. Außerdem hat er angegeben, der andere Beteiligte, R., habe ihm gesagt, S. habe ihn mit dem Kopf auf die Steine »gedrückt«, was gegenüber der Formulierung »seinen Kopf auf den Boden geschlagen« – so die Aktennotiz – deutlich weniger brutal erscheint.«

Man könnte dem Verlangen nach einer sehr sorgfältigen Sachverhaltsermittlung entgegenhalten, dass es für die Verhängung einer Ordnungsmaßnahme doch völlig ausreichend sei, dass der Schüler zweifelsfrei tätlich geworden ist. Diese Argumentation übersieht aber, dass nicht die grundsätzliche Rechtmäßigkeit irgendeiner Ordnungsmaßnahme zu beurteilen ist, sondern die Verhältnismäßigkeit einer bestimmten Maßnahme – hier des zweiwöchigen Unterrichtsausschlusses. Für diese Beurteilung ist es aber durchaus von Bedeutung, ob es sich um ein Herunterdrücken des Kopfes oder ein ungleich gefährliches Schlagen des Kopfes auf den Boden handelte.

Ein Aussageverweigerungsrecht oder Zeugnisverweigerungsrecht wie **66** vor Gericht oder bei Vernehmungen durch die Polizei besteht weder bei der Sachverhaltsermittlung noch vor der Konferenz. Die Schule muss Schüler daher auch nicht auf ein solches Recht hinweisen, da es sich nicht um ein Verfahren im Zusammenhang mit einem möglichen Strafverfahren, sondern um ein schulisches Verwaltungsverfahren handelt. Schüler müssen in der Schule gegenüber den Lehrern die Wahrheit sagen, da sie verpflichtet sind, zur Erfüllung des schulischen Bildungs- und Erziehungsauftrages beizutragen. Das gilt nicht nur für Zeugen, sondern auch für Schüler, denen ein Fehlverhalten vorgeworfen wird. Lediglich bei einem strafbaren Verhalten, vor allem, wenn bereits staatsanwaltschaftliche Ermittlungen stattfinden, kann der beschuldigte Schüler Angaben zur Sache verweigern:

»Der Verhängung einer Erziehungs- oder Ordnungsmaßnahme steht in formeller Hinsicht auch nicht entgegen, dass sich die Schülerin im Hinblick auf ein gegen sie bei der Staatsanwaltschaft anhängiges Ermittlungsverfahren bisher geweigert hat, gegenüber der Schule Angaben zur Sache zu machen. Hierzu ist sie entsprechend dem allgemeinen – aus Art. 2 Abs. 1 in Verbindung mit Art. 1 Abs. 1 GG folgenden – Grundsatz, dass niemand gezwungen werden kann, gegen sich selbst auszusagen, auch nicht verpflichtet, denn die Angaben der Schülerin gegenüber der Schule können grundsätzlich in einem Strafverfahren Verwendung finden. Der Schutz gegen Selbstbezichtigungen beschränkt sich nicht auf strafrechtliche und vergleichbare Verfahren. Auch für den Zivilprozess und entsprechende

Verfahren ist anerkannt, dass die Wahrheitspflicht der Partei dort ihre Grenzen findet, wo sie gezwungen wäre, eine von ihr begangene strafbare Handlung zu offenbaren. Nichts anderes kann im Verfahren nach § 90 SchulG (Ordnungsmaßnahmen, d.Verf.) sowie in dem sich hieran anschließenden Widerspruchsverfahren gelten. Die derart gegen einen Zwang zur Selbstbezichtigung geschützten Verfahrensbeteiligten tragen allerdings das Risiko einer für sie ungünstigen Tatsachenwürdigung. Wer Umstände aus Furcht vor einer ggf. möglichen strafrechtlichen Verfolgung gegenüber dem Schulleiter oder der Klassenkonferenz nicht offenbaren will, obwohl ihm Gelegenheit zur Stellungnahme gegeben wird, begibt sich grundsätzlich selbst der Möglichkeit, dass diese bei der Entscheidung über den Unterrichtsausschluss von der Klassenkonferenz berücksichtigt werden.« → *(VG Freiburg, Az.: 2 K 1004/99; SchulRecht 3/ 2001, S. 60).*

Verweigert ein Schüler Angaben zu einem strafrechtlich relevanten Sachverhalt, darf die Schule nicht allein wegen der Weigerung eine Ordnungsmaßnahme verhängen, kann aber gegen den Schüler auf Grund des von ihr ermittelten Sachverhalts eine Ordnungsmaßnahme aussprechen. Die Schule ist nicht verpflichtet, Schüler auf die Möglichkeit der Verweigerung einer Aussage hinzuweisen, da es sich bei dem Verfahren zum Erlass einer Ordnungsmaßnahme nicht um ein Verfahren nach der Strafprozessordnung oder dem Jugendgerichtsgesetz handelt.

67 Das schulische Verfahren verfolgt mit der Gewährleistung einer geordneten Unterrichts- und Erziehungsarbeit andere Ziele als das Strafverfahren. Der entscheidenden Konferenz kommen auch keineswegs die Befugnisse eines Strafgerichts zu. Die Folgen einer Ordnungsmaßnahme sind mit den Folgen einer Verurteilung durch ein Strafgericht nicht zu vergleichen. Das verdeutlicht auch die Tatsache, dass eine Ordnungsmaßnahme durchaus zusätzlich zu einer gerichtlichen Strafe ausgesprochen werden kann.

Aufgrund des Verbots der Doppelbestrafung (Art. 103 Abs. 3 GG) »darf niemand wegen derselben Tat aufgrund der allgemeinen Strafgesetze mehrmals bestraft werden ... Art. 103 Abs. 3 GG schließt damit lediglich eine mehrfache, mit strafrechtlichen Sanktionen verbundene Sachentscheidung aus, ermöglicht indessen neben einer Strafe die Verhängung von Sanktionen, die keine Straf-, sondern Ordnungs- und Erziehungszwecke verfolgen ... Sanktionen der Schule (unterscheiden sich) nach Anlass und Wirkung von strafrechtlichen Sanktionen, mögen sie für den Betroffenen auch als besonders gravierende Folge seines Verhaltens und damit subjektiv letztlich als Strafe empfunden werden. (Daher) steht Art. 103 Abs. 3 GG (einer Ordnungsmaßnahme wie) einem Unterrichtsausschluss nicht entgegen.« → *(VG Freiburg, Az.: 2 K 1004/99; SchulRecht 1/2001, S. 11).*

Wegen dieser erheblichen Unterschiede ist es unangemessen, strafprozessuale Vorschriften entsprechend auf ein zu einer Ordnungsmaßnahme führendes Verfahren anzuwenden.

Eine Mitwirkungspflicht an der Aufklärung des Sachverhalts besteht **68** nach richtiger Auffassung für den Schüler, dem ein Fehlverhalten vorgeworfen wird, in allen Fällen, in denen es sich nicht um strafbares Verhalten handelt. Gemäß **§ 26 Abs. 2 VwVfG** sollen die Beteiligten »bei der Ermittlung des Sachverhaltes mitwirken. Sie sollen insbesondere ihnen bekannte Tatsachen und Beweismittel angeben. Eine weitergehende Pflicht, bei der Ermittlung des Sachverhalts mitzuwirken, insbesondere eine Pflicht ... zur Aussage, besteht nur, soweit sie durch Rechtsvorschriften besonders vorgesehen ist.«

§ 26 Abs. 2 VwVfG verpflichtet die Beteiligten bei der Ermittlung des **69** Sachverhalts mitzuwirken und insbesondere ihnen bekannte Tatsachen und Beweismittel anzugeben. Kommen die Beteiligten ihrer Mitwirkungspflicht im Verfahren nicht nach, obwohl die Mitwirkung ihnen zumutbar war, wirkt sich das auf die spätere Geltendmachung ungenügender Sachaufklärung aus, und die Behörde ist in der Regel nicht mehr gehalten, insoweit von sich aus allen sonstigen denkbaren Erkenntnismöglichkeiten nachzugehen, wie die Tatsachen sich verhalten könnten.

So geht das Verwaltungsgericht Freiburg zutreffend davon aus, ein Schüler, der die Aussage verweigert, um sich selbst nicht zu belasten, könne sich nicht darauf berufen, die Schule sei von einem falschen Sachverhalt ausgegangen (VG Freiburg, s. RdNr. 66).

Gem. § 26 Abs. 3 VwVfG besteht eine Pflicht zur Aussage für Zeugen nur, wenn sie durch Rechtsvorschrift vorgesehen ist. Diese Vorschrift wirft die Frage auf, ob allgemein formulierte Mitwirkungspflichten in den Schulgesetzen eine Rechtsvorschrift im Sinne des § 26 Abs. 3 VwVfG darstellen. Nach richtiger Auffassung reicht diese Rechtsgrundlage aus. Die Schule kann daher mit erzieherischen Einwirkungen oder Ordnungsmaßnahmen auf die Weigerung, als Zeuge auszusagen, reagieren. Vorrangig sind aber in jedem Fall das Erforschen der Motive für die Aussageverweigerung und Überlegungen zu einem effektiven Zeugenschutz, wenn die Schule etwa den Eindruck gewinnt, ein Zeuge werde eingeschüchtert (s. RdNr. 73).

F **Der Informant**

Einem Schüler wird von der Schule vorgeworfen, er habe es unterlassen, der Schule mitzuteilen, dass sich schulfremde Personen auf dem Schulgelände aufhielten, obwohl er später von dem neben ihm sitzenden Schüler A. erfahren habe, dass dieser mit einer dieser Personen tags zuvor einen Konflikt gehabt habe. Hätte der Schüler sich an einen Lehrer oder die Schulleitung gewandt, hätte eine spätere Auseinandersetzung, bei der A. einen anderen mit einem Messer verletzte, nach Auffassung der Schule verhindert werden können. Die Schule spricht gegen den Schüler die Androhung der Überweisung in eine andere Schule derselben Schulform aus.

Das Verwaltungsgericht Frankfurt am Main → *(Az.: 5 E 3830/07; SchulRecht 1-2/2011, S. 11)* hat die schulische Ordnungsmaßnahme aufgehoben, da der Schüler nicht vorhersehen konnte, dass es später zu einer schwerwiegenden Auseinandersetzung kommen würde: »Ausschlaggebend ist, dass an das sozialadäquate Verhalten eines Schülers, auch eines stellvertretenden Klassensprechers, keine überzogenen Anforderungen gestellt werden dürfen und ein Verhalten verlangt wird, das als denunziatorisch hätte angesehen werden können. Vielmehr ist eine positive Informationspflicht dann – aber auch erst dann – zu bejahen, wenn sich innerhalb des schulischen Bereichs eine Verletzung der normativ von außen oder selbstgesetzten Verhaltensregeln klar abzeichnet und nicht durch eigene Beobachtung von Lehrkräften und/oder der Schulleitung festgestellt werden kann.«

Ein Schüler ist selbstverständlich verpflichtet, die Wahrheit zu sagen, wenn er von Lehrern gefragt wird. Ohne Aufforderung hat er Lehrer nur zu informieren, wenn ihm bewusst ist, dass die eindeutige Gefahr einer Verletzung von Rechtsgütern sich abzeichnet und die Lehrer sowie die Schulleitung ohne Information durch den Schüler die Gefahr nicht erkennen können.

Vor der Befragung minderjähriger Zeugen und beschuldigter Schüler **70** muss die Schule nicht das Einverständnis der Eltern einholen, da es sich um ein schulinternes Verwaltungsverfahren zur Sicherung des schulischen Bildungs- und Erziehungsauftrages handelt, das nicht von der Zustimmung der Eltern abhängig gemacht werden kann. Außerdem erkennen die Schulgesetze dem betroffenen Schüler ausdrücklich die Befugnis zu, Verfahrenshandlungen wie die Anhörung oder die Hinzuziehung einer Person des Vertrauens vorzunehmen. Die Schule kann daher Schüler auch ohne Einverständnis oder gar Anwesenheit der Erziehungsberechtigten befragen. Dazu führt das Oberverwaltungsgericht Nordrhein-Westfalen aus → *(Az.: 5 A 2399/84)*:

»Die Befragung der in Verdacht geratenen Schülerinnen war statthaft. Ihre Minderjährigkeit stand nicht entgegen.

Eine Aussagegenehmigung der Erziehungsberechtigten brauchte nicht eingeholt zu werden.«

Die Erziehungsberechtigten eines betroffenen Schülers oder der Zeugen **71** haben keinen Anspruch auf Anwesenheit bei der Befragung, da es eine gesetzliche Grundlage nur für die Anhörung vor der Konferenz, nicht aber für die Sachverhaltsermittlung gibt. Es gibt auch keine Rechtsgrundlage für die Hinzuziehung eines Schülers oder Lehrers des Vertrauens bei der Sachverhaltsermittlung. Die Anwesenheit von Rechtsbeiständen oder Bevollmächtigten bei der Sachverhaltsermittlung und der Anhörung vor der Konferenz wird durch § 2 Abs. 3 Nr. 3 VwVfG, der die §§ 14 bis 16 VwVfG, die die Vertretung durch Beistände und Bevollmächtigte regeln, als für die Schulen nicht anwendbar erklärt, in den meisten Bundesländern durch entsprechende Regelungen ausgeschlossen. Baden-Württemberg und Niedersachsen lassen im Gegensatz zu den anderen Bundesländern bei der Anhörung einen Beistand, also z. B. einen Rechtsanwalt oder eine andere Begleitperson, zu. Allerdings können Eltern und Schüler sich nicht gänzlich von einem Rechtsanwalt vertreten lassen und zur Anhörung gar nicht erst erscheinen, da es sich bei dem Anhörungsrecht um ein höchstpersönliches Recht handelt.

Vorsätzlich falsche Aussagen des Beschuldigten können nicht zu einer **72** zusätzlichen Ordnungsmaßnahme führen, obwohl auch hier der Grundsatz gilt, dass die Regelungen des Strafprozesses keine Anwendung finden, da der beschuldigte Schüler sich – in Grenzen – auf die besonderen Belastungen seiner Situation als Beschuldigter berufen kann. Vorsätzlich falsche Aussagen können aber ebenso wie die Uneinsichtigkeit des Schülers im Einzelfall zu einer Verschärfung der Ordnungsmaßnahme führen. Das gilt insbesondere für Versuche, Zeugen einzuschüchtern oder die Sachverhaltsaufklärung auf andere Weise zu verhindern.

Auch Gerichtsentscheidungen berücksichtigen die Einsichtigkeit oder Uneinsichtigkeit des Schülers sowie eventuelle Versuche, die Sachverhaltsaufklärung zu erschweren oder sogar unmöglich zu machen.

73 Auf vorsätzlich falsche Aussagen von Zeugen kann die Schule mit Ordnungsmaßnahmen reagieren, da Schüler der Schule gegenüber zur Wahrheit verpflichtet sind und die Verpflichtung haben, aktiv zur Erfüllung des Bildungs- und Erziehungsauftrages beizutragen und alles zu unterlassen, was die Erfüllung dieses Auftrages beeinträchtigt und vorsätzlich falsche Aussagen die schulische Ordnung stören und damit die gesetzlichen Voraussetzungen für eine Ordnungsmaßnahme erfüllen. Zeugen können sich auch nicht wie der Beschuldigte auf die besonderen Belastungen ihrer Situation berufen. Wichtig ist es aber in jedem Fall, die Gründe für eine falsche Aussage herauszufinden. Sollte sich herausstellen, dass die Zeugen aus Angst vor dem beschuldigten Schüler handeln, sollte die Schule prüfen, ob die Zeugenaussagen ohne Namensnennung vor der Konferenz verlesen werden können, so dass der Beschuldigte nicht erfährt, wer die Aussage gemacht hat. Der Name ist dann lediglich der Schulleitung und der Schulaufsicht bekannt und wird auch im Widerspruchsverfahren den Widerspruchführenden nicht mitgeteilt.

74 Gem. § 27 VwVfG können Schulen keine Abgabe einer Versicherung an Eides Statt verlangen. Sollte eine solche Versicherung von Beteiligten angeboten werden, sollte die Schule die Aufnahme einer solchen Erklärung ablehnen.

75 Ist der Sachverhalt so weit aufgeklärt, dass eine vorläufige Entscheidung über die in Frage kommende Ordnungsmaßnahme und das zuständige schulische Organ getroffen werden kann, sind die entscheidungserheblichen Tatsachen und die beabsichtigte Maßnahme den Erziehungsberechtigten bzw. dem volljährigen Schüler mitzuteilen.

Vorschriften für die Protokollierung der Anhörung des betroffenen **76** Schülers und der Zeugen gibt es nicht. Die Protokollführung richtet sich daher nach § 10 VwVfG. »Einfach und zweckmäßig« im Sinne des § 10 VwVfG bedeutet in diesem Zusammenhang, dass die Art des Protokolls von der Komplexität des Sachverhaltes und der zu erwartenden Ordnungsmaßnahme abhängt. Bei einem klaren Sachverhalt und einem schriftlichen Verweis als voraussichtlicher Ordnungsmaßnahme genügen daher knappe Aufzeichnungen z. B. des Klassenlehrers, während bei einem unklaren Sachverhalt und einer zu erwartenden Entlassung von der Schule ein möglichst umfassendes Protokoll in wörtlicher Rede abzufassen ist, das von einem Protokollführer erstellt wird, der den die Befragung durchführenden Lehrer oder Schulleiter von der Protokollführung entlastet. Dieses Protokoll ist dann vom befragenden Lehrer bzw. Schulleiter und vom Protokollführer sowie möglichst auch vom befragten Schüler zu unterschreiben. In der Regel wird das Protokoll die Aussagen in gestraffter Form wiedergeben. Der Fragende kann sich auch knappe Notizen machen und am Ende der Befragung das Ergebnis zu Protokoll geben. Schüler können auch veranlasst werden, ihre Aussage niederzuschreiben.

> **!** Im Protokoll sollten möglichst keine strafrechtlichen Begriffe wie »Täter« oder »Beschuldigter« verwendet werden, da sie den Verdacht erwecken könnten, die Schule habe den Charakter der Ordnungsmaßnahmen, die keinen Strafcharakter haben, verkannt.

Die Befragung zum Zwecke der Sachverhaltsermittlung ist noch keine **77** Anhörung vor dem für die Entscheidung über die Ordnungsmaßnahme zuständigen schulischen Organ. Auch in den Ländern, die die Beiziehung eines Rechtsanwalts oder anderen Beistandes bei der Anhörung zulassen, hat der Schüler keinen Anspruch auf Hinzuziehung eines Rechtsanwaltes bei der Sachverhaltsermittlung. Auch die Eltern eines befragten Schülers haben keinen Rechtsanspruch auf persönliche Anwesenheit während der Befragung des Schülers.

Eine eindeutige Rechtsgrundlage für die Durchsuchung von Schülern, **78** gegen die ein konkreter Verdacht besteht, beispielsweise Drogen, Waffen oder andere gefährliche Gegenstände mit in die Schule gebracht zu haben oder gestohlene Gegenstände bei sich zu haben, fehlt in den Schulgesetzen. Lehrer können sich daher nur auf die Generalklauseln stützen, die sie zur Abwehr von Gefahren verpflichten. Außerdem kann im Einzelfall das Handeln durch eine Notstandssituation (§ 34 StGB) gerechtfertigt sein, in der man ein Rechtsgut verletzt, um eine akute Gefahr für Leib, Leben oder andere hochrangige Rechtsgüter abzuwenden, wenn das geschützte Interesse das beeinträchtigte deutlich überwiegt.

Eine Durchsuchung setzt einen konkreten Verdacht voraus. Bei der Abwägung der Rechtsgüter ist die Durchsuchung einer Tasche anders zu bewerten als die Durchsuchung von am Körper getragenen Kleidungsstücken.

> **!** Durchsuchungen sollten möglichst nur unter Zeugen und möglichst nur in Anwesenheit einer anderen Lehrkraft vorgenommen werden. Die Durchsuchung von Schülerinnen sollten ausschließlich Lehrerinnen vornehmen. Ist mit Widerstand eines Schülers zu rechnen oder scheut man insbesondere die körperliche Durchsuchung, sollte man den Schüler vor die Wahl stellen, eine Durchsuchung durch die Schule zu dulden bzw. durch sein Verhalten (z. B. Leeren der Taschen) überflüssig zu machen oder sich von der durch die Schule benachrichtigten Polizei durchsuchen zu lassen. Die Polizei ist in der Regel ohnehin zu benachrichtigen, wenn der konkrete Verdacht beispielsweise des unerlaubten Waffenbesitzes oder des Handels mit Drogen besteht.

3. Konfliktschlichtung

79 § 63 Abs. 2 SchulG Br verpflichtet die Schulen bei einem Fehlverhalten von Schülern, das auf einem Konflikt mit anderen Schülern, Lehrkräften oder anderen an der Schule tätigen Personen beruht, vorrangig den Konflikt zu schlichten und auf die Anwendung von Erziehungs- und Ordnungsmaßnahmen zu verzichten. Damit wird im Grunde eine Selbstverständlichkeit betont, da es dem Prinzip der Verhältnismäßigkeit entspricht, diejenige Konfliktlösung zu wählen, die die schulische Ordnung wieder herstellt und den betroffenen Schüler am geringsten belastet. Außerdem kann eine Konfliktschlichtung der verfehlten Auffassung entgegenwirken, Fehlverhalten von Schülern sei lediglich als Konflikt zwischen bestimmten Schülern und der Schule aufzufassen und nicht vorrangig als Beeinträchtigung der berechtigten und rechtlich geschützten Interessen der Mitschüler. Sie hebt damit deutlich ins

Bewusstsein, dass Erziehungs- und Ordnungsmaßnahmen nicht der Durchsetzung anonymer staatlicher Interessen gegenüber einzelnen Schülern dienen, sondern vor allem den Interessen und Rechten der Mitschüler.

So wichtig dieser Gesichtspunkt auch ist, darf aber letztlich die Schlichtung nicht dazu führen, dass die Schule sich wie ein neutraler Schiedsrichter bei privaten Konflikten der Schüler untereinander versteht. Die Schule bleibt immer eine staatliche Einrichtung, die ihrem öffentlichen Auftrag den Schülern und Eltern gegenüber verpflichtet ist, die die Schule nicht freiwillig in Anspruch nehmen, sondern im öffentlichen Interesse durch die Schulpflicht zum Schulbesuch verpflichtet sind. Sie kann daher letztlich nicht neutraler Schlichter bei erzieherischen Konflikten sein, sondern ist selbst einem Erziehungsauftrag verpflichtet.

Bei der Entscheidung, ob eine Konfliktschlichtung versucht werden soll, können die Regelungen der Verordnung über Konfliktschlichtung, Erziehungs- und Ordnungsmaßnahmen des Landes Brandenburg → *(vom 12. 10. 1999, GVBl. II S. 611)* auch für die Länder gewisse Anhaltspunkte geben, in denen eine Konfliktschlichtung nicht vorgeschrieben, aber trotzdem möglich ist: »Über die Einleitung, das zweckmäßige Verfahren, die zu beteiligenden Personen sowie über den Erfolg der Konfliktschlichtung entscheidet die Klassenlehrkraft, die auch die Konfliktschlichtung leiten soll, im Einvernehmen mit der Schulleiterin oder dem Schulleiter.« (§ 2 Abs. 1 S. 1 EOMV Br). Entscheidend dürfte es dabei auf die Qualifikation der Lehrkraft ankommen, wenn die Konfliktschlichtung mehr sein soll als ein klärendes Gespräch zwischen den Beteiligten. »Die Beteiligung an einer Konfliktschlichtung ist freiwillig.« (§ 2 Abs. 1 S. 2 EOMV Br). Dabei handelt es sich um eine zentrale Voraussetzung. Vor allem sollte hier jeder Druck auf das »Opfer«, an einer Schlichtung teilzunehmen, vermieden werden. »Wiederholtes schwerwiegendes Fehlverhalten ist in der Regel nicht im Rahmen der Konfliktschlichtung zu behandeln.« (§ 2 Abs. 1 S. 4 EOMV Br). Bei schweren Verstößen gegen die schulische Ordnung oder die Rechte anderer ist eine Schlichtung nicht sinnvoll und erfolgversprechend. Im Hinblick auf die Rechte der Mitschüler und Lehrer sowie den Opferschutz bedenklich ist die Formulierung der Vorschrift »Wiederholtes schwerwiegendes Fehlverhalten ...«, da sie nicht »wiederholtes oder schwerwiegendes Fehlverhalten« als in der Regel ungeeignet für eine Konfliktschlichtung einstuft, sondern erst wiederholtes schwerwiegendes Fehlverhalten. In diesen Fällen muss die Schule ihre Erziehungs- und Schutzfunktion unmittelbar wahrnehmen. »Verfahrensgrundsätze sowie Maßstäbe für den Erfolg können in der Schulkonferenz festgelegt werden ... Ein Anspruch auf Konfliktschlichtung besteht nicht.« Schülern wird damit die Möglichkeit genommen, durch die Beanspruchung eines Konfliktschlichtungsverfahrens eine notwendige Ordnungsmaßnahme aufzuhalten oder zu verzögern.

80 Die Einbeziehung aller beteiligten Personen sowie der Erziehungsberechtigten in die Lösung erzieherischer Konflikte schreiben einige Länder ausdrücklich vor. Auch in den anderen Ländern ist wegen der Pflicht zur vollständigen Sachverhaltsaufklärung, zur Veranlassung geeigneter Maßnahmen sowie insbesondere der vertrauensvollen Zusammenarbeit von Eltern und Schule bei der Erfüllung des schulischen Erziehungsauftrages von einer solchen Verpflichtung auszugehen.

Schulische Erziehungs- und Ordnungsmaßnahmen können zwar unabhängig von der Zustimmung der Erziehungsberechtigten ergriffen werden, da die Schule einen eigenständigen Erziehungsauftrag hat und die Verantwortung für die Sicherung der schulischen Ordnung bei der Schule liegt. Schule und Erziehungsberechtigte müssen aber zum Wohle des Kindes zusammenarbeiten. Eine solche Zusammenarbeit setzt rechtzeitige und umfassende Information voraus und kann bis zu Absprachen konkreter, sich ergänzender und gegenseitig stützender erzieherischer Maßnahmen in der Schule und im Elternhaus führen.

Auch die Schülervertretung kann in die Lösung von Konfliktfällen einbezogen werden. Dazu besteht zwar allenfalls dann eine rechtliche Verpflichtung, wenn Schülervertreter Mitglieder einer Konferenz sind oder ein Vertreter des Schülerrates vor Erlass einer Ordnungsmaßnahme zu hören ist, ein solches Vorgehen entspricht aber der Aufgabenstellung der Schülervertretung sowie dem schulischen Auftrag der Erziehung zur Eigenverantwortlichkeit und zu sozialem Verhalten, und sie kann sich in der Praxis als sehr wirkungsvoll erweisen. Außerdem verdeutlicht sie, dass die Schule mit ihrem Erziehungsauftrag auch eine Aufgabe im Interesse der Schüler erfüllt.

Bei der Erörterung erzieherischer Probleme mit Schülervertretern und einer eventuellen Absprache geeigneter Maßnahmen sind allerdings im Einzelfall datenschutzrechtliche Grenzen und das Verbot entwürdigender Maßnahmen zu beachten. Dem Datenschutz unterliegen aber keine allgemein bekannten und offensichtlichen Tatsachen. Das offensichtliche Fehlverhalten eines Schülers in der Klasse kann daher ohne weiteres ebenso mit dem Klassensprecher erörtert werden wie ein in der Schule allgemein bekanntes Fehlverhalten mit dem Schülerrat.

4. Prüfung erzieherischer Maßnahmen

Alle Länderregelungen gehen davon aus, dass Erziehungsmaßnahmen 81 Vorrang vor Ordnungsmaßnahmen haben. Da es sich bei den Erziehungsmaßnahmen in der Regel um weniger schwerwiegende Maßnahmen handelt, die die Rechtsstellung der Schüler gegenüber der Schule nicht im gleichen Maße wie die Ordnungsmaßnahmen berühren, ergibt sich der Vorrang der Erziehungsmaßnahmen nicht nur aus den gesetzlichen Regelungen, sondern wäre auch ohne entsprechende Vorschriften allein auf Grund des Verhältnismäßigkeitsprinzips zu beachten.

Das heißt jedoch nicht, dass erst Erziehungsmaßnahmen gescheitert sein müssten, bevor eine Ordnungsmaßnahme getroffen werden dürfte. Es kann sich sogar als bedenklich oder fehlerhaft erweisen, wenn eine Schule sich zu lange im Bereich der – im konkreten Fall wirkungslosen – Erziehungsmaßnahmen aufhält:»Nach allen vorliegenden Erkenntnissen muss das Gericht davon ausgehen, dass sich alle von den Lehrern und von der Schulleitung ergriffenen pädagogischen Maßnahmen als wirkungslos erwiesen haben und nun die Anwendung von Ordnungsmaßnahmen rechtmäßig ist. Dabei wäre möglicherweise zu erwägen gewesen, schon bei vorhergehendem Fehlverhalten Schritt für Schritt die Ordnungsmaßnahmen anzuwenden und allmählich zu steigern ... Der Katalog der Ordnungsmaßnahmen muss nicht in jedem Fall der Reihe nach angewendet werden. Sobald einem Schüler ein besonders schwerwiegendes Fehlverhalten vorzuwerfen ist, kann – unter Berücksichtigung aller übrigen Kriterien – auch die Verhängung einer schwerwiegenden Ordnungsmaßnahme in Betracht kommen.« → (VG Frankfurt a.M., Az.: 5 E 2086/98 (1)).

Nach § 82 Abs. 4 SchulG Hess sind Ordnungsmaßnahmen allerdings nur dann zulässig, »wenn pädagogische Maßnahmen und Mittel sich als wirkungslos erwiesen haben« (anders nur bei Schutz von Personen und Sachen); demgemäß muss zunächst eine Erziehungsmaßnahme getroffen werden. Ähnlich auch § 60 a Abs. 1 Satz 1 SchulG M-V.

82 Selbst in den Ländern, die die vorherige wirkungslose Anwendung von Erziehungsmaßnahmen fordern, wird man aber davon ausgehen müssen, dass bei bestimmtem Fehlverhalten sofort Ordnungsmaßnahmen ergriffen werden können, da man anderenfalls die Schulen zur Anwendung offensichtlich ungeeigneter Maßnahmen und damit zu einem Verstoß gegen das Verhältnismäßigkeitsprinzip zwingen würde.

B Ein Schüler, gegen den bisher keine Ordnungsmaßnahmen ausgesprochen wurden, hat mehrfach Mitschüler erpresst und schließlich ein nicht länger zahlungswilliges Opfer schwer verletzt.

In diesem Fall zunächst Erziehungsmaßnahmen oder geringfügige Ordnungsmaßnahmen wie einen schriftlichen Verweis anzuwenden, wäre ein Verstoß gegen das Verhältnismäßigkeitsprinzip und gegen die Verpflichtung der Schule, die Schüler mit geeigneten Mitteln vor Schaden zu bewahren.

Diesen Zusammenhang verdeutlichen auch die folgenden Ausführungen des Oberverwaltungsgerichts Mecklenburg-Vorpommern:

»Zwar haben pädagogische Maßnahmen Vorrang vor Ordnungsmaßnahmen ... Liegt eine solche Gefahr (für andere Schüler) vor, ist eine Schule, die aufgrund einer Konfliktsituation pädagogische Maßnahmen eingeleitet hat, nicht gehalten, zunächst deren Erfolg abzuwarten. Vielmehr ist sie gegenüber dem Schüler, von dem die Gefahr ausgeht, verpflichtet, geeignete Ordnungsmaßnahmen zu ergreifen, wenn der Gefahr nicht anders zu begegnen ist.« → *(OVG Mecklenburg-Vorpommern, Az.: 2 M 94/96; SchulRecht 1/1998, S. 13).*

5. Ermessen

83 Es gibt keine gesetzliche Verbindung zwischen einem bestimmten Fehlverhalten und bestimmten erzieherischen Einwirkungen oder Ordnungsmaßnahmen. Die Schule muss nicht auf Fehlverhalten mit erzieherischen Einwirkungen oder Ordnungsmaßnahmen reagieren, sondern sie kann entsprechende Maßnahmen ergreifen. Ihr ist ein Ermessen ein-

geräumt. Die zuständigen Organe der Schule sind grundsätzlich frei in ihrer Entscheidung, ob sie eine Ordnungsmaßnahme ergreifen wollen (Entschließungsermessen) und welche Maßnahme gegebenenfalls angewandt werden soll (Auswahlermessen). Dabei sind alle bedeutsamen Umstände des Einzelfalles unter dem Gesichtspunkt der Verhältnismäßigkeit zu würdigen. Das Ermessen darf aber nicht als völlige Handlungsfreiheit missverstanden werden. So ist es nicht zulässig, unter Berufung auf das Entschließungsermessen dem Verdacht oder Vorwurf der Pflichtverletzung gegen bestimmte Schüler nicht nachzugehen oder keine Sachverhaltsermittlungen durchzuführen, »weil es das (z. B. Drogenkonsum) an unserer Schule nicht gibt«.

Ermessensentscheidungen eröffnen Handlungsspielräume. Sie verpflichten aber auch zur Ausübung des Ermessens. Die Schule muss daher jeden Einzelfall prüfen und darf nicht schematisch vorgehen, indem beispielsweise eine bestimmte Zahl oder Dauer von Unterrichtsausschlüssen automatisch den Beschluss zur Überweisung an eine andere Schule nach sich zieht.

Die Entscheidung, ob eine Erziehungsmaßnahme ergriffen werden soll, hängt unter anderem davon ab, ob das Fehlverhalten des Schülers im Hinblick auf dessen Einstellung zu seinem Verhalten eine Wiederholungsgefahr erkennen lässt, wie schwerwiegend die Rechte anderer beeinträchtigt wurden und ob die Gefahr einer Nachahmung durch Mitschüler besteht.

Bei der Beantwortung der Frage, ob im Einzelfall eine Störung der schulischen Ordnung vorliegt, die eine Erziehungs- oder Ordnungsmaßnahme erforderlich macht, hat die Schule einen Beurteilungsspielraum, da es sich um pädagogische Wertungen handelt, die die Kenntnis der Schülerschaft einer Klasse und Schule sowie die Kenntnis des konkreten Schülers voraussetzen und letztlich immer auch ein gewisses subjektives Element enthalten. **84**

Dieser Beurteilungsspielraum und die Ermessensentscheidungen der Schule werden von der Rechtsprechung nur eingeschränkt kontrolliert.

»Bei der verwaltungsgerichtlichen Kontrolle pädagogischer Maßnahmen ist von der pädagogischen Freiheit des Lehrers auszugehen. Ihm verbleibt im

Unterricht und allgemein bei der Erfüllung seines Erziehungsauftrages ein Spielraum, den er braucht, um seiner pädagogischen Verantwortung gerecht zu werden.« → *(Schleswig-Holsteinisches OVG, Az.: 3 L 36/92; SPE 452 Nr. 4)*. Es ist allerdings auch festzustellen, dass Gerichte diesen Beurteilungs- und Ermessensspielraum in unterschiedlichem Maße respektieren.

Die Gerichte prüfen zunächst, ob die Schule erkannt hat, dass ihr ein Ermessen zusteht und ob verschiedene Handlungsmöglichkeiten in Betracht gezogen wurden. Sie prüfen sodann, ob der Entscheidung richtige und vollständige Tatsachen zugrunde gelegt wurden und ob ein Ermessensmissbrauch bzw. ein Missbrauch des Beurteilungsspielraums auszuschließen ist. Ein solcher Missbrauch liegt vor allem vor, wenn unsachliche oder willkürliche Gründe zu der Entscheidung geführt haben.

Zu einer rechtswidrigen Ermessensausübung führen auch sachfremde Erwägungen. Den sachfremden Erwägungen ist die Befangenheit eines Entscheidenden zuzurechnen. Eltern und Schüler versuchen gelegentlich, eine Besorgnis der Befangenheit während des Verfahrens oder eine Befangenheit eines Verfahrensbeteiligten nach Abschluss des Verfahrens geltend zu machen, indem sie auf Auseinandersetzungen zwischen dem betroffenen Schüler und einer Lehrkraft hinweisen. Häufig handelt es sich dabei um die Lehrkraft, die entscheidend am Zustandekommen des zu einer Ordnungsmaßnahme führenden Verfahrens beteiligt war.

Dem ist entgegenzuhalten, dass Auseinandersetzungen zwischen Lehrern und Schülern im Rahmen des schulischen Erziehungsauftrages völlig normal sind. Auch wenn diese Auseinandersetzungen wegen der Schwere oder Häufigkeit des Fehlverhaltens des Schülers oder einer besonderen Strenge des Lehrers häufig vorgekommen sind und heftig verlaufen sind, kann das weder die Besorgnis der Befangenheit begründen, noch eine Befangenheit belegen.

85 Wegen Befangenheit vom Verfahren von vornherein ausgeschlossen sind bestimmte Personen, vor allem Verwandte, die in § 20 Abs. 1 VwVfG aufgeführt sind. Voraussetzung der Begründetheit einer Besorgnis der Befangenheit sind objektiv feststellbare Tatsachen, die für einen vernünftigen Schüler die Besorgnis begründen, ein Lehrer habe persönliche Motive, nicht unvoreingenommen zu entscheiden. Dabei sind die

Umstände des Einzelfalles, also z. B. die Situation, in der eine äußerst emotional gefärbte Äußerung gefallen ist, zu berücksichtigen. Die Besorgnis der Befangenheit kann insbesondere bei außerschulischen Einflüssen (private Freundschaft oder Feindschaft) gegeben sein.

F Die Befangenheit

Einer Schulleiterin und einer Klassenlehrerin wird von einem Schüler mündlich und schriftlich mit der Ermordung gedroht. Beide erstatten eine Strafanzeige. Die Schulleiterin entscheidet, sie selbst und die Klassenlehrerin dürften wegen Befangenheit an der Ordnungsmaßnahmenkonferenz nur als Zeugen, aber nicht als Konferenzmitglieder teilnehmen.

Die Regelungen der Länder zur Schulmitwirkung sehen i. d. R. ein Mitwirkungsverbot für Mitglieder von Konferenzen vor, wenn eine zu beratende Angelegenheit sie oder ihre Angehörigen persönlich betrifft. Als Mitglied einer Konferenz dürfen Lehrer daher dann nicht über eine Ordnungsmaßnahme beraten und beschließen, wenn sie selbst oder einer ihrer Angehörigen derart schwerwiegend geschädigt worden sind, dass eine Strafanzeige erstattet wurde, oder der Lehrer zivilrechtlich gegen den Schüler vorgeht oder vorgehen will. »Beide Lehrerinnen hatten wegen der mündlichen und schriftlichen Äußerungen des Schülers, in denen es um ihre Ermordung ging, Strafanzeige erstattet. Dies genügt für die Annahme, die Lehrerinnen seien von der Entscheidung über die Ordnungsmaßnahme, deren Gegenstand auch die angezeigten Vorfälle waren, persönlich betroffen. ... Das Mitwirkungsverbot haben die Schulleiterin und die Klassenlehrerin beachtet, indem sie an der Beratung und Beschlussfassung der Klassenkonferenz nicht teilgenommen und den Konferenzraum zuvor verlassen haben. ... Die Anwesenheit bei der vorangehenden Erörterung der gegen den Schüler erhobenen Vorwürfe ist jedenfalls dann nicht zu beanstanden, wenn sie zur Sachverhaltsaufklärung erforderlich ist und dieser Teil der Konferenz deutlich von der anschließenden Beratung und Beschlussfassung über die Ordnungsmaßnahme getrennt ist.« → *(VG Braunschweig, Az.: 6 B 229/03; SchulRecht 3/2005, S. 55)*

Ein lediglich strafrechtlich relevantes Fehlverhalten, das aber nicht zu einer Strafanzeige geführt hat, erfüllt die Voraussetzungen für ein Mitwirkungsverbot nicht. »Zwar erfüllt diese Äußerung (des Schülers dem

Lehrer gegenüber, d.Verf.) den Tatbestand der Beleidigung (§ 185 StGB). Sie stellt aber keine derart nennenswerte Rechtsverletzung dar, dass zu erwarten gewesen wäre, der Klassenlehrer sei bei seiner Entscheidung voreingenommen.« → *(VG Braunschweig, Az.: 6 A 150/99; SchulRecht 9/2002, S. 148-150, Zitat aus dem Originaltext).*

Gem. § 21 VwVfG entscheidet der Schulleiter, ob ein Lehrer weiter am Verfahren beteiligt sein kann, wenn die Besorgnis der Befangenheit geäußert wird. Wird die Besorgnis in Bezug auf die Person des Schulleiters geäußert, entscheidet die Schulaufsicht.

Ist ein Verfahren abgeschlossen, ist die getroffene Entscheidung nicht wegen einer möglichen Befangenheit rechtswidrig, sondern es muss eine Auswirkung der Befangenheit auf die Entscheidung glaubhaft gemacht werden.

6. Eilentscheidung des Schulleiters

86 Soll ein Schüler vom Unterricht oder von einer schulischen Veranstaltung ausgeschlossen werden, können Situationen auftreten, in denen eine Konferenzentscheidung nicht abgewartet werden kann. Solche Situationen sind typischerweise gegeben, wenn ein Schüler während einer Klassenfahrt von der weiteren Teilnahme ausgeschlossen werden muss oder wenn so massives und akutes Fehlverhalten – etwa gewalttätiges Verhalten bei offensichtlicher Wiederholungsgefahr – vorliegt, dass der Schüler ohne zeitlichen Verzug daran gehindert werden muss, weiterhin am Unterricht oder schulischen Veranstaltungen teilzunehmen. In diesen dringenden Fällen kann der Schulleiter einen vorläufigen Ausschluss mit sofortiger Wirkung aussprechen. Dieses Recht des Schulleiters beruht entweder auf einer ausdrücklichen Regelung des jeweiligen Landes oder auf der Gesamtverantwortung des Schulleiters für die Erfüllung des schulischen Bildungs- und Erziehungsauftrages, aus der sich sein Recht und seine Verpflichtung zur Abwendung akuter Gefahren ergeben.

Diese Eilentscheidungskompetenz darf nicht verwechselt werden mit der Anordnung der sofortigen Vollziehung, die voraussetzt, dass ein Verwaltungsakt, also eine Konferenzentscheidung über eine Ordnungsmaßnahme, bereits vorliegt. Die Eilentscheidung ist daher auch nur eine vorläufige Entscheidung. Der Schulleiter ist verpflichtet, unverzüglich für eine Einberufung der zuständigen Konferenz zu sorgen, damit diese einen Beschluss fassen kann. Sollte die Konferenz keinen Unterrichtsausschluss beschließen, nimmt der Schüler wieder am Unterricht teil.

7. Einberufung der zuständigen Konferenz

Für die Ordnungsmaßnahmen sind jeweils die in den Schulgesetzen 87 genau bezeichneten Organe, in der Regel Konferenzen, in einigen Ländern, wie z. B. Baden-Württemberg und Nordrhein-Westfalen, aber auch der Schulleiter, zuständig. Bei Zuständigkeit des Schulleiters ist bei bestimmten Ordnungsmaßnahmen eine Konferenz oder der Klassenlehrer anzuhören (s. z. B. § 90 SchulG BaWü). Die Anhörung der Konferenz kann auch im Ermessen des Schulleiters liegen (§ 53 Abs. 6 SchulG NRW). Empfehlungen oder Anträge an andere Konferenzen, etwa der Klassenkonferenz an die Lehrerkonferenz, sind rechtlich nur dann notwendig, wenn sie gesetzlich vorgeschrieben sind. Die für die Entscheidung zuständige Konferenz kann über Empfehlungen anderer Konferenzen (Anträge können Konferenzen nur in Rahmen ihrer Zuständigkeiten stellen) aber keinesfalls ohne eigene Erörterung der Sach- und Rechtslage einfach abstimmen, da auf diese Weise die Zuständigkeit der Konferenz unterlaufen würde.

B Die Klassenkonferenz empfiehlt der allein zuständigen Lehrerkonferenz die Überweisung eines Schülers in die parallele Klasse. Die Lehrerkonferenz beschließt die Maßnahme ohne weitere Erörterung der Sach- und Rechtslage.

Ist die Lehrerkonferenz zuständig, ermöglichen einige Länder ausdrücklich die Übertragung der Entscheidungsbefugnis auf einen Ordnungs- oder Disziplinarausschuss oder sehen grundsätzlich die Entscheidung durch eine Teilkonferenz vor. Ist eine solche Möglichkeit nicht ausdrücklich vorgesehen, kann die Lehrerkonferenz aber nach den Regelungen zur Schulmitwirkung für die Wahrnehmung einzelner Zuständigkeiten Teilkonferenzen bilden, kann eine Teilkonferenz auch für die Entscheidung über Ordnungsmaßnahmen gebildet werden → *(OVG Nordrhein-Westfalen, Az.: 19 B 246/96; SchulRecht 10/2000, S. 179).* In Nordrhein-Westfalen ist die Bildung einer derartigen Teilkonferenz mittlerweile gesetzlich vorgeschrieben.

Sollen mehrere Ordnungsmaßnahmen miteinander verbunden werden, ist zunächst zu beachten, ob die Schulgesetze die möglichen Koppelungen abschließend vorschreiben. Ist die beabsichtigte Verbindung zweier Maßnahmen im Gesetz vorgesehen oder gibt es keine gesetzlichen Vorgaben bzw. Einschränkungen, ist zu prüfen, ob verschiedene Konferenzen für die jeweiligen Maßnahmen zuständig sind. Sollte das der Fall sein, darf die »höhere« Konferenz nur dann beide Maßnahmen beschließen, wenn das gesetzlich vorgesehen ist, andernfalls muss jede Konferenz die in ihrer Zuständigkeit liegende Maßnahme beschließen. Das gilt auch bei einer Zuständigkeit des Schulleiters. Ist der Schulleiter beispielsweise für den Unterrichtsausschluss zuständig, eine Konferenz aber für die Androhung der Entlassung, haben Schulleiter und Konferenz jeweils unabhängig voneinander zu entscheiden. Der Schulleiter darf dann nicht beide Entscheidungen treffen.

In Niedersachsen kann die Gesamtkonferenz gem. § 61 Abs. 5 SchulG Nds sich oder einer Teilkonferenz bei grundsätzlicher Zuständigkeit der Klassenkonferenz die Entscheidung über bestimmte Maßnahmen oder die Genehmigung von Entscheidungen über bestimmte Maßnahmen allgemein vorbehalten.

88 Zur Konferenz müssen alle stimmberechtigten Mitglieder und Teilnahmeberechtigten, z. B. Vertreter der Schulpflegschaft oder des Schülerrates, ordnungsgemäß eingeladen werden. Vorgeschriebene Ladungsfristen sind zu beachten. Soweit keine Ladungsfristen ausdrücklich vorgeschrieben sind – und das dürfte der Normalfall sein – gilt, dass eine angemessene Ladungsfrist einzuhalten ist, also eine Frist, die es allen Beteiligten erlaubt, sich auf die Konferenz vorzubereiten.

89 Rechtsanwälte und andere Bevollmächtigte sind nicht einzuladen. Sie können von den einzuladenden Eltern und dem betroffenen Schüler nur hinzugezogen werden, wenn das im jeweiligen Land, wie etwa in Baden-Württemberg, ausdrücklich vorgesehen ist.

8. Mitteilung an die Eltern bzw. den volljährigen Schüler

90 Die Erziehungsberechtigten und der betroffene Schüler bzw. der volljährige Schüler sind mit der Einladung zur Konferenz über den Beratungsgegenstand der Konferenz zu informieren. Die wesentlichen ermittelten Sachverhaltselemente und die beabsichtigte(n) Ordnungsmaßnahme(n) sind mitzuteilen, damit die Eltern und der Schüler sich auch inhaltlich auf die Anhörung vorbereiten können. Sie haben aber weder Anspruch auf eine umfassende Darstellung aller Details des Sachverhalts noch auf Einsicht in eventuell vorliegende Anhörungsprotokolle. Der Sachverhalt muss ihnen aber so mitgeteilt werden, dass er die entscheidungserheblichen Tatsachen erkennen lässt.

Bei der Beurteilung der ausreichenden Information über den Sachverhalt können auch vor der Ladung geführte Gespräche zu berücksichtigen sein:

»Die Klägerin und ihre Erziehungsberechtigten haben Gelegenheit erhalten, ihren Standpunkt vor der Klassenkonferenz darzulegen. Die vorherige Konkretisierung des Tatvorwurfs, ohne die das Darlegungsrecht leerlaufen müsste, hat stattgefunden. Sie durfte sich – wie die Sachaufklärung – auf diejenigen Umstände beschränken, welche das beklagte Gymnasium aufgrund seiner Rechtsauffassung und seines pädagogischen Bewertungsmaßstabs für wesentlich hielt. Die Schülerin kannte den Tatvorwurf bereits aufgrund der Anhörung vom 22. April und der weiteren Anhörung vom 19. Mai in der Schule. Sie hatte ihre Eltern darüber unterrichtet; diese hatten überdies am 30. Mai in der Schule vorgesprochen. Die stichwortartige Beschreibung des Tatvorwurfs in der Ladung vom 8. Juni zur Klassenkonferenz war unter diesen Umständen ausreichend.« → (OVG Nordrhein-Westfalen, Az.: 5 A 2399/84).

Ergeben sich während der Konferenz, z. B. durch Zeugenaussagen, neue Sachverhaltselemente und kommt die Konferenz in der Beratung zu dem Ergebnis, eine andere als die ursprünglich beabsichtigte Ordnungsmaßnahme solle ausgesprochen werden, sind Einladung und Anhörung trotzdem ordnungsgemäß erfolgt, da an der Konferenz teilnehmende Eltern und Schüler die Zeugenaussagen zur Kenntnis nehmen können und in einer abschließenden Stellungnahme zu den neuen Sachverhaltselementen Stellung nehmen können. Auf der Basis des Sachverhaltes können sie auch zu der aus ihrer Sicht angemessenen schulischen Reaktion Stellung nehmen.

F **Die Zeugennötigung**

Eine Schülerin wird an eine andere Schule derselben Schulform verwiesen, da nach Auffassung der Konferenz die Schülerin und ihr Vater, nachdem sie wegen eines Fehlverhaltens der Schülerin zur Klassenkonferenz geladen worden waren, versucht hatten, Mitschüler zu positiven Aussagen vor der Konferenz zu nötigen und damit das Vertrauensverhältnis zur Schule vollständig zerstört hätten. Zum Vorwurf der Nötigung der Zeugen waren weder die Schülerin noch der Vater von der Konferenz gehört worden.

Das Verwaltungsgericht Göttingen → *(Az.: 4 B 4237/01; SchulRecht 9/ 2003, S. 13)* hat die aufschiebende Wirkung des Widerspruchs der Schülerin wiederhergestellt:

»Zu den hier gegen die Schülerin und ihren Vater erhobenen Vorwürfen (der Nötigung von Zeugen, d.Verf.) konnten weder diese noch der in der Konferenz anwesende Prozessbevollmächtigte der Schülerin Stellung nehmen. Dies stellt einen Verstoß gegen den … Grundsatz der Gewährung rechtlichen Gehörs … dar und macht die angeordnete Ordnungsmaßnahme aller Voraussicht nach rechtswidrig. Gemäß § 61 Abs. 6 NSchG ist dem Schüler und seinen Erziehungsberechtigten Gelegenheit zu geben, sich in der Sitzung der Konferenz, die über die Maßnahme zu entscheiden hat, zu äußern.

Dieses Äußerungsrecht erschöpft sich nicht darin, allgemein zu der Ordnungsmaßnahme Stellung zu nehmen. § 61 Abs. 6 NSchG geht über das allgemeine Anhörungsrecht nach § 28 Abs. 1 VwVfG (Verwaltungsverfahrensgesetz) hinaus, wonach es in das Ermessen der Behörde gestellt ist, bei welcher Gelegenheit und in welcher Form sie einem Verfahrensbeteiligten eine angemessene und zumutbare Gelegenheit zur Äußerung gewährt. Das Äußerungsrecht nach dieser Bestimmung verlangt, dass die Konferenz nicht nur der Form halber Gelegenheit zur Äußerung gibt. Vielmehr muss sie die Tatsachen- und Rechtsäußerungen des Schülers und der Erziehungsberechtigten auch zur Kenntnis nehmen und berücksichtigen, d.h. sie muss erwägen, ob und inwieweit die Äußerung für die Konferenzentscheidung von Bedeutung ist. Um effektiven Rechtsschutz, wie er durch Art. 19 Abs. 4 GG geboten ist, gewähren zu können, muss dem betroffenen Schüler die Gelegenheit gegeben werden, sich zu allen Vorwürfen zu äußern, die zur Grundlage der Ordnungsmaßnahme gemacht werden. Dieses Recht ist der Schülerin durch die Klassenkonferenz abgeschnitten worden.«

Sofern die Anhörung bestimmter Personen, etwa eines Vertreters der **91** Eltern- oder Schülervertretung, vorgesehen ist und den Erziehungsberechtigten und dem Schüler ein Widerspruchsrecht eingeräumt ist, sind sie auf dieses Widerspruchsrecht ausdrücklich hinzuweisen. Die Erziehungsberechtigten und der Schüler haben jeweils ein eigenes Widerspruchsrecht, so dass ein Widerspruch ausreicht, um die Anhörung zu verhindern. Die Schule sollte für den Widerspruch eine angemessene Frist setzen, um über die Einladung der betroffenen Personen entscheiden zu können.

Das Gleiche gilt auch für die Einladung von Eltern- und Schülervertretern als Konferenzmitgliedern, soweit ein Widerspruchsrecht eingeräumt ist.

Wünschen Schüler oder Erziehungsberechtigte die Zulassung weiterer Personen, z. B. von sprachkundigen Familienangehörigen, liegt es im Ermessen der Konferenz, ob diese Personen zugelassen werden. Ein Rechtsanspruch auf Zulassung besteht nicht.

9. Konferenzablauf

a. Ordnungsgemäße Ladung, Beschlussfähigkeit

Der Vorsitzende der Konferenz lädt alle Konferenzmitglieder sowie die **92** anderen am Verfahren beteiligten Personen ein. Sollte in den Regelungen eines Landes ausnahmsweise eine bestimmte Ladungsfrist vorgesehen sein, ist diese zu beachten. Gibt es keine Ladungsfrist, soll die Einladung möglichst zeitnah zu dem zugrunde liegenden Vorfall erfolgen.

»Die Kürze der Zeit zwischen dem Zugang der Ladung und dem Konferenztag mag die Rechtsverteidigung erschwert haben. Hieraus folgt aber schon deswegen kein rügefähiger Verfahrensmangel, weil es der Klägerin und ihren Erziehungsberechtigten freigestanden hätte, mit dieser Begründung einen Vertagungsantrag zu Protokoll zu geben. Im Nachhinein können sie diesen Einwand ... nicht mehr geltend machen.« → *(OVG Nordrhein-Westfalen, Az.: 5 A 2399/84)*.

Die Schule sollte daher im Zweifel versuchen, ein schnelles Zusammentreten der Konferenz zu ermöglichen.

Bei der Terminierung ist Rücksicht auf die Eltern und ggf. Elternvertreter zu nehmen.

> **!** Es empfiehlt sich der Versuch einer vorherigen telefonischen Klärung eines günstigen Termins. Eine offensichtliche Hinhaltetaktik der Eltern des betroffenen Schülers, die vorgeben, in absehbarer Zeit keinen Termin wahrnehmen zu können, braucht die Schule aber nicht zu dulden.

93 Beschlussfähig ist eine Konferenz, falls keine ungewöhnlichen Regelungen existieren, wenn mehr als die Hälfte der stimmberechtigten gesetzlichen Mitglieder anwesend sind. Solange die Beschlussunfähigkeit nicht festgestellt ist – einen entsprechenden Antrag können nur stimmberechtigte Mitglieder stellen –, gilt sie als beschlussfähig.

b. Darstellung des ermittelten Sachverhalts und der vorgeworfenen Pflichtverletzung

94 Die Art der Darstellung des ermittelten Sachverhaltes liegt im Ermessen der Schule. Die Regelungen der Länder sehen keine formgebundene Einbringung der vorausgegangenen Sachverhaltsermittlungen wie etwa der Protokolle der Anhörungen vor. Der Sachverhalt kann daher von der mit der Sachverhaltsermittlung befassten Person umfassend vorgetragen werden. Er kann aber auch durch die Beteiligten auf Befragen dargestellt werden.

c. Anhörung des Schülers und der Eltern

95 Aus dem Anspruch auf rechtliches Gehör und dem Elternrecht ergibt sich, dass der Schüler und bei minderjährigen Schülern auch die Eltern vor der Entscheidung über die Ordnungsmaßnahme durch das zuständige Organ der Schule gehört werden müssen. Die Anhörung bezieht sich sowohl auf das Fehlverhalten des Schülers als auch auf die beabsichtigte Ordnungsmaßnahme.

Ist der Schulleiter für die Verhängung einer Ordnungsmaßnahme zuständig, darf er die Anhörung nicht auf den Klassenlehrer oder ein Mitglied der Schulleitung delegieren, sondern hat die Anhörung selbst durchzuführen. Der betroffene Schüler und die Erziehungsberechtigten sind normalerweise gemeinsam mündlich anzuhören. Eine telefonische Anhörung oder eine Möglichkeit zur schriftlichen Stellungnahme ist mit

Einverständnis der Erziehungsberechtigten oder bei Unmöglichkeit einer persönlichen mündlichen Anhörung im Ausnahmefall zulässig. Wenn das Schulgesetz keine Form der Einladung zur Anhörung vorschreibt, können die Erziehungsberechtigten auch telefonisch zur Anhörung eingeladen werden. Alle Schulgesetze sehen vor dem Ergreifen einer Ordnungsmaßnahme eine Anhörung der betroffenen Schüler vor. Einige Länder verzichten auf eine Anhörung der Erziehungsberechtigten bei weniger schwerwiegenden Ordnungsmaßnahmen. Zu den weniger schwerwiegenden Ordnungsmaßnahmen werden in diesen Ländern vor allem die Verweise oder bestimmte Formen des Verweises gezählt, da es angesichts der verhältnismäßig geringen Belastungswirkung dieser Maßnahmen wenig sinnvoll erscheint, eine vorherige Anhörung der Eltern verpflichtend vorzuschreiben. Außerdem wird das Verfahren auf diese Weise erheblich vereinfacht und beschleunigt.

Thüringen sieht auch beim Ausschluss von einer Schulveranstaltung von einer verpflichtend vorgeschriebenen Elternanhörung ab. Das erscheint vertretbar, da der Ausschluss von besonderen Klassen- und Schulveranstaltungen im Gegensatz zum Unterrichtsausschluss keine oder nur sehr geringfügige Auswirkungen auf die Schullaufbahn eines Schülers hat. Außerdem wird der Schule auf diese Weise eine schnelle und kurzfristige Reaktion auf Fehlverhalten von Schülern ermöglicht.

Wird Eltern gegenüber ein Hausverbot ausgesprochen und unterbleibt eine Anhörung, kann die Anhörung nachgeholt werden, indem der Betroffene sich zum Sachverhalt äußert und die Schule sowie die Schulaufsicht die Äußerungen bei ihrer Entscheidung über den Widerspruch berücksichtigen → *(VG Aachen, Az.: 9 K 1428/06; SchulRecht 5-6/ 2009, S. 62).*

Auf eine grundsätzlich vorgeschriebene Anhörung kann nach den Verwaltungsverfahrensgesetzen der Länder (z. B. Art. 28 Abs. 2 BayVwVfG und § 28 Abs. 2 VwVfG NRW) beispielsweise verzichtet werden, wenn eine sofortige Entscheidung wegen Gefahr im Verzug oder im öffentlichen Interesse notwendig erscheint oder wenn durch die Anhörung die Einhaltung einer für die Entscheidung maßgeblichen Frist in Frage gestellt wäre. Letzteres hat der Bayerische Verwaltungsgerichtshof beim kurzfristigen Ausschluss von einer Studienfahrt angenommen → *(Az.: 7*

ZB 98.2535; SchulRecht 1/2000, S. 10f). Eine unterbliebene Anhörung kann entweder aufgrund einer landesgesetzlichen Regelung (z. B. § 53 Abs. 6 Satz 6 SchulG NRW) nachgeholt oder als Verfahrensfehler gemäß den Regelungen der Verwaltungsverfahrensgesetze der Länder durch Nachholung geheilt werden.

Bei der Anhörung haben Schüler und Eltern das Recht, vor der Konferenz zum Sachverhalt und zur rechtlichen Würdigung des Fehlverhaltens aus ihrer Sicht Stellung zu nehmen und eine abschließende Stellungnahme abzugeben. Selbstverständlich können Schüler und Eltern aber auch auf dieses Recht verzichten. Sollten sie den Wunsch äußern, eine schriftliche Stellungnahme abgeben zu dürfen oder vor dem Schulleiter oder anderen Personen Stellung zu nehmen, kann diesem Wunsch entsprochen werden, da er weniger weitreichend ist als der zulässige völlige Verzicht auf jede Anhörung.

> **!** Von den Eltern und Schülern sollte aber in diesen Situationen eine schriftliche Erklärung verlangt werden, dass sie auf ihr Anhörungsrecht vor der Konferenz verzichten, um mit Sicherheit auszuschließen, dass diese Formen der Anhörung verfahrensfehlerhaft sein könnten.

Gegen den Willen der Erziehungsberechtigten und Schüler kann die Konferenz die Anhörung nicht auf andere schulische Organe übertragen.

d. Beweisaufnahme

96 Die Ermittlung des Sachverhalts soll zeitnah und vollständig erfolgen. Die Tatsache, dass betroffene Schüler die Vorwürfe bestreiten und ein absolut sicherer Beweis nicht möglich ist, steht einer Ordnungsmaßnahme nicht entgegen, wenn die Konferenz begründet zu der Überzeugung gelangt, dass bestimmte Tatsachen mit großer Wahrscheinlichkeit als gegeben angenommen werden können. Auch die Glaubwürdigkeit von Zeugen ist durch die Konferenz einzuschätzen.

Ist es notwendig, Zeugen zu hören, kann die Konferenz im Falle einer möglichen Einschüchterung oder sonstigen Beeinträchtigung des Zeugen bei einer Aussage in Anwesenheit des betroffenen Schülers die Zeugenaussage auch im Rahmen der Beratung hören, so dass der betroffene Schüler und seine Erziehungsberechtigten nicht anwesend sind. Sollte es der Zeugenschutz erfordern, ist auch die Verlesung einer schriftlichen Zeugenaussage denkbar.

e. Anhörung von Vertrauenspersonen und Vertretern anderer schulischer Organe

Schüler oder Lehrer des Vertrauens, Vertreter anderer schulischer **97** Organe oder sonstige Personen, die von der Konferenz anzuhören sind, werden durch die Anhörung nicht zu Mitgliedern der Konferenz. Sie dürfen daher weder bei der Beratung noch bei der Beschlussfassung anwesend sein.

Zahlreiche Länderregelungen sehen vor, dass auf Wunsch des Schülers **98** und seiner Eltern eine Person des Vertrauens hinzugezogen werden kann. Diese Person kann bei der Anhörung vor der zuständigen Stelle, nicht aber schon bei einer ersten Vernehmung und Sachverhaltsermittlung hinzugezogen werden, da sie nicht die Funktion eines Rechtsberaters hat, sondern die einer Vertrauensperson bei der Anhörung vor dem Schulleiter oder der zuständigen Konferenz.

Eine solche Person muss zur Schule gehören, da sie nur bei Schulzugehörigkeit ihre Funktion, Stellung zum schulischen Verhalten, schulischen Umfeld und zur Bewertung des Ausmaßes der Störung der schulischen Ordnung zu nehmen, erfüllen kann. Eine nicht zur Schule gehörende Person scheidet sinnvollerweise auch deshalb aus, weil Gegenstand einer Ordnungsmaßnahme nur schulisches Fehlverhalten sein kann und die Vertrauensperson nicht den Charakter eines Rechtsbeistandes haben darf.

Die Schüler und Erziehungsberechtigten können jeden ihnen geeignet erscheinenden Lehrer oder Schüler der Schule hinzuziehen. Rechtsanwälte, sonstige Rechtsbeistände oder andere nicht zur Schule gehörende Personen dürfen dagegen nur hinzugezogen werden, wenn das ausnahmsweise gesetzlich vorgesehen ist (z. B. in Baden-Württemberg und Niedersachsen). Soweit sich das nicht ohnehin unmittelbar aus dem Schulgesetz ergibt, beruht der Ausschluss schulfremder Beistände auf den Verwaltungsverfahrensgesetzen des Bundes und der Länder.

Sehen die Schulgesetze vor, dass »der Schüler« einen Schüler oder Lehrer seines Vertrauens hinzuziehen kann, entscheidet der Schüler über die Auswahl der Vertrauensperson. Die Eltern haben kein Vetorecht gegen diese Entscheidung.

Soweit die Schulgesetze auf Wunsch des betroffenen Schülers oder der Erziehungsberechtigten eine Anhörung von Schüler- oder Elternvertretungen vorsehen, sind der betroffene Schüler und die Erziehungsberechtigten in der Einladung zur Anhörung auf dieses Recht hinzuweisen. Es genügt, dass der Schüler oder die Eltern eine solche Anhörung verlangen. Sollten sich Schüler und Eltern nicht einig sein, genügt das Verlangen entweder des Schülers oder der Eltern.

f. Abschließende Stellungnahme des Schülers und der Eltern

99 In der abschließenden Stellungnahme können der Schüler und die Erziehungsberechtigten sowohl zu den Tatsachen als auch zur rechtlichen Würdigung Stellung nehmen.

g. Beratung

100 An der Beratung nehmen nur die Mitglieder der Konferenz, die stimmberechtigt sind oder über eine beratende Stimme verfügen, teil. Die Erziehungsberechtigten und der Schüler gehören nicht zu den Konferenzmitgliedern und nehmen daher an der Beratung nicht teil.

101 Kommt die Konferenz bei der Beratung zu dem Ergebnis, dass der Sachverhalt nicht ausreichend aufgeklärt werden konnte, kann sie das Verfahren beenden oder die Sachverhaltsermittlung durch weitere Anhörungen wieder aufgreifen und fortsetzen.

Sollte die Beratung entscheidungserhebliche neue Gesichtspunkte ergeben – z. B. aufgrund einer Zeugenbefragung im Rahmen der Beratung –, sind die mit einem Anhörungsrecht ausgestatteten Personen erneut anzuhören. Nach dieser Anhörung ist dann erneut zu beraten. Die mit einem Anhörungsrecht ausgestatteten Personen sollten daher nicht vorzeitig nach Hause entlassen werden.

Bei der Würdigung der Beweise, also beispielsweise sich widersprechender Zeugenaussagen, ist die Schule frei. Sie kann sich entscheiden, welcher Aussage sie Glauben schenkt oder welche Tatsachen sie als hinreichend bewiesen ansieht. Sie muss ihre Entscheidung aber selbstverständlich nachvollziehbar begründen. Bloße Vermutungen oder ein Verdacht reichen nicht aus.

Kann ein Sachverhalt nicht hinreichend aufgeklärt werden, muss festgestellt werden, zu wessen Ungunsten sich die Ungeklärtheit eines strittigen oder unklaren Sachverhaltes auswirkt.

Der letztlich entscheidende Gesichtspunkt für den Bestand einer Ordnungsmaßnahme ist die inhaltliche Begründung. Soll die Maßnahme Bestand haben, muss sie entweder pädagogisch von der Schulaufsicht mitgetragen oder im Interesse der Entscheidungs- und Handlungsfreiheit der sachnäheren Schule zumindest geduldet werden. In jedem Fall muss sie dem rechtlichen Kriterium der Verhältnismäßigkeit gerecht werden. **102**

Die Entscheidung über Ordnungsmaßnahmen setzt daher eine sorgfältige Abwägung aller Umstände des Einzelfalles voraus. Das gilt selbstverständlich auch für Erziehungsmaßnahmen. Entscheidend für die Strukturierung dieses Abwägungsprozesses und seine rechtliche Überprüfung durch die Schulaufsicht und die Verwaltungsgerichte ist der Begriff der Verhältnismäßigkeit.

Der Rechtsbegriff der Verhältnismäßigkeit beinhaltet die drei Elemente der Geeignetheit, Erforderlichkeit und Angemessenheit.

In die Prüfung der Verhältnismäßigkeit sind auch die bereits ergriffenen oder offensichtlich ungeeigneten erzieherischen Einwirkungen einzubeziehen. Die Konferenz kann an dieser Stelle auch Überlegungen zur Verbindung einer Ordnungsmaßnahme mit einer erzieherischen Einwirkung anstellen.

Ein Verstoß gegen den Verhältnismäßigkeitsgrundsatz liegt vor, wenn die Konferenz meint, sie sei an ein schematisches Vorgehen in der Reihenfolge der Ordnungsmaßnahmen gebunden, dürfe also in keinem Fall eine oder mehrere Ordnungsmaßnahmen überspringen.

h. Erneute Zuständigkeitsprüfung

Unmittelbar vor der Beschlussfassung sollte die Konferenz erneut ihre Zuständigkeit prüfen, da eine Konferenz keine Ordnungsmaßnahme beschließen darf, die in die Zuständigkeit einer anderen Konferenz fällt. Das gilt auch im Verhältnis der Lehrerkonferenz zur Klassenkonferenz. **103**

i. Beschlussfassung

104 Bei der Beschlussfassung sind nur die stimmberechtigten Konferenzmitglieder anwesend. Sie entscheiden mit einfacher Mehrheit der Stimmen. Die Mitglieder mit beratender Stimme müssen den Raum verlassen. Das kann aus Sicht der beteiligten Lehrer besonders wichtig sein, wenn Schüler- und Elternvertreter eine beratende Stimme haben und eine offene Abstimmung vorgeschrieben ist.

j. Protokollführung

105 Das Protokoll muss weder den genauen Diskussionsverlauf noch einzelne Diskussionsbeiträge wiedergeben, stichpunktartige Notizen reichen aber in keinem Fall aus. Bei den Anforderungen an das Protokoll muss man sich dessen Zweck, Dritten, also z. B. der Schulaufsicht, einem Rechtsanwalt oder einem Gericht deutlich zu machen, auf welchen tatsächlichen und rechtlichen Grundlagen die Konferenzentscheidung beruht, vor Augen führen.

Es sollte mindestens die folgenden wesentlichen Inhalte enthalten:

– Das wesentliche Ergebnis der Ermittlungen, dabei kann auch Bezug genommen werden auf angefertigte Aktennotizen, Protokolle der Befragungen oder andere Schriftstücke.
– Die wesentlichen Inhalte der Anhörung des Schülers und der Erziehungsberechtigten;
– Das Ergebnis der Befragung etwaiger Zeugen;
– Die wesentlichen Inhalte der Stellungnahmen eines Schülers oder Lehrers des Vertrauens und anderer anzuhörender Personen;
– Die Namen der an der Beratung beteiligten Personen;
– Den Sachverhalt, ggf. mit einer Darstellung der Beweiswürdigung;
– Die Erörterung der Verhältnismäßigkeit möglicher Maßnahmen;
– Die Namen der bei der Abstimmung anwesenden Personen;
– Den zur Abstimmung stehenden Entscheidungsvorschlag, das Abstimmungsergebnis und den Wortlaut des Beschlusses.

k. Bekanntgabe

106 Einige Länder schreiben eine schriftliche Mitteilung der Ordnungsmaßnahme vor. Auch in den Ländern, die die Schriftform nicht ausdrücklich vorschreiben, sollten Ordnungsmaßnahmen schriftlich mitgeteilt und begründet werden, um ein rechtsstaatliches Verfahren zu gewährleisten und aus Gründen der Rechtssicherheit → *(so auch Avenarius/ Füssel, S. 499).*

Der Beschluss über die Verhängung einer Ordnungsmaßnahme ist den Erziehungsberechtigten oder dem volljährigen Schüler unverzüglich schriftlich mitzuteilen. Bei berufsschulpflichtigen Schülern sehen einige Schulgesetze die Unterrichtung der für die Berufserziehung Mitverantwortlichen vor. Die Mitteilung ist vom Schulleiter oder dessen Stellvertreter zu unterschreiben und muss das festgestellte Fehlverhalten sowie die Rechtsvorschrift, den Beschluss des Organs der Schule oder die Anordnung, gegen die verstoßen wurde, genau bezeichnen und eine Begründung enthalten. Es muss auch angegeben werden, von welchem Zeitpunkt ab die Maßnahme wirksam werden soll.

§ 39 Abs. 1 Satz 2 VwVfG schreibt ebenso wie einige Schulgesetze vor, **107** dass in der Begründung eines Verwaltungsaktes die wesentlichen tatsächlichen und rechtlichen Gründe für die Entscheidung mitzuteilen sind. Dieser Anforderung genügen allgemeine, floskelartige Formulierungen wie »wegen aggressiven Verhaltens« oder »wegen häufiger Störungen des Unterrichts« nicht. Die tatsächlichen und rechtlichen Gründe müssen konkret, eindeutig und auch für Dritte – z. B. die Schulaufsicht – verständlich dargelegt werden. Aus Gründen der Arbeitsersparnis kann es sich anbieten, einen Protokollauszug beizufügen.

Die Anforderungen an die Begründung sind bei Ordnungsmaßnahmen auch deshalb hoch anzusetzen, da es sich um Ermessensentscheidungen handelt und die Verhältnismäßigkeit der beschlossenen Maßnahme überzeugend begründet werden muss.

Auch eine Rechtsbehelfsbelehrung muss das Schreiben enthalten, sofern **108** es sich um einen Verwaltungsakt handelt. Ergibt sich diese Verpflichtung nicht unmittelbar aus dem Schulgesetz, so beruht sie auf den Verwaltungsverfahrensgesetzen des Bundes und der Länder. Fehlt eine Rechtsbehelfsbelehrung, führt das aber gem. § 58 Abs. 2 VwGO nicht zur Rechtswidrigkeit der Entscheidung, sondern zur Verlängerung der Widerspruchsfrist von einem Monat auf ein Jahr. Die Entscheidung wird zu dem beschlossenen Zeitpunkt wirksam. Die Verlängerung der Widerspruchsfrist hat keine Auswirkungen auf die Wirksamkeit der beschlossenen Ordnungsmaßnahme, da nur ein tatsächlich eingelegter Widerspruch eine aufschiebende Wirkung entfaltet.

I. Verschwiegenheitspflicht

109 Die Mitglieder der Konferenz sind in Bezug auf Einzelheiten der Beratung und Beschlussfassung zur Verschwiegenheit verpflichtet. Fraglich ist aber, ob das auch für den Wortlaut des Beschlusses über eine Ordnungsmaßnahme gilt.

F Die auskunftsfreudige Lehrerin
Nachdem ein Schüler in der Schule einen Mitschüler verletzt hatte, erhielt er einen schriftlichen Verweis. Diese Tatsache teilte die Klassenlehrerin auf Nachfrage sowohl den Eltern des verletzten Schülers als auch der gesamten Klasse mit.
Die Eltern des betroffenen Schülers sahen darin eine Verletzung der Verschwiegenheitspflicht.

110 Die Verhandlungen in den Konferenzen unterliegen der Amtsverschwiegenheit, soweit sich aus der Sache nicht das Gegenteil ergibt → *(Avenarius/ Heckel, TN 7.213)*. Einige Schulgesetze oder Konferenzordnungen verpflichten die Mitglieder von Konferenzen ausdrücklich zur Verschwiegenheit, machen diese Verpflichtung aber häufig von besonderen Voraussetzungen abhängig wie einem Konferenzbeschluss über die Vertraulichkeit oder Beschlüssen, die einzelne Lehrer, Erziehungsberechtigte, Schüler oder Angehörige des nichtlehrenden Personals persönlich betreffen.

111 Eine Entscheidung über die Verschwiegenheitspflicht in Bezug auf Ordnungsmaßnahmen kann nur unter Berücksichtigung des Zwecks der Ordnungsmaßnahmen getroffen werden. Rechtsprechung, Kommentare und schulrechtliche Literatur stimmen darin überein, dass Ordnungsmaßnahmen die Ordnung in der Schule nach einer Störung wiederherstellen sollen, indem sie auf den betroffenen Schüler einwirken und ihn zu einer Verhaltensänderung bewegen oder die von ihm ausgehende Störung unterbinden (Spezial-Prävention) sowie die Mitschüler davon abhalten, gleiche Ordnungsverstöße zu begehen (General-Prävention).

Wenn es zu den bei einem Beschluss über eine Ordnungsmaßnahme anzustellenden Überlegungen gehört, welche Wirkung auf die Mitschüler eine Ordnungsmaßnahme hat – selbstverständlich ohne dass dieser Gesichtspunkt der allein ausschlaggebende sein darf – bedeutete eine generelle Verschwiegenheitspflicht hinsichtlich der Frage, ob überhaupt eine Ordnungsmaßnahme ergriffen wurde, und welche Ordnungsmaßnahme ergriffen wurde, dass eine wichtige Wirkung einer Ordnungsmaßnahme von vornherein verhindert würde. Es widerspräche dem Zweck der Ordnungsmaßnahmen und dem schulischen Bildungs- und Erziehungsauftrag, wollte man einem eventuellen Geschädigten und den Mitschülern verschweigen, ob und welche Ordnungsmaßnahme ergriffen wurde. Zugespitzt könnte man sagen, Ordnungsmaßnahmen erfordern geradezu ihre Bekanntgabe gegenüber den Mitschülern, die durch die Maßnahme von eigenem Fehlverhalten abgehalten werden sollen und gegenüber dem Geschädigten, der zur Wahrung der schulischen Ordnung und in Wahrnehmung des schulischen Bildungs- und Erziehungsauftrages von »Rache« abgehalten werden soll und dem eine begründete Entscheidung über die Verfolgung seiner rechtlich geschützten Interessen mit rechtlichen Mitteln (z. B. Beschwerde oder Erstattung einer Anzeige) ermöglicht werden soll.

Ordnungsmaßnahmen sind daher keine »persönlichen Angelegenheiten« der betroffenen Schüler, sondern Maßnahmen im Rahmen des schulischen Bildungs- und Erziehungsauftrages zur Sicherung der schulischen Ordnung. Im Übrigen dürfte die Frage nach dem Bestehen einer Verschwiegenheitspflicht bei Ordnungsmaßnahmen nur im Falle eines schriftlichen Verweises oder einer Androhung der Entlassung sinnvoll sein, da andere Ordnungsmaßnahmen wie der Unterrichtsausschluss, die Überweisung in die parallele Lerngruppe oder die Entlassung von der Schule durch ihren Vollzug zu offensichtlichen Tatsachen werden, bei denen schon naturgemäß keine Verschwiegenheitspflicht bestehen kann.

Eine Klassenpflegschaft und jedes andere Elterngremium darf in angemessener Weise über das Fehlverhalten einzelner Schüler sprechen, wenn dieses Fehlverhalten die gesamte Klasse bzw. die Ordnung in der Klasse betrifft → (s. *Thomas Böhm: Die informelle Klassenpflegschaft, In: SchulRecht 3-4/2009, S. 30).*

V. Ordnungsmaßnahmen: Verhältnismäßigkeit

Nicht nur aus pädagogischen, sondern auch aus rechtlichen Gründen **112** sollten die in den Erziehungsmaßnahmen liegenden Möglichkeiten voll ausgeschöpft werden, bevor Ordnungsmaßnahmen ergriffen werden. Das gilt um so mehr, als die vor allem auf formelle Verweise und Ausschlußmaßnahmen zielenden Ordnungsmaßnahmen zwar rechtlich schwerwiegend sind, da die Ausschlußmaßnahmen unmittelbar in die Rechtsstellung der Schüler eingreifen, sich aber in der Praxis in bestimmten Fällen als wenig wirksam erweisen und der Katalog der Ordnungsmaßnahmen sehr schnell erschöpft ist.

Ordnungsmaßnahmen sollten aber immer dann entschlossen ergriffen werden, wenn sie zur Sicherung der schulischen Ordnung erforderlich sind. Ein Beschluss über eine Ordnungsmaßnahme darf allerdings nicht als scheinbar einfacher Weg missbraucht werden, um wirkungsvolle Erziehungsmaßnahmen zu umgehen, die allerdings ein möglichst hohes Maß an Abstimmung und Übereinstimmung im Kollegium – und mit den Eltern – voraussetzen, gegebenfalls ein größeres persönliches Engagement des einzelnen Lehrers erfordern und pädagogische Phantasie und Kreativität verlangen, damit es nicht bei Lob und Tadel als erzieherischen Maßnahmen bleibt.

Die Aufzählung der Ordnungsmaßnahmen in den Länderregelungen **113** stellt keine schematische Stufenfolge dar, in der Ordnungsmaßnahmen zu verhängen wären. Ein solches schematisches Vorgehen verstieße gegen den Grundsatz der Verhältnismäßigkeit, der erfordert, dass die Maßnahme unter Berücksichtigung aller relevanten Umstände des Einzelfalles in einem angemessenen Verhältnis zum Fehlverhalten steht. Die Aufzählung der Ordnungsmaßnahmen stellt daher keine Rangfolge dar, sondern allenfalls eine Folge, in der sie auf ihre Verhältnismäßigkeit geprüft werden sollten. Die angefochtene Maßnahme ist auch nicht unter Verstoß gegen das Verhältnismäßigkeitsprinzip ergangen. Entgegen der Auffassung des Klägers fordert (die Aufzählung der Ordnungsmaßnahmen im Gesetz, d.Verf.) ersichtlich nicht, dass Ordnungsmaßnahmen erst nach vergeblicher Ausschöpfung einiger oder aller Erziehungsmaßnahmen und ferner nur in der Abstufung angewendet

werden dürfen, in der sie im Schulgesetz aufgezählt sind. Eine Ordnungsmaßnahme kann schon mit Blick auf die Schwere des Vergehens auch dann geboten sein, wenn zuvor kein Anlass für erzieherische Maßnahmen oder weniger intensive Ordnungsmaßnahmen bestanden hat → *(VG Braunschweig, Az.: 6 A 150/99; SchulRecht 9/2002, S. 148 ff).*
Die Verpflichtung zur Prüfung der Verhältnismäßigkeit ergibt sich entweder unmittelbar aus den Schulgesetzen oder aus dem Rechtsstaatsprinzip (Art. 20 Abs. 3 GG), da es sich bei dem Grundsatz der Verhältnismäßigkeit um einen ungeschriebenen Verfassungsgrundsatz handelt.

Verhältnismäßig sind Maßnahmen, die geeignet, erforderlich und angemessen sind.

1. Geeignetheit

114 Das Merkmal der Geeignetheit dient der Prüfung, ob die in Betracht gezogene Maßnahme überhaupt geeignet ist, den gewünschten Erfolg herbeizuführen. Da der Erfolg einer Maßnahme sich niemals mit Sicherheit voraussagen lässt, scheiden auf dieser Stufe der Abwägung nur offensichtlich ungeeignete Maßnahmen aus. So würde man einen Ausschluss vom Unterricht für zwei Tage wegen einer schweren Körperverletzung als offensichtlich ungeeignet einstufen, da er angesichts einer erheblichen Gefährdung der Sicherheit der Mitschüler wohl kaum geeignet ist, den Schüler zu einer Verhaltensänderung zu bewegen und eine ausreichende abschreckende Wirkung zu erzielen.

2. Erforderlichkeit

115 Der Maßstab der Erforderlichkeit verlangt, dass unter den möglicherweise geeigneten Mitteln das den Schüler am geringsten belastende, aber doch noch Erfolg versprechende Mittel ausgewählt wird. Auch hier wird wiederum eine mit zahlreichen Unsicherheiten behaftete Prognose verlangt. Es verstieße gegen diesen Grundsatz, »auf Nummer sicher« zu gehen und den Schüler wegen einer schweren Körperverletzung in jedem Fall an eine andere Schule zu überweisen, ohne die Umstände des Einzelfalles genau zu würdigen.

Bei der Feststellung der belastenden Wirkung für den betroffenen Schüler sind ggf. auch dessen Leistungsstand sowie die zeitliche Nähe zu einer Versetzungsentscheidung oder dem Erreichen eines Schulabschlusses zu berücksichtigen. So ist die belastende Wirkung eines Wechsels in die Parallelklasse oder einer Entlassung von der Schule offensichtlich größer, wenn es sich um einen leistungsschwachen Schüler handelt, der kurz vor der Versetzung bzw. Nichtversetzung steht, als wenn die Maßnahme einen leistungsstarken Schüler in der ersten Hälfte des Schuljahres betrifft.

Begibt sich ein Schüler freiwillig in eine psychologische oder psychiatrische Behandlung oder nimmt er regelmäßigen Kontakt mit einer Beratungsstelle auf, folgt daraus nicht zwingend der Verzicht auf eine Ordnungsmaßnahme, sondern die Schule hat im Einzelfall zu prüfen, ob auf eine Ordnungsmaßnahme – vorläufig – verzichtet werden kann oder ob sie zum Schutz anderer Personen oder flankierend ausgesprochen werden muss.

3. Angemessenheit

Schließlich muss die Maßnahme angemessen sein. Sie darf nicht völlig **116** außer Verhältnis zum beabsichtigten Erfolg stehen, es darf nicht »mit Kanonen auf Spatzen geschossen« werden.

Der Begriff der Verhältnismäßigkeit strukturiert den Abwägungsprozess und fördert eine sorgfältige Abwägung der betroffenen Interessen unter Einbeziehung der Persönlichkeit des Schülers und der anderen die Entscheidungssituation prägenden Faktoren. Er wirkt als Filter bei der Auswahl der Entscheidungsalternativen, deren Zahl er begrenzt, ohne in jedem Fall zu einer einzigen richtigen Entscheidung zu führen. Es bleiben immer die Unsicherheit einer Prognose und die pädagogische Wertung eines Verhaltens.

VI. Einzelne Ordnungsmaßnahmen

1. Schriftlicher Verweis

Einige Länder kennen den schriftlichen Verweis als Ordnungsmaß- **117** nahme nicht (z. B. Baden-Württemberg, Hessen und Niedersachsen). In Mecklenburg-Vorpommern gibt es einen mündlichen Verweis durch den Lehrer, der aktenkundig zu machen ist, sowie einen schriftlichen Verweis durch den Lehrer im Benehmen mit dem Klassenlehrer. Die Länder, die den schriftlichen Verweis zu den Ordnungsmaßnahmen zählen, erklären entweder den Klassenlehrer, den Schulleiter oder die Klassenkonferenz für zuständig.

Der schriftliche Verweis als Ordnungsmaßnahme unterscheidet sich von einem sonstigen Tadel oder einer Ermahnung durch die ausdrückliche Bezeichnung als Verweis und die in dieser Bezeichnung liegende Missbilligung, die Schriftform und – soweit in den Ländern entsprechend geregelt – durch das Zustandekommen in einem förmlichen Verfahren, etwa auf Grund eines Konferenzbeschlusses.

Als Beispiele für ein Fehlverhalten, das einen schriftlichen Verweis nach **118** sich ziehen kann, werden in der Literatur beispielhaft genannt: »kleinere Tätlichkeiten, ehrverletzende Äußerungen, häufiges Zuspätkommen und Täuschungsversuche, wobei es in allen Fällen auf die Begleitumstände und nicht zuletzt darauf ankommt, ob ein einmaliger Fehltritt oder ein nachhaltiges Fehlverhalten der genannten Art festzustellen ist → *(Niehues, RdNr. 464)*.

F **Die gestörte Klassenfahrt**
Während einer Klassenfahrt wird den Schülern an einem Nachmittag gestattet, privaten Unternehmungen nachzugehen. In dieser Zeit begehen mehrere Schüler Ladendiebstähle.
Die Schule spricht daraufhin schriftliche Verweise aus.

Das Oberverwaltungsgericht Nordrhein-Westfalen → *(Az.: 5 A 2399/ 84)* wies die Berufung gegen ein Urteil des Verwaltungsgerichts Düsseldorf, das die Klage gegen die Verweise abgewiesen hatte, zurück:

»Der Tatbestand einer Pflichtverletzung, nämlich der Störung einer sonstigen Schulveranstaltung, ist gegeben. Die Klassenfahrt stellte eine sonstige Schulveranstaltung dar. Ihr Zweck, das Schulleben zu bereichern und das gegenseitige Verständnis und den Gemeinschaftssinn zu fördern, wurde durch die Diebstähle im Verlauf des Stadtbummels beeinträchtigt. Das hatten die Klägerin und die anderen an den Diebstählen beteiligten Schülerinnen zu vertreten. Sie enttäuschten damit nicht nur das mit der Bewilligung des freien Ausgangs in sie gesetzte Vertrauen des Klassenlehrers, sondern bewirkten auch, dass dieser den Vorfällen im Rahmen seiner Fürsorge- und Aufsichtspflicht nachgehen musste und währenddessen den übrigen Schülern der Klasse nicht zur Verfügung stand ... Die Ahndung durch Verweis hält sich innerhalb der Grenzen des Ermessensspielraums der Schule.«

F Die Bedrohung

Ein Schüler der 7. Klasse einer Realschule schrieb während einer Englischstunde der Lehrerin L. die Worte »man sollte Frau L. töten« auf seinen Schreibtisch. Ein neben dem Kläger sitzender Schüler las diese Worte und rief sie in die Klasse. In der einberufenen Klassenkonferenz entschuldigte sich der Schüler bei der Lehrerin. Die Klassenkonferenz beschloss einen schriftlichen Verweis. Der Schüler ist der Auffassung, die Erteilung eines Verweises sei nicht verhältnismäßig, insbesondere sei nicht berücksichtigt worden, dass er durch die konkrete Unterrichtssituation zu dem Abfassen der in Rede stehenden Worte herausgefordert worden sei.

Das Verwaltungsgericht Berlin (Az.: 3 A 535.07; SchulRecht 7-8/2009, S. 83) hat die Klage abgewiesen: »Es bleibt anzumerken, dass von einem 13-jährigen Schüler durchaus erwartet werden kann, eine als »empörend« und »ungerecht« empfundene Unterrichtssituation in angemessener Art zur Sprache zu bringen und einer Konfliktlösung zuzuführen. Das Gericht sieht aus diesem Grund keine Veranlassung, sich mit dem äußerst unsachlichen Vortrag des Schülers, der der Rechtfertigung seines Fehlverhaltens dienen soll, näher auseinanderzusetzen.«

Die Gefahr eines Verstoßes gegen das Verhältnismäßigkeitsprinzip ist bei einem schriftlichen Verweis geringer als bei anderen Ordnungsmaßnahmen, da es sich um die mildeste Ordnungsmaßnahme handelt.

Trotzdem erfordert die Prüfung der Verhältnismäßigkeit auch Ausführungen zu möglichen milderen erzieherischen Maßnahmen, die bereits erfolglos ergriffen wurden oder deren Ungeeignetheit unterstellt werden muss.

Da der Schule die Begründung der Verhältnismäßigkeit aber häufig **119** leichter fällt als bei anderen Ordnungsmaßnahmen, richten Eltern und Schülern ihr besonderes Augenmerk auf den Verfahrensablauf und die zugrunde gelegten Tatsachen. Diese Bereiche sollten daher auch von der Schule sorgfältig geprüft werden.

Es ist in der Rechtsprechung und Literatur umstritten, ob ein schriftlicher Verweis Verwaltungsaktscharakter besitzt.

F Der unzulässige Widerspruch
Ein Schüler erhielt einen »verschärften Verweis«, da er das Werkstück einer Mitschülerin zerstört habe. Ein Jahr später erhielt er einen »schriftlichen Verweis«, weil er einer Lehrkraft einen Schlag auf den Hinterkopf versetzt habe. Der Schüler bestreitet in beiden Fällen den von der Schule festgestellten Tathergang. Sein Widerspruch wurde mit der Begründung zurückgewiesen, es handle sich bei den Verweisen nicht um Verwaltungsakte, so dass ein Widerspruch nicht zulässig sei.

Das Verwaltungsgericht Bayreuth → *(Az.: B 6 K 99.153; SchulRecht 3/ 2000, S. 60 f.)* hat die Klage als unzulässig abgewiesen:

»Dass eine Maßnahme in dem Katalog der Ordnungsmaßnahmen aufgeführt ist, besagt allein noch nichts über die Rechtsnatur der Maßnahme ... (Es) kommt vor allem auf das Gewicht der Maßnahme (»gravierende Ordnungsmaßnahmen«) an. Maßnahmen, die die Individualsphäre des Schülers – insbesondere das Persönlichkeitsrecht (Artikel 2 Abs. 1 GG) – in rechtsrelevanter Weise beeinträchtigen, besitzen ein derartiges Gewicht. Dagegen werden Eingriffe aus erzieherischen Gründen als Maßnahmen von geringem Gewicht angesehen, denen keine Verwaltungsakt-Qualität zukommt. Dass (lediglich) die Begleitumstände eines Akts für den Betroffenen diskriminierend sind, macht einen solchen Rechtsakt nicht zu einem Verwaltungsakt ...

Bei den Ordnungsmaßnahmen Verweis und verschärfter Verweis steht der Erziehungscharakter eindeutig im Vordergrund ... Auswirkungen auf den

Ausbildungsgang (vgl. Art. 12 Abs. 1 GG) und das Ansehen des Schülers (Empfindlichkeiten und Eigenheiten besitzen dabei kein sachlich messbares Gewicht) sind nicht festzustellen. Diese Maßnahmen berühren daher grundsätzlich nicht in rechtsrelevanter Weise die individuelle Rechtssphäre des Schülers; ausnahmsweise wäre dies nur der Fall bei einem willkürlichen bzw. schikanösen Verhalten der Schule.«

Dass allein die Aufnahme in den Katalog der Ordnungsmaßnahmen nicht entscheidend sein kann für den Verwaltungsaktscharakter, zeigen die Unterschiede zwischen den Länderregelungen. So führt Bremen eine von allen anderen Ländern als erzieherische Einwirkung angesehene Maßnahme, die Beauftragung der Schüler mit Aufgaben, die geeignet sind, sie ihr Fehlverhalten erkennen zu lassen, als Ordnungsmaßnahme auf (§ 47 Abs. 1 Nr. 1 BremSchulG). Baden-Württemberg erklärt das Nachsitzen im Gegensatz zu anderen Ländern zur Ordnungsmaßnahme (§ 90 Abs. 3 Nr. 1 und 2 SchulG Ba-Wü), wohingegen Rheinland-Pfalz die Überweisung in eine parallele Lerngruppe nicht wie üblich zu den Ordnungsmaßnahmen, sondern zu den Erziehungsmaßnahmen zählt (§ 96 Abs. 1 Satz 2 ÜSchulO Rhl.Pfl.).

120 Die Verneinung des Verwaltungsaktscharakters eines schriftlichen Verweises ist in der Literatur und Rechtsprechung nicht unumstritten. So führt das Niedersächsische Oberverwaltungsgericht → *(Az.: II OVG A 105/71; SPE a. F. II D VIII, S. 1– 1f, hier: 1d)* aus:

Verweise sind »die Individualrechtssphäre des Schülers berührende Rechtsakte; sofern sie der Sache nach unberechtigt sind, sind sie geeignet, das auch dem Heranwachsenden zustehende allgemeine Persönlichkeitsrecht aus Art. 2 Abs. 1 GG durch eine wesentliche Minderung seines Ansehens zu beeinträchtigen.«

Das Verwaltungsgericht Hamburg → *(Az.: 16 VG 2593/98); Schul-Recht 4/1999, S. 62 f.)* stellt zum Regelungsgehalt eines schulischen Verweises fest:

Er »besteht zum einen in der Missbilligung des gerügten Handelns. Darüber hinaus wird der Schüler aber mit einem Makel versehen ... (Die Wirkung des Verweises besteht u. a. darin, dass die Schule bei einem wiederholten Fehlverhalten auch unter dem Gesichtspunkt des Verhältnismäßigkeitsgrundsatzes ... eine schwerwiegendere Ordnungsmaßnahme wählen darf. Dieser Makel wird dadurch fixiert, dass der Verweis in einen Schülerbogen eingetragen wird.«

Zur Begründung des Verwaltungsaktscharakters wird in der Literatur auch auf das förmliche Verfahren in den Fällen hingewiesen, in denen eine Konferenz über den schriftlichen Verweis entscheidet.

Die Entscheidung in diesem ungeklärten Meinungsstreit hängt letztlich von der Wertung ab, für wie erheblich man die rechtlichen und tatsächlichen Auswirkungen eines schriftlichen Verweises hält. Nach der hier vertretenen Auffassung sind sie nicht schwerwiegend genug, um den Verwaltungsaktscharakter zu bejahen.

Für die Praxis bedeutet die Verneinung des Verwaltungsaktscharakters, **121** dass Eltern und Schüler gegen schriftliche Verweise nur mit einer Beschwerde und nicht mit einem Widerspruch vorgehen können. Damit entfällt für die Beteiligten die Form- und Fristbindung des Rechtsbehelfsverfahrens. Über eine Beschwerde kann in der Regel mit geringerem Aufwand entschieden werden. Das gilt allerdings dann nicht, wenn die zuständige Schulaufsichtsbehörde in einem Beschwerdeverfahren eine Stellungnahme der Schule anfordert, die der in einem Widerspruchsverfahren üblichen Stellungnahme in nichts nachsteht.

Die Tatsache, dass ein Widerspruch eine aufschiebende Wirkung hat, eine Beschwerde dagegen nicht, hat beim schriftlichen Verweis – etwa im Gegensatz zum Unterrichtsausschluss – keine große Bedeutung, da aus Sicht der Schule nur in Ausnahmefällen ein großes Interesse am unverzüglichen Wirksamwerden des Verweises bestehen wird, da er nicht zu einer unmittelbaren tatsächlichen oder rechtlichen Veränderung der schulischen Situation führt. Gerichtlicher Rechtsschutz ist in beiden Fällen möglich, da er nicht an den Verwaltungsaktscharakter einer Maßnahme gebunden ist.

Letztlich wird es daher entscheidend auf die Einschätzung der jeweiligen Schulaufsicht ankommen, mit welchem Aufwand sie die Überprüfung eines schriftlichen Verweises vornehmen will.

2. Ausschluss vom Unterricht und von sonstigen Schulveranstaltungen

122 Die Länderregelungen sehen die Möglichkeit eines sofortigen, vorläufigen Unterrichtsausschlusses oder Ausschlusses von einer schulischen Veranstaltung vor. Damit soll einer unmittelbaren akuten Beeinträchtigung der schulischen Ordnung begegnet werden, die so schwerwiegend ist, dass sie sofortiges Handeln erfordert. Wird ein Schüler lediglich für die restlichen Unterrichtsstunden eines Unterrichtstages ausgeschlossen, handelt es sich um einen Ausschluss vom laufenden Unterricht und damit um eine erzieherische Maßnahme, die entweder der Lehrer, dessen Unterricht betroffen ist, oder bei mehreren Unterrichtsstunden verschiedener Lehrer der Schulleiter ergreifen darf. Erstreckt sich der Unterrichtsausschluss dagegen auf einen vollständigen Unterrichtstag oder mehrere Unterrichtstage, handelt es sich um einen Vorgriff auf eine Ordnungsmaßnahme, aber nicht um einen Ersatz für eine Ordnungsmaßnahme. Baden-Württemberg hat den Unterrichtsausschluss durch den Schulleiter im Vorgriff auf eine Ordnungsmaßnahme ausdrücklich geregelt. Nach § 90 Abs. 9 SchulG BaWü kann der Schulleiter einen Schüler in dringenden Fällen nach Anhörung des Klassenlehrers vorläufig bis zu fünf Tagen vom Unterricht ausschließen. Bis zum Ende des vorläufigen Unterrichtsausschlusses ist die Anhörung des Schülers und der Erziehungsberechtigten und ggf. der Klassenkonferenz durchzuführen und über die endgültige Maßnahme, auf die die Dauer des vorläufigen Ausschlusses anzurechnen ist, zu entscheiden. Geschieht das nicht, darf der Schüler wieder am Unterricht teilnehmen.

Die Länderregelungen sehen in der Regel vor, dass die für den Unterrichtsausschluss zuständige Konferenz unverzüglich einzuberufen ist und über die Ordnungsmaßnahme zu beschließen hat. Falls sich die Einberufung der Konferenz aus zwingenden Gründen verzögert, darf durch die Entscheidung des Schulleiters die gesetzlich vorgesehene Höchstdauer eines Unterrichtsausschlusses nicht überschritten werden. Problematisch kann das im Einzelfall vor allem in den Ländern werden, die nur eine sehr kurze Dauer des Unterrichtsausschlusses zulassen.

Sollte die zuständige Konferenz die Maßnahme nicht bestätigen, ist sie sofort aufzuheben. Bestätigt die Konferenz die Eilentscheidung des Schulleiters, indem sie einen Unterrichtsausschluss beschließt, muss sie die Dauer des Unterrichtsausschlusses festlegen und dabei die bereits im Wege der Eilentscheidung erfolgte Ausschlußzeit mit berücksichtigen.

Der Ausschluss von außerunterrichtlichen Veranstaltungen ist in den 123 Ländern zusammen mit dem Unterrichtsausschluss geregelt oder als zusätzliche Ordnungsmaßnahme vorgesehen (so in Berlin, Brandenburg, Bremen, Hessen, Rheinland-Pfalz, Saarland und Thüringen). Die Entscheidung fällt meist in die Zuständigkeit der Klassenkonferenz.

Ein Schüler kann auch mit einem Konferenzbeschluss von mehreren 124 Schulveranstaltungen wie etwa einer Klassenfahrt und einem Schulfest ausgeschlossen werden.

Problematisch und in der Regel rechtswidrig dürften aber Beschlüsse sein, die einen Ausschluss lange Zeit vor einer Veranstaltung betreffen. In diesen Fällen liegt die Vermutung nahe, dass es sich um eine Strafe für gegenwärtiges Fehlverhalten handelt, da eine Ordnungsmaßnahme in der Regel ein Beobachten der weiteren Entwicklung des Schülers bis kurz vor der Schulveranstaltung erfordert, da erst dann eine zuverlässige Prognose über die von dem Schüler für die Ordnung der außerunterrichtlichen Schulveranstaltung ausgehende Gefahr möglich ist.

Soll ein Schüler während einer Schulfahrt von der Fahrt ausgeschlossen werden, handelt es sich bei diesem Ausschluss um die Ordnungsmaßnahme »Ausschluss von einer Schulveranstaltung«, die der Schulleiter aufgrund seiner generellen Zuständigkeit für den Ausschluss von Schulveranstaltungen oder seines Eilentscheidungsrechts mit sofortiger Wirkung aussprechen kann. Die begleitenden Lehrer müssen daher den Schulleiter über die einen Ausschluss notwendig machenden Tatsachen unterrichten und um eine entsprechende Entscheidung bitten. Sie können nur selbst entscheiden bei Gefahr im Verzug und Unerreichbarkeit des Schulleiters. Der Schulleiter kann dann die Entscheidung nachträglich genehmigen, ebenso wie im Falle der Zuständigkeit einer Konferenz diese eine nachträgliche Entscheidung treffen muss.

Sehen die Schulgesetze vor, dass der Zeitpunkt des Ausschlusses vor sei- 125 nem Vollzug mitzuteilen ist, stellt die kalendermäßige Bestimmung des Zeitpunktes, von dem ab der vorläufige Unterrichtsausschluss wirksam werden soll, entweder eine Maßnahme im Rahmen der Vollstreckung oder eine abtrennbare Teilregelung der Ordnungsmaßnahme dar

→ *(OVG Nordrhein-Westfalen, Az.: 19 B 113/02; SchulRecht 5/2005, S. 112)*. Der konkrete Termin für den Unterrichtsausschluss ist daher eigenständig neben der Dauer zu bestimmen. Das kann – falls eine Konferenz zuständig ist – durch die Konferenz im Rahmen der Beschlussfassung über die Ordnungsmaßnahme geschehen, aber auch zu einem späteren Zeitpunkt durch den Schulleiter → *(VG Köln, Az.: 10 L 3/02; SchulRecht 5/2005, S. 112)*. Das Verstreichen eines für den Unterrichtsausschluss festgelegten Zeitpunktes führt nicht zur Erledigung der beschlossenen Ordnungsmaßnahme, sondern erfordert lediglich eine erneute Fristsetzung (VG Köln, a. a. O.). Beschließt die Konferenz die Dauer des Ausschlusses und legt einen Termin fest, kann die Maßnahme unmittelbar nach Bekanntgabe wirksam werden. Sollte ein wenn auch nur geringfügiger Zeitraum zwischen Konferenzbeschluss und Bekanntgabe nicht hinnehmbar sein, kann der Schulleiter von seinem Eilentscheidungsrecht Gebrauch machen.

126 Beim Unterrichtsausschluss weichen die Länderregelungen auffallend weit von einander ab. Am häufigsten ist eine Höchstdauer von vier Wochen, teilweise aber auch bis zu drei Monaten. Bayern lässt einen längeren Unterrichtsausschluss für zwei bis vier Wochen erst ab dem 7. Schulbesuchsjahr zu (Art. 86 Abs. 2 Satz 1 Nr. 6 BayEUG). Schüler an Hauptschulen, Hauptschulstufen an Förderschulen, an Berufsschulen und Berufsschulen zur sonderpädagogischen Förderung ohne Ausbildungsverhältnis können für mehr als vier Wochen, längstens bis zum Ablauf des Schuljahres ausgeschlossen werden. Die Schule entscheidet über einen derartigen Ausschluss im Einvernehmen mit dem Jugendamt (Art. 86 Abs. 2 Satz 1 Nr. 6 a, Abs. 4 Satz 1 BayEUG). Sind Häufigkeit und Gesamtdauer innerhalb eines Schuljahres nicht geregelt, ist die Entscheidung über die Häufigkeit und Dauer der Unterrichtsausschlüsse ausschließlich im Hinblick auf die Verhältnismäßigkeit zu treffen.

> **F** **Schlägerei erwachsener Schüler**
> Ein kurz vor der Volljährigkeit stehender Schüler einer Berufsschule bricht im Unterricht durch Faustschläge einem Mitschüler das Nasenbein und fügt ihm mehrere Blutergüsse zu. Die Schule schließt den Schüler vom 18. Februar bis zum 13. Mai vom Unterricht aus, überweist ihn in eine parallele Klasse und droht ihm die Schulentlassung an.

»Das Verhalten des Schülers stellt eine vorsätzlich begangene, gefährliche Körperverletzung und damit einen schweren Rechtsverstoß gegen die schulische Ordnung dar. ... Dass die Klassenkonferenz die nach dem niedersächsischen Schulgesetz höchstzulässige Dauer des Unterrichtsausschlusses von drei Monaten beschlossen hat, ist nicht ermessensfehlerhaft. Dabei ist zudem zu berücksichtigen, dass die Dauer des vom 18. Februar bis 13. Mai verfügten Unterrichtsausschlusses unter Berücksichtigung der Osterferien und des Maifeiertages tatsächlich nur eine Unterrichtszeit von zwei Monaten umfasst. Mag auch bei der einmaligen Beteiligung an einer Schlägerei in der Schule im Regelfall ein kürzerer Unterrichtsausschluss ausreichend sein, liegen hier Umstände vor, welche die Erziehungs- und Unterrichtsarbeit der Schule in besonderem Maße gefährden. Der Schüler ist kein Schüler der Sekundarstufe I im Kindes- oder Jugendlichenalter mehr, sondern inzwischen Erwachsener. Von einer massiven Schlägerei zwischen erwachsenen oder fast erwachsenen Schülern an einer berufsbildenden Schule gehen wesentlich andere Gefahren für das Schulleben aus, als von den üblichen Auseinandersetzungen von Kindern und Jugendlichen in der Regelschule ... Das niedersächsische Schulgesetz ermöglicht es durchaus, in geeigneten Fällen mehrere Ordnungsmaßnahmen nebeneinander anzuordnen, wenn diese sich ihrer Zielsetzung nach sinnvoll ergänzen können«, wie es hier der Fall ist. → *(VG Hannover, Az.: 6 B 947/02; SchulRecht 1-2/2006, S. 10 ff)*

Ein Unterrichtsausschluss wird insbesondere notwendig sein, wenn **127** Mitschüler oder Sachen vor Schaden bewahrt werden müssen oder eine ordnungsgemäße Durchführung des Unterrichts anders nicht mehr sichergestellt werden kann. Das ist typischerweise bei einem exzessiven und ungehemmten sozialschädlichen Verhalten wie Vandalismus, erheblicher Gewaltanwendung, Rache und Selbstjustiz der Fall → *(VG Hannover, Az.: 6 B 5380/01; SchulRecht 9/2005, S. 157 f)*. »Das zu missbilligende Verhalten des Schülers kann aber auch außerhalb einer Unterrichtsstunde stattgefunden haben. So darf selbst ein Schüler der Abiturklasse für die Dauer von acht Unterrichtstagen vom gesamten Unterricht ausgeschlossen werden, weil er den Reifendruck am Hinterrad des Pkw seines Fachlehrers aus Rache für eine schlechte Benotung auf 1,6 bar vermindert hat, ohne dem Lehrer eine Warnung zukommen zu lassen → *(VGH Baden-Württemberg, Az.: 9 S 637/97; SchulRecht 9/ 1999, S. 108 f.).*

Auch auf Fehlverhalten bei einer Busfahrt zur Schule kann die Schule mit Ordnungsmaßnahmen reagieren. Zusätzlich kann der Schüler vorübergehend von der Schülerbeförderung ausgeschlossen werden → *(s. Thomas Böhm: Rechtliche Maßnahmen bei Verletzung eines Mitschülers während der Busfahrt. In: SchulRecht 9-10/2009, S. 98 ff)*.

Die Notwendigkeit eines Unterrichtsausschlusses kann auch kurzfristig auftreten und ein sofortiges Handeln erfordern. In Fällen, bei denen unmittelbar Gefahr im Verzuge ist, kann der Schulleiter den Schüler mit sofortiger Wirkung vorläufig vom Unterricht oder sonstigen Schulveranstaltungen ausschließen.

Betritt ein Schüler trotz des Unterrichtsausschlusses das Schulgelände, kann der Schulleiter von seinem Hausrecht Gebrauch machen und den Schüler des Geländes verweisen.

Von außerunterrichtlichen Veranstaltungen können Schüler ebenfalls durch eine Ordnungsmaßnahme ausgeschlossen werden. Liegt aber kein Fehlverhalten des Schülers vor, sondern eine Haltung der Eltern, die eine ordnungsgemäße Durchführung etwa einer Klassenfahrt unmöglich erscheinen lässt, weil die Eltern beispielsweise ihrem Kind während der Fahrt Alkoholkonsum oder das Entfernen von der Gruppe zum Zwecke eines Verwandtenbesuchs gestatten wollen, scheidet eine Ordnungsmaßnahme aus. Ein Ausschluss könnte dann aber mit der Verantwortung der Lehrer für die ordnungsgemäße Durchführung der Fahrt und der Verpflichtung der Schüler, Weisungen von Lehrern zu befolgen, begründet werden. Auf die entsprechenden Generalklauseln der Schulgesetze kann die Schule sich auch berufen, wenn die ordnungsgemäße Wahrnehmung der Aufsichtspflicht nicht gewährleistet ist, weil ein Schüler in erheblichem Umfang Einzelbetreuung benötigt, diese aber wegen der Umstände der Fahrt oder der Zahl der Begleitpersonen im Verhältnis zur Gruppengröße nicht möglich ist. → *(so auch Jan Daur: Erziehungs- und Ordnungsmaßnahmen, SchulVerwaltung Baden-Württemberg 9/2007, S. 192)*.

128 Ein Unterrichtsausschluss bedeutet aber nicht zwangsläufig, dass der Schüler die Schule nicht mehr besuchen müsste und über entsprechende »Freizeit« verfügt. Ein Unterrichtsausschluss kann durchaus mit erzieherischen Maßnahmen verbunden werden, die dazu führen, dass der

Schüler während des Unterrichtsausschlusses bestimmte Aufgaben in der Schule zu erledigen hat. Denkbar ist auch die Verpflichtung zur Teilnahme am Unterricht einer anderen, eventuell der parallelen Klasse für die Dauer des Unterrichtsausschlusses, wenn diese Maßnahme aus pädagogischen Gründen sinnvoll erscheint.

In jedem Fall muss ein ausgeschlossener Schüler die versäumten Unterrichtsinhalte selbstständig nacharbeiten. Er hat allerdings der Schule gegenüber einen Anspruch auf Information über die wichtigsten Unterrichtsinhalte und geeigneten Mittel und Wege, diese selbstständig nachzuarbeiten. Werden in der Zeit des Ausschlusses Klassen- oder Kursarbeiten geschrieben, kann der Schüler entweder aufgefordert werden, während des Ausschlusses zur Schule zu kommen, um die Arbeiten mitzuschreiben, da er wegen der selbst verschuldeten Nichtteilnahme am Unterricht keinen Anspruch auf eine besondere Vorbereitungszeit hat, wie das etwa bei Krankheit der Fall wäre, oder ihm kann ein Nachschreibtermin genannt werden. Wie in solchen Fällen zu verfahren ist, entscheidet die für den Unterrichtsausschluss zuständige Konferenz.

Erkrankt ein Schüler während des Unterrichtsausschlusses, führt das nicht zur Verlängerung des Ausschlusses um die Krankheitstage, da der Schüler in dieser Zeit ebenfalls und ohne eigenes Verschulden gehindert ist, am Unterricht teilzunehmen → *(s. Jan Daur, a. a. O., S. 191).*

Bei einem längeren Unterrichtsausschluss sollte auch das Jugendamt benachrichtigt werden, zumal gerade ein langer Zeitraum von bis zu drei Monaten gerechtfertigt und erforderlich sein kann, um Maßnahmen der Jugendhilfe einzuleiten oder das Verfahren zur Feststellung des sonderpädagogischen Förderbedarfs durchzuführen. Einen guten Orientierungspunkt bietet die Regelung in Baden-Württemberg, nach der ein zeitweiliger Ausschluss dem Jugendamt mitgeteilt werden kann, ein wiederholter zeitweiliger Ausschluss mitgeteilt werden soll und ein Schulausschluss dem Jugendamt mitgeteilt werden muss → *(Stefan Reip: Erziehungs- und Ordnungsmaßnahmen. In: SchulVerwaltung Baden-Württemberg, Nr. 13/2003, S. 265).*

Ein Unterrichtsausschluss als Reaktion auf häufiges schuldhaftes **129** Zuspätkommen und die damit verbundene Störung des Unterrichts oder wiederholtes unentschuldigtes Fernbleiben vom Unterricht ist keineswegs von vornherein als eine ungeeignete Maßnahme anzusehen. Bei häufigem schuldhaftem Zuspätkommen kann die Maßnahme geeignet und erforderlich sein, um den Anspruch der anderen Schüler auf ungestörten Unterricht zu sichern und bei häufigem unentschuldigten Fehlen kann sie verdeutlichen, dass die Unterrichtsteilnahme nicht in das Belieben der Schüler gestellt ist. Das gilt insbesondere, wenn sich das Fernbleiben ausschließlich auf bestimmte Fächer bezieht. Die Geeignetheit der Maßnahme wird in diesen Fällen entscheidend von den Motiven des fehlenden Schülers abhängen.

130 Einige Länder ermöglichen die Beschränkung des Unterrichtsausschlusses auf einzelne Unterrichtsfächer. Für den Ausschluss in einzelnen Unterrichtsfächern gelten dann die zeitlichen Beschränkungen des Unterrichtsausschlusses in allen Fächern. Den ausgeschlossenen Schülern kann die Teilnahme an Klassenarbeiten oder Klausuren während des Ausschlusses gestattet werden und sie sind dann verpflichtet, diese Arbeiten mitzuschreiben. Eine Regelung, die den Unterrichtsausschluss in einzelnen Fächern ermöglicht, ist sehr sinnvoll, da es häufiger Situationen gibt, in denen störendes Verhalten sich nahezu ausschließlich oder doch ganz überwiegend auf ein bestimmtes Fach und bestimmte Lehrer bezieht. So wäre etwa ein Ausschluss vom Sportunterricht wegen häufigen aggressiven und unfairen Verhaltens möglich.

Die Maßnahme ist allerdings in den Ländern nicht zulässig, die lediglich den Unterrichtsausschluss für eine bestimmte Zahl von Unterrichtstagen vorsehen. Da die gesetzlichen Regelungen der Ordnungsmaßnahmen abschließend sind, kann ein Unterrichtsausschluss in Bezug auf ein Fach auch nicht als erzieherische Maßnahme erfolgen, da darin eine Umgehung der gesetzlichen Regelung des Unterrichtsausschlusses läge. Das wird besonders deutlich, wenn man bedenkt, dass es für einen solchen Unterrichtsausschluss keine gesetzliche zeitliche Begrenzung gäbe, so dass ein Unterrichtsausschluss für vier Wochen in den Fächern Mathematik, Deutsch und Sport als erzieherische Maßnahme verhängt werden könnte. → *(Christian Kower: Ausschluss vom Unterricht in nur einem Fach? Recht Aktuell Nr. 6, S. 10)* Der Ausschluss von der laufenden Unterrichtsstunde in einem Fach bleibt dagegen als erzieherische Maßnahme zulässig.

Einige Länder kennen eine Androhung des Ausschlusses vom Unterricht **131** (Baden-Württemberg, Niedersachsen, Saarland) als gesonderte Ordnungsmaßnahme. Thüringen schreibt bei dieser wie bei allen anderen Ordnungsmaßnahmen eine Androhung vor. In diesen Ländern ist die Androhung vor einem Ausschluss zu prüfen und zu begründen, warum sie im Einzelfall nicht erfolgt, um den Anforderungen der Gesetze und des Verhältnismäßigkeitsprinzips zu genügen. In der Regel wird man von einer gesetzlich vorgeschriebenen Androhung nur absehen können, wenn sie als offensichtlich ungeeignet anzusehen ist, da der mit ihr verfolgte Zweck nicht erreicht werden kann.

F **Die eidesstattliche Versicherung**

Ein Schüler hat nach Aussage zweier Schülerinnen einer Mitschülerin auf den Kopf geschlagen und ihr dabei mit einem spitzen, nagelartigen Gegenstand eine Wunde zugefügt. Der Schulleiter hat eine Wunde am Kopf der Schülerin gesehen. Der Schüler bestreitet in einer eidesstattlichen Versicherung, einen Gegenstand in der Hand gehabt zu haben. Seine Mutter versichert an Eides statt, der Schüler habe am Tag des Vorfalls ein Armband mit einem kleinen Metallverschluß getragen. Der Schüler hat in den vergangenen zwei Jahren vier Ordnungskonferenzen gehabt und ist schon einmal für sechs Wochen vom Unterricht ausgeschlossen worden. Die Klassenkonferenz beschließt einen Ausschluss vom Unterricht für fünf Wochen. Der Schulleiter ordnet die sofortige Vollziehung an.

Das Verwaltungsgericht Göttingen → *(Az.: 4 B 4236/01; SchulRecht 1/ 2005; S. 11 f)* lehnte den Antrag auf Wiederherstellung der aufschiebenden Wirkung ab:

»Nach Auffassung der Kammer ist die Klassenkonferenz mit hoher Wahrscheinlichkeit von einem zutreffenden Sachverhalt ausgegangen, als sie angenommen hat, der Schüler habe seine Mitschülerin auf den Kopf geschlagen und ihr dabei mit einem spitzen Gegenstand eine Wunde zugefügt. Der Schulleiter hat in der Klassenkonferenz erklärt, er habe die Verletzung am Kopf der Schülerin selbst gesehen. Er hat hierzu die zur Zeit des Vorfalls auf dem Schulhof in der Nähe der Schülerin stehenden Schülerinnen K. und L. angehört, die bestätigt haben, der Schüler habe die Schülerin auf den Kopf geschlagen und dabei einen spitzen, nagelartigen Gegenstand in der Hand gehalten. ... Angesichts dieser klaren und eindeutigen Aussagen des Schulleiters einerseits sowie mehrerer Schüler, die durch die Klassen- bzw. die Abhilfekonferenz als glaubwürdig angesehen worden sind, andererseits, folgt die Kammer der eidesstattlich versicherten Darstellung des Schülers nicht, er habe der Schülerin lediglich die flache Hand leicht auf den Hinterkopf gelegt und dabei keinen Gegenstand in der Hand gehabt. Die eidesstattliche Versicherung der Mutter des Schülers, dieser habe am fraglichen Tag ein Armband mit einem kleinen Metallverschluß getragen, spricht nicht gegen die Darstellung der den Vorfall beobachtenden Schülerinnen und Schüler.

Die Kammer ist der Auffassung, dass das Verhalten des Schülers als gefährliche Körperverletzung gem. § 224 Abs, 1 Nr. 2 des Strafgesetzbuches anzusehen ist und eine grobe Pflichtverletzung i. S. v. § 61 Abs. 2 NSchG darstellt. Durch sein Verhalten während des Besuchs seiner Schule hat der Schüler die Sicherheit der Mitschülerin ernstlich gefährdet. Aufgrund des Verhaltens des Schülers, der seine Mitschülerin ohne ersichtlichen Grund verletzt hat, erscheint auch eine erneute Gefährdung der Sicherheit von Menschen nicht ausgeschlossen.

Die von der Klassenkonferenz verhängte Maßnahme lässt keine Anzeichen von Willkür erkennen und erscheint verhältnismäßig. Insbesondere hat die Klassenkonferenz eine vorbildliche Angemessenheitsprüfung durchgeführt und hierbei das Interesse des Antragstellers am Erwerb seines Schulabschlusses durch die Befristung der Maßnahme bis zum 25. Januar hinreichend berücksichtigt. Die Überlegungen der Konferenz, dem Gesichtspunkt der Sicherheit anderer Schüler gegenüber den individuellen Belastungen des Schülers durch die Ordnungsmaßnahme den Vorzug zu geben, erscheinen der Kammer sachgerecht. Dies gilt um so mehr, als die Schule dem Schüler die Möglichkeit eröffnet hat, zweimal wöchentlich Hausaufgaben entgegenzunehmen bzw. zurückzugeben, von der der Schüler allerdings nach Feststellung der Abhilfekonferenz bisher keinen Gebrauch gemacht hat.

Es ist auch nicht zu beanstanden, dass die Klassenkonferenz davon abgesehen hat, den Ausschluss vom Unterricht gem. § 61 Abs. 3 Nr. 3 NSchG zunächst anzudrohen. Das Verhalten des Schülers ist in den vergangenen zwei Jahren Gegenstand von insgesamt vier Ordnungskonferenzen gewesen, und er ist zuvor bereits für sechs Wochen vom Unterricht ausgeschlossen gewesen. Es spricht vieles dafür, dass eine bloße Androhung des Ausschlusses vom Unterricht ihn nicht so nachhaltig beeindruckt hätte, dass eine erneute Gefährdung der Sicherheit von Menschen auszuschließen gewesen wäre.«

Nicht nur tatsächlich ausgeübte Gewalt, auch die Androhung von Gewalt kann einen Unterrichtsauschluß rechtfertigen.

Ein Schüler einer 9. Klasse, der über drei Jahre hinweg wiederholt gewalttätig geworden ist und bei einer Schulfete in alkoholisiertem Zustand auf einen Mitschüler einschlägt, kann ohne weiteres für fünf Wochen vom Unterricht und von allen weiteren außerschulischen Veranstaltungen ausgeschlossen werden. Der Unterrichtsausschluss erfordert keine Androhung und bewegt sich im unteren Bereich des rechtlich Zulässigen → *(VG Hannover, Az.: 6 B 1104/04; SchulRecht 4/2005, S. 80 f).*

F Die blutige Drohung
Ein zwölfjähriger Schüler eines Gymnasiums hat bei einer Auseinandersetzung während einer kleinen Schulpause einem Mitschüler damit gedroht, ihn nach der Schule zu schlagen, und zwar so, »dass Blut fließt«. Der Schulleiter schließt ihn daraufhin für zwei Tage vom Unterricht aus und ordnet den sofortigen Vollzug an.

Der Verwaltungsgerichtshof Baden-Württemberg → *(Az.: 9 S 95/04; SchulRecht 11-12/2004, S. 205)* hat den Antrag des Schülers auf Wiederherstellung der aufschiebenden Wirkung seines Widerspruchs abgewiesen:

»Nun stellt allerdings die von einem zwölfjährigen Gymnasiasten gegenüber einem Mitschüler ausgesprochene Drohung, »diesen zu verschlagen bis Blut fließt«, nicht schlechthin ein schweres Fehlverhalten dar. Zwar sollten Gewalt und drohen mit Gewalt nicht zu den Verhaltensmustern eines Gymnasiasten gehören. Gleichwohl können Rangeleien unter zwölfjährigen Jungen ohne Hinzutreten besonderer Umstände nicht als »schweres« Fehlverhalten qualifiziert werden. Anders verhält es sich jedoch – wie hier –, wenn qualifizierende Umstände hinzukommen aufgrund derer die Drohung mit Gewalt und das in Aussicht gestellte Maß der Gewaltanwendung sowohl was die Wahrscheinlichkeit der Gewaltanwendung als solche, als auch die Schwere der beabsichtigten Verletzungen betrifft, bei objektiver Betrachtungsweise ernst genommen werden muss. So liegt es hier.

Nach der Zusammenstellung der Klassenlehrerin des Schülers hat er am 12.05. einen Mitschüler geschlagen, im gleichen Schuljahr einer Mitschülerin ein Bein gestellt, dass diese sich am Knie verletzte, am 11.09. wiederum einen Schüler ohne Grund geschlagen und schließlich am 30.09. zwei Schüler mit seiner Fahrradkette und Schloss sowie dem Taschenmesser eines Freundes bedroht. Vor allem letzteres lässt befürchten, der Antragsteller werde möglicherweise Hilfsmittel einsetzen, um die am 17.10. ausgesprochene Drohung zu verwirklichen. Die Neigung des Schülers, Gewalt einzusetzen, lässt daher seine Drohung vom 17. 10. 2003 als ernstlich erscheinen und die in Aussicht gestellt körperliche Verletzung des Mitschülers als schwerwiegenden Eingriff in dessen körperliche Unversehrtheit und Gesundheit. Die Drohung stellt somit ein schweres Fehlverhalten dar. Das Fehlverhalten gefährdet auch die Erfüllung der Aufgabe der Schule, denn diese hat auch die Verpflichtung, Schüler vor Gewalt durch Mitschüler zu schützen. Dass der bedrohte Schüler die Drohung ernst genommen hat, zeigt sich daran, dass er aus Angst sich von seiner Mutter an der Schule hat abholen lassen.«

Zur Berücksichtigung generalpräventiver Gesichtspunkte, also der abschreckenden Wirkung auf die Mitschüler, führt das Verwaltungsgericht Mainz → *(Az.: 6 L 716/02.MZ; SchulRecht 11-12/2004, S. 206)* aus, es sei nicht zu beanstanden, wenn die Schule angesichts der allseits beklagten zunehmenden Gewaltbereitschaft in kleinen Teilen der Schülerschaft bei einem konkreten Gewaltakt zur allgemeinen Abschreckung ein deutliches Zeichen in Form einer spürbaren Ordnungsmaßnahme setze.

132 **F** Das Butterflymesser

Ein Schüler, der das Berufsvorbereitungsjahr besucht, bringt ein feststehendes Messer (Butterflymesser) und eine Schreckschusspistole mit in die Schule. Den Vorwurf, mit der Schreckschusspistole aus dem Fenster geschossen zu haben, bestreitet er. Die Schule schließt ihn daraufhin für 10 Tage bis zum Ende des 1. Schulhalbjahres vom Unterricht aus und ordnet die sofortige Vollziehung an.

Das Verwaltungsgericht Göttingen → *(Az.: 4 B 4012/98; SchulRecht 9/ 2001, S. 159)* hat den Antrag des Schülers auf Wiederherstellung der aufschiebenden Wirkung seines Widerspruchs abgelehnt:

»Sowohl der als Ordnungsmaßnahme gemäß § 61 Abs. 1 und 3 Nr. 4 NSchG ausgesprochene Unterrichtsausschluss selbst als auch die Anordnung der sofortigen Vollziehung dieser Maßnahme wurden von der gemäß § 61 Abs. 5 Satz 1 NSchG zuständigen Klassenkonferenz beschlossen ...

Die kurzfristige Einberufung der Klassenkonferenz war unter den gegebenen Umständen sachgerecht. Auch der zu der Konferenz nicht erschienene Schülervertreter war geladen worden. Nachdem festgestellt worden war, dass der Schüler am 7. 1. 1998 ein Butterflymesser und eine Schreckschusspistole mit in die Schule gebracht und nach Angaben von Mitschülern dort auch aus dem Fenster geschossen hatte, was der Schüler selbst gegenüber seiner Klassenlehrerin telefonisch bestätigt haben soll, hatte der Schulleiter bereits im Wege einer Eilmaßnahme den Unterrichtsausschluss angeordnet. Es war deshalb geboten, die Klassenkonferenz sobald wie möglich mit der Angelegenheit zu befassen. Dies rechtfertigte die Ladung unter Abkürzung von Ladungsfristen ...

Die Voraussetzungen des § 61 Abs. 2 Nds. Schulgesetz, der Ordnungsmaßnahmen zulässt, wenn Schüler ihre Pflichten grob verletzen, liegen ebenso vor wie die des § 61 Abs. 4 Satz 1 NSchG, wonach u. a. ein Ausschluss vom Unterricht bis zu drei Monaten gemäß § 61 Abs. 3 Nr. 4 NSchG nur erfolgen darf, wenn der Schüler durch den Schulbesuch die Sicherheit von Menschen ernstlich gefährdet oder den Unterricht nachhaltig und schwer beeinträchtigt hat.

Die Kammer sieht allein deshalb, weil der Schüler entgegen dem sog. Waffenerlaß und dem damit weitgehend übereinstimmenden Punkt 10 der Schulordnung der Schule ein feststehendes Messer (Butterflymesser) und eine 8 mm-Schreckschußpistole mit in den Unterricht gebracht hat, eine solche ernstliche Gefährdung als gegeben an. Es spricht im Übrigen bei summarischer Prüfung auch viel dafür, dass der Schüler mit der Schreckschusspistole aus dem Fenster geschossen hat. Dass er dies jetzt abstreitet, wertet die Kammer als Schutzbehauptung. Die vom Schüler hierzu beigebrachten Bestätigungen zweier Mitschüler, sie hätten sich zum besagten Zeitpunkt um 9.00 Uhr in der Schule mit dem Schüler in der Klasse unterhalten, und es sei nicht geschossen worden, sind wenig aussagekräftig, weil hierdurch nicht ausgeschlossen wird, dass bis 8.59 Uhr einschließlich und ab 9.01 Uhr geschossen worden ist.

Selbst wenn aber der Schüler tatsächlich nicht geschossen haben sollte, so rechtfertigt auch das Mitbringen der Schreckschusspistole und des Butterflymessers die Bewertung dieses Verhaltens als grobe Pflichtverletzung i. S. v. § 61 Abs. 2 NSchG, die zugleich eine ernstliche Gefährdung der Sicherheit von Menschen bedeutet. Es besteht ein hohes Risiko, dass solche mitgebrachten Gegenstände, sei es auch bloß aus Imponiergehabe, benutzt werden und hierdurch Mitschüler oder Lehrer verletzt werden können.

Die Ermessensausübung der Schule ist ebenfalls nicht zu beanstanden. Insbesondere bedurfte der Ausschluss vom Unterricht nicht einer konkreten vorherigen Androhung durch die Schule, und auch die Dauer des Unterrichtsausschlusses ist für die pädagogische Ahndung des pflichtwidrigen Verhaltens des Schülers nicht überzogen ...

Darüber hinaus ist es auch nicht zu beanstanden, dass die Schule belegtes Fehlverhalten des Schülers an der zuvor besuchten Hauptschule und dort ergriffene Ordnungsmaßnahmen in ihre Überlegungen hat einfließen lassen. Auch an der Hauptschule ist der Schüler einschlägig, nämlich durch das Versprühen von CS-Gas auf der Jungentoilette, aufgefallen. Mit Bescheid vom 22. 2. 1996 der Hauptschule war dem Schüler u. a. wegen dieses Versprühens von Reizgas der Ausschluss vom Unterricht angedroht worden.

Die von der Schule angestellten Erwägungen zur Dauer des Unterrichtsausschlusses halten einer rechtlichen Prüfung ebenfalls stand. Angesichts der Schwere des Verstoßes war es berechtigt, einen zeitlich spürbaren Ausschluss vom Unterricht auszusprechen. Dabei hat sich die Schule auch mit den Folgen dieses Ausschlusses auseinandergesetzt und berücksichtigt, dass der Schüler zum Ende des Schulhalbjahres Klassenarbeiten nicht versäumen würde und dass er aufgrund seines Leistungsbildes zum Aufholen des versäumten Unterrichtsstoffes in der Lage sein wird.«

133 **F Die sexuellen Übergriffe**
Ein Grundschüler hat Mitschülerinnen wiederholt »zwischen die Beine gefasst«. Die Schule schließt ihn daraufhin für 14 Unterrichtstage vom Unterricht und sonstigen Schulveranstaltungen auf der Grundlage einer Norm aus, die einen Unterrichtsausschluss bis zu zwei Wochen vorsieht und ordnet die sofortige Vollziehung an..

Das Verwaltungsgericht Minden → *(Az.: 2 L 89/00; SchulRecht 11-12/ 2003, S. 15 f)* hat einen Unterrichtsausschluss für zwei Kalenderwochen als rechtmäßig beurteilt, die aufschiebende Wirkung des Widerspruchs aber wiederhergestellt, soweit der Schüler für einen längeren Zeitraum ausgeschlossen wurde:

»Angesichts des wiederholten Fehlverhaltens, der Erfolglosigkeit der vorherigen Versuche, den Schüler zur Einsicht und Besserung zu bewegen, und wegen der Schwere des Fehlverhaltens war der vorübergehende Ausschluss vom Unterricht und den sonstigen Schulveranstaltungen eine angemessene Reaktion. Die Überweisung in eine parallele Klasse als vermeintlich mildere Maßnahme kam schon deshalb nicht in Betracht, weil der Schüler seine Übergriffe auch in der Vergangenheit nicht auf Klassenkameradinnen beschränkt hatte. Zudem war nicht damit zu rechnen, dass der Schüler durch diese Maßnahme ebenso nachhaltig zu beeindrucken gewesen wäre. Im Übrigen dürfte das Fehlverhalten des Schülers – weil schwer und wiederholt – ... die Verhängung noch schwerwiegender Ordnungsmaßnahmen rechtfertigen, was seinerseits für eine Verhältnismäßigkeit der umstrittenen Ordnungsmaßnahme spricht.

Allerdings sehen (die gesetzlichen Regelungen des Landes, d.Verf.) lediglich den Ausschluss von bis zu zwei Wochen vor. Über diese zeitliche Höchstgrenze geht die angefochtene Ordnungsmaßnahme hinaus. Denn mit dem in den zitierten Normen enthaltenen Begriff der Woche ist die allgemeine Kalenderwoche gemeint. Dies ergibt sich mangels spezialgesetzlicher Regelungen aus der in § 31 Abs. 1 VwVfG NRW enthaltenen Verweisung auf die allgemeinen Fristbestimmungen des Bürgerlichen Gesetzbuches (vgl. §§ 187 bis 193 BGB). Sollte der Schüler aber vom 24.1. an vom Unterricht und den sonstigen Schulveranstaltungen ausgeschlossen sein, so endet die »Zwei-Wochen-Frist« mit dem Ablauf des 6.2. Für einen weiterreichenden Ausschluss fehlte der Schule mithin die Rechtsgrundlage.«

F **Die Klassenfahrtvorbereitung** 134

Ein Schüler der Klasse 10 einer Realschule hat während einer Klassenfahrt Haschisch geraucht, eine so genannte »Wasserpfeife« für diesen Zweck vor der Klassenfahrt beschafft und vor der Fahrt für sich und andere Klassenkameraden Haschisch besorgt. Er wurde für zwei Wochen vom Unterricht ausgeschlossen. Weiter wurde ein Hausverbot für das gesamte Schulgelände des Schulzentrums ausgesprochen und die Überweisung in eine andere Schule mit gleichem Bildungsabschluss bei weiteren Verstößen gegen die Hausordnung angedroht. Zusätzlich wurde er verpflichtet, eine Drogenberatungsstelle aufzusuchen.

Das Schleswig-Holsteinische Verwaltungsgericht → *(Az.: 9 B 106/01; SchulRecht 11-12/2004, S. 206 f)* hat die Wiederherstellung der aufschiebenden Wirkung des Widerspruchs abgelehnt: »Die Bewertung, das Vorgehen des Schülers aufgrund der Vorbereitungshandlungen für sich und andere als schweres Fehlverhalten zu gewichten, ist nicht willkürlich. Ein Verstoß gegen den Verhältnismäßigkeitsgrundsatz kann im vorliegenden Falle ebenfalls nicht bejaht werden, da sich die Maßnahme insgesamt am Erziehungsauftrag der Schule orientiert, zu dem es auch gehört, gerade im Interesse aller Schüler eine rechtzeitige und deutliche Maßregelung von Fehlverhalten vorzunehmen, damit dem einzelnen wie auch der Gemeinschaft bewusst gemacht wird, welches Verhalten nicht mehr als Bagatelle angenommen und toleriert wird und damit zugleich präventiv im Hinblick auf mögliche weitere (ggf. gravierendere) Verstöße zu wirken.« (Zum Ausschluss von einer Klassenfahrt ohne Ordnungsmaßnahme s. RdNr. 127)

135 **F Der Regelverletzer**
Ein Schüler einer 10. Klasse wird von der Teilnahme an einer mehrtägigen Klassenfahrt ausgeschlossen, da er über einen Zeitraum von sieben Monaten in 21 Fällen – zum Teil erheblich – verspätet zum Unterricht erschienen ist bzw. diesen versäumt hat. Außerdem lassen mehrere Vorfälle der jüngsten Vergangenheit auf ein Unvermögen des Schülers schließen, Entscheidungen und Anordnungen der Lehrkräfte zu akzeptieren, ohne in unbeherrschter Weise zu reagieren.

Das Verwaltungsgericht Leipzig → *(Az.: 4 K 417/001; SchulRecht 6-8/ 2001, S. 129)* hat den Antrag des Schülers auf Wiederherstellung der aufschiebenden Wirkung seines Widerspruchs abgelehnt:

»Ein solches (im Sachverhalt geschildertes) Verhalten, dessen Wiederholung in ähnlicher Form befürchtet werden muss, kann bei einer mehrtägigen Klassenfahrt, die zudem im vorliegenden Fall in eine ausländische Großstadt führt, nicht hingenommen werden. Denn eine derartige Fahrt, die an die beteiligten Lehrkräfte erhöhte pädagogische Anforderungen stellt, verlangt von den Schülern besondere Disziplin und erfordert zu ihrer sicheren Durchführung das unbedingte Einhalten von Absprachen wie von vereinbarten Treffpunkten und Uhrzeiten für gemeinsame Veranstaltungen. Unter Berücksichtigung aller Umstände ist nicht zu erwarten, dass der Schüler diesen Anforderungen gerecht werden würde.

Der Schüler kann auch nicht mit Erfolg geltend machen, das ihm vorgeworfene Verhalten sei altersbedingt und bei anderen Schülern, die nicht von der Klassenfahrt ausgeschlossen worden seien, gleichfalls anzutreffen. Denn wenn auch ein entwicklungsbedingt problematisches Verhalten als für die Altersgruppe des Schülers nicht untypisch erscheint, sind im vorliegenden Fall keine konkreten Anhaltspunkte dafür ersichtlich, dass andere Schüler vergleichbare Verhaltensauffälligkeiten aufwiesen. Eine wegen Verstoßes gegen den Gleichheitssatzfehlerhafte Ermessensausübung ist daher nicht zu erkennen.«

F **Die Klassenfahrt in weiter Ferne**

Während der Abschlussfeier nach einem Schüleraustausch verließen eine Schülerin der 9. Klasse eines Gymnasiums, eine Mitschülerin, drei Schülerinnen der Realschule und ein französischer Schüler die Feier und rauchten außerhalb des Gebäudes eine Haschischzigarette. Die Schülerin hatte das Haschisch bzw. eine Substanz, von der sie gemeint habe, es handele sich um Haschisch, von einem ehemaligen Schüler geschenkt erhalten. Diesen Vorfall teilten französische Lehrkräfte der Schule mit. Die Klassenkonferenz beschloss einstimmig, die Schülerin von der etwa in einem Jahr in der 10. Jahrgangsstufe stattfindenden Klassenfahrt nach München auszuschließen und ihr die Überweisung an eine andere Schule derselben Schulform anzudrohen.

Das Verwaltungsgericht Hannover → *(Az.: 6 B 2212/02; SchulRecht 10/2004, S. 184 f)* hat die Schule verpflichtet, die Schülerin an der Klassenfahrt teilnehmen zu lassen:

»Die Schülerin hat in erheblichem Maße ihre Pflichten dadurch verletzt, dass sie Haschisch oder zumindest eine Substanz konsumiert hat, von der sie angenommen hat, es handele sich um Haschisch. ...

Dass nach § 29 Abs. 5 BtMG (Betäubungsmittelgesetz) von Strafe abgesehen werden kann, wenn der Täter lediglich Betäubungsmittel in geringer Menge zum Eigenverbrauch erwirbt oder besitzt, ändert an der Rechtswidrigkeit und damit auch an der Pflichtwidrigkeit dieses Verhaltens im Sinne von § 61 Abs. 1 NSchG nichts. Da auch der Versuch des Erwerbs oder des Verschaffens von Betäubungsmitteln strafbar ist, verletzt ein Schüler auch dann seine Pflichten, wenn er sich – wie von der Schülerin nunmehr behauptet – eine Substanz verschafft, von der er annimmt, es handele sich um Haschisch.

Das Verhalten der Schülerin hat auch einen hinreichenden schulischen Bezug gehabt. ... Daß ein solcher Vorgang, den im Übrigen nach den vorliegenden Unterlagen (Strafanzeige der Schule) französische Lehrkräfte bemerkt und der Schule mitgeteilt haben, einen erheblichen negativen Einfluss auf die Schulpartnerschaft haben kann, ist offenkundig und bedarf an sich keiner weiteren Erläuterungen. Nach dem Vorbringen der

Schule hat im Übrigen der Vorfall die Schulpartnerschaft auch tatsächlich erheblich belastet.

Die Schule hat aber das ihr auch im Rahmen des § 61 Abs. 1 NSchG zustehende Ermessen nicht fehlerfrei betätigt. Sie hat insbesondere nicht dargelegt, dass die Schülerin immer noch der im Ausschluss von der Klassenfahrt liegenden pädagogischen Einwirkung bedarf. Sinn und Zweck der nach § 61 Abs. 1 NSCG zugelassenen Erziehungsmittel ist es, den Schüler durch einen spürbaren Denkanstoß nachhaltig zur Erfüllung der Pflichten aufzufordern und eine nachhaltige Verhaltensänderung herbeizuführen. Dagegen ist es nach dem erkennbaren Zweck des § 61 Abs. 1 NSchG nicht Aufgabe eines Erziehungsmittels, den Schüler für sein Fehlverhalten zu bestrafen.

Der Bescheid der Schule und ihr Vorbringen in diesem Verfahren lassen nicht hinreichend erkennen, auf welche Weise der bereits vor etwa einem Jahr verfügte Ausschluss von der Klassenreise auf das Verhalten der Schülerin einwirken soll. Eine derartige Zielrichtung dieser Maßnahme ist nur dann anzunehmen, wenn die Schülerin durch Wohlverhalten nach dem Vorfall eine Teilnahme an der Klassenfahrt hätte erreichen können. Dies ist ihr im Bescheid der Schule jedoch nicht in Aussicht gestellt worden. Die Schule hat auch in der Folgezeit nicht erkennen lassen, dass die Schülerin bei einer durchgreifenden Verhaltensänderung an der Klassenreise teilnehmen kann. ... Der Zeitablauf seit dem Vorfall im Juni 2001 bis zur geplanten Klassenreise Ende Mai 2002 hätte ausreichend Gelegenheit geboten, das schulische Verhalten der Schülerin eingehend zu beobachten und zu würdigen. Die Schülerin hat dazu ausdrücklich vorgetragen, dass sie sich nach dem Vorfall im Juni 2001 einwandfrei verhalten und ihr Fehlverhalten auch vor der Klasse eingeräumt habe. ...

Um die durch schulische Erziehungsmittel anzuregenden Denkanstöße zu unterstützen und auf eine tiefgreifende Verhaltensänderung bei der Schülerin hinzuwirken, hätte es sich nach der Auffassung der Kammer auch angeboten, der Schülerin den Ausschluss von der Klassenreise anzudrohen. Dass eine solche Androhung eine Verhaltensänderung herbeiführen kann, hat die Schule hinsichtlich der Überweisung an eine andere Schule ausdrücklich angenommen. Davon hätte die Schule auch hinsichtlich eines Ausschlusses von der Klassenfahrt ausgehen können und müssen.«

F Der Unterrichtsausschluss des Grundschülers 136

Ein zehnjähriger Schüler würgt einen Mitschüler derart, dass dieser Schürfwunden und ein Hämatom am Hals er leidet. Innerhalb von vier Monaten, die diesem Vorfall vorausgingen, kam es zu folgenden Vorkommnissen: Ein Mitschüler fiel, als er von dem Schüler auf dem Schulhof gejagt wurde, auf einen Ast, sodass sein Ohr blutete. In derselben Woche verfolgte er diesen Mitschüler bis in die Toilettenräume, wobei dieser gegen die Tür prallte und anschließend mit der Stirn gegen die Heizung stieß. Bei einer anderen Gelegenheit schlug er auf einen Mitschüler ein, der zu Boden ging und keine Luft mehr bekam. Er zog ein Mädchen aus der zweiten Klasse an den Haaren, riss ihr die Mütze vom Kopf, warf diese in den Schmutz und trampelte darauf herum. Schließlich hat er einen Mitschüler, der während einer Auseinandersetzung wegen der heftigen Reaktion des Schülers weglaufen wollte, gewaltsam festgehalten, wobei der Anorak des Mitschülers zerriss.

In der Vergangenheit waren gegen den Schüler bereits ein mehrwöchiger Unterrichtsausschluss und die Überweisung in die parallele Klasse ausgesprochen worden. Die Schule sprach einen fünfwöchigen Unterrichtsausschluss bis zu den Osterferien aus und ordnete die sofortige Vollziehung an.

Das Verwaltungsgericht Göttingen → *(Az.: 4 B 4043/99; SchulRecht 9/ 2000, S. 158 f.)* wies den Antrag der Mutter auf Wiederherstellung der aufschiebenden Wirkung ihres Widerspruchs zurück:

»Auch in zeitlicher Hinsicht hat die Kammer keine Bedenken gegen den verfügten Unterrichtsausschluss. Ein Ermessensdefizit liegt nicht vor. Aus der Formulierung, dass diese Maßnahme unbedingt notwendig sei, um den Erziehungs- und Bildungsauftrag der Schule und den Schutz für die Mitschüler/innen und die Lehrkräfte sicherzustellen, ergeben sich auch die Erwägungen, die die Klassenkonferenz zu der Dauer des Unterrichtsausschlusses angestellt hat. Angesichts der Schwere des Fehlverhaltens war es berechtigt, einen zeitlich spürbaren Unterrichtsausschluss auszusprechen. Sachgerecht erscheint die Dauer bis zu den Osterferien insbesondere aber auch vor dem Hintergrund, dass alle Beteiligten sich in dieser Zeit darum bemühen, eine den pädagogischen Bedürfnissen des Schülers gerecht werdende Beschulung zu ermöglichen. Dabei scheinen sowohl die Mutter als auch der nicht sorgeberechtigte Vater ebenso wie die Lehrkräfte und ein Kinder- und Jugendpsychiater zusammenzuwirken. Schließlich bedeutet der Unterrichtsbeginn nach den Osterferien für alle Schülerinnen und Schüler die Wiederaufnahme des Unterrichts und bietet auch für den Schüler eine besondere Chance des Neuanfangs für den Rest der Grundschulzeit.

Soweit sich die Mutter darauf beruft, als alleinerziehende und berufstätige Mutter eine Unterrichtung ihres Sohnes nicht durchführen zu können, ist dieser Hinweis nicht geeignet, die sofortige Umsetzung des Unterrichtsausschlusses in Frage zu stellen. Der Umstand, dass ein vom Unterricht ausgeschlossener Schüler den versäumten Unterrichtsstoff allein bzw. mit Hilfe der Eltern oder durch von diesen beauftragte Dritte nacharbeiten muss, ist eine denknotwendige Konsequenz dieser Ordnungsmaßnahme. Die in diesem Zusammenhang bestehende Verpflichtung der Lehrer, dem Schüler dabei behilflich zu sein, erfüllt die Schule dadurch, dass sie der Mutter durch die Klassenlehrerin Aufgaben und Arbeitsblätter zweimal wöchentlich zur Verfügung stellt und erledigte Aufgaben zur Kontrolle entgegennimmt.«

137 Gelegentlich wird grundsätzlich bezweifelt, ob Ordnungsmaßnahmen in der Grundschule sinnvoll sind. Dabei wird übersehen, dass, wie auch der obige Fall zeigt, in der Grundschule die Notwendigkeit, die schulische Ordnung sowie die Rechte der Mitschüler und Dritter zu schützen, ebenso besteht wie an weiterführenden Schulen. Der Hinweis auf »pädagogisches Handeln« wirkt dabei gelegentlich hilflos und kann aufseiten der Schulen Hilflosigkeit erzeugen. Das gilt umso mehr als Ordnungsmaßnahmen immer pädagogische Überlegungen voraussetzen und gerade die Grundschulen in der Regel mit möglichen Ordnungsmaßnahmen sehr behutsam umgehen werden.

138 Die Verhältnismäßigkeit eines Unterrichtsausschlusses wie anderer Ordnungsmaßnahmen lässt sich nicht objektiv, sondern nur durch begründete Wertungen feststellen. Dabei kann es durchaus zu unterschiedlichen Entscheidungen etwa einer Schule und eines Gerichts kommen, die jeweils für sich durchaus nachvollziehbar sind. Kann sich ein Gericht der Wertung einer Schule im Wesentlichen, nicht aber in allen Einzelheiten anschließen, besteht im Rahmen eines Verfahrens des einstweiligen Rechtsschutzes auch die Möglichkeit, die schulische Maßnahme in abgeänderter Form wirksam werden zu lassen.

F **Der reduzierte Ausschluss**

Die Schülerin A trifft in Begleitung mehrerer Schüler auf dem Heimweg von der Schule im Stadtpark auf ihre Mitschülerin B und geht diese nach einer Zigarette an, worauf sie möglicherweise eine beleidigende Antwort erhält. Zwanzig Minuten später geht die Schülerin A in Begleitung einer anderen Schülerin, um die Mitschülerin B zu einer Bushaltestelle, um die dort wartende B »zur Rede zu stellen«. Als die B wortlos an A vorbeigehen will, hält A sie fest, worauf die Festgehaltene mit körperlicher Ge walt reagiert. Bei der sich daraus ergebenden tätlichen Auseinandersetzung hat die Schülerin A ihre Mitschülerin B auf den Rücken geschlagen, sie getreten und mit dem Ellenbogen gestoßen. Wegen früheren Fehlverhaltens war der Schülerin A zwei Monate vor diesem Vorfall ein Unterrichtsausschluss angedroht worden.

Die zuständige Konferenz schloss die Schülerin A für drei Wochen vom Unterricht aus und ordnete die sofortige Vollziehung an.

Das Verwaltungsgericht Freiburg → *(Az.: 2 K 1004/99; SchulRecht 1/2001, S. 11)* stellte die aufschiebende Wirkung des Widerspruchs wieder her, soweit der Unterrichtsausschluss die Dauer von zwei Wochen überstieg:

»Nachdem der Schülerin bereits ein befristeter Unterrichtsausschluss angedroht worden war und seither keine zwei Monate vergangen waren, war ein Unterrichtsausschluss der Schülerin als Reaktion auf ihr erneutes Fehlverhalten aller Voraussicht nach geeignet und auch erforderlich ... Bei der Auswahl des Ordnungsmittels durfte die Klassenkonferenz insbesondere auch berücksichtigen, dass die von der Schülerin in der Schule verbreitete Auffassung, die Schule könne ihr nichts machen, da der Vorfall außerhalb der Schule stattgefunden habe, bereits kurze Zeit später einen Nachahmer dazu veranlasst hatte, einem Mitschüler gegenüber zu äußern: »Hier (in der Schule) mach ich nix, sonst hab ich den Ärger. Ich erwisch dich am Bus« und diese Drohung dann auch verwirklicht hat.

Zu Recht weist das Oberschulamt auch darauf hin, dass die Schule bei ihrer Ermessensentscheidung berücksichtigen durfte, dass sich das Fehlverhalten der Schülerin bereits insoweit auf den Schulbetrieb ausgewirkt hatte, als der Vorfall bei anderen Schülern und Eltern zu erheblicher Verunsicherung geführt hatte ...

Insgesamt lässt sich damit bereits im vorliegenden summarischen Verfahren mit hinreichender Sicherheit feststellen, dass das Verhalten der Schülerin eine erhebliche Tendenz zur Geringschätzung der Rechte anderer sowie die mangelnde Bereitschaft zur Einordnung in den Schul- und Unterrichtsbetrieb erkennen lässt. In Anbetracht des Umstandes, dass die körperliche Auseinandersetzung jedoch zu keinen erheblichen Verletzungen geführt hat und insbesondere der Vorwurf, dass die Schülerin die Mitschülerin gewaltsam zur Herausgabe von Zigaretten zwingen wollte, den die Klassenkonferenz als versuchte räuberische Erpressung gewertet hat, bei summarischer Prüfung nicht mit hinreichender Gewissheit feststeht, hält die Kammer (des Verwaltungsgerichts) unter Abwägung aller Umstände einen Unterrichtsausschluss von mehr als zwei Wochen nicht mehr für verhältnismäßig. Insoweit dürfte der Widerspruch der Schülerin daher voraussichtlich Erfolg haben und zu einer Reduzierung der Dauer des Unterrichtsausschlusses führen ...

An der sofortigen Vollziehung eines zweiwöchigen Unterrichtsausschlusses besteht auch ein überwiegendes öffentliches Interesse. Zu Recht hat das Oberschulamt auf das Interesse des Schulfriedens verwiesen. Offenbar haben in letzter Zeit insbesondere verhaltensauffällige Schüler durch das Verhalten der Schülerin den Eindruck gewonnen, dass Tätlichkeiten außerhalb des Schulgeländes von der Schule nicht geahndet werden können. Auch dürfte der Zweck des Unterrichtsausschlusses als Erziehungs- und Ordnungsmaßnahme nur dann erreicht werden, wenn Fehlverhalten und Ordnungsmaßnahme in zeitnahem Zusammenhang stehen.«

3. Überweisung in eine parallele Klasse oder Lerngruppe

139 So groß die Unterschiede zwischen den Regelungen der Länder beim Unterrichtsausschluss sind, so gering sind sie bei der Überweisung in die parallele Lerngruppe.

Zuständig für diese Ordnungsmaßnahme ist die Konferenz der Lehrer der Schule oder der Schulleiter. Diese Zuständigkeitsregelung soll verhindern, dass Klassenkonferenzen sich auf dem Wege der Überweisung in die parallele Klasse schwierige Schüler gegenseitig zuweisen.

140 Bei der Überweisung in die parallele Klasse ist keine zeitliche Begrenzung vorgesehen, es handelt sich daher um eine dauerhafte Maßnahme. Eine zeitlich begrenzte Teilnahme am Unterricht der parallelen Klasse ließe sich, falls sie wegen eines bestimmten Fehlverhaltens sinnvoll

erscheint, allenfalls durch einen Unterrichtsausschluss verbunden mit der Verpflichtung, am Unterricht der Parallelklasse teilzunehmen, herbeiführen.

Die Schüler der Klasse, der ein Schüler zugewiesen wird, und deren Eltern haben keine rechtliche Grundlage zur Verhinderung dieser Zuweisung, da ihnen kein Rechtsanspruch auf eine bestimmte Zusammensetzung der Klasse zusteht.

Sollte es in der parallelen Lerngruppe ein anderes Fächer- oder Kursangebot geben, ist zu überprüfen, ob die Überweisung nicht mit unzumutbaren Belastungen verbunden ist. **141**

Typischerweise wird diese Maßnahme angeordnet, wenn der schädliche Einfluss eines Schülers auf seine Mitschüler so stark ist, dass er aus der Lerngruppe herausgenommen werden muss, oder wenn sich bestimmte Konfliktbeziehungen so verfestigt haben, dass andere Lösungen sich als erfolglos erwiesen haben oder nicht erfolgversprechend sind. Rechtswidrig wäre eine Überweisung in die parallele Lerngruppe, die den Schüler durch die Trennung von seinen bisherigen Mitschülern für ein Fehlverhalten bestrafen soll, das mit der Klassensituation in keinerlei Zusammenhang steht.

Wünschen die Eltern eines Schülers oder ein volljähriger Schüler die Überweisung in die Parallelklasse, handelt es sich nicht um eine Ordnungsmaßnahme, sondern um einen Antrag, über den der Schulleiter nach eigenem Ermessen auf der Grundlage pädagogischer und schulorganisatorischer Gesichtspunkte entscheidet. Auch ohne Antrag der Eltern kann der Schulleiter einen Wechsel der Lerngruppe aus schulorganisatorischen oder pädagogischen Gründen anordnen, muss dabei aber die entstehenden Belastungen für den Schüler in ein ausgewogenes Verhältnis zur Notwendigkeit der Maßnahme bringen. Vor allem darf es sich bei einer solchen Anordnung nicht um eine Umgehung der für Ordnungsmaßnahmen bestehenden rechtlichen Bindungen und Verfahren handeln → *(Staupe, S. 265)*. **142**

Die Überweisung eines Schülers in eine parallele Klasse durch den Schulleiter ist auch möglich, wenn der Schüler selbst kein Fehlverhalten gezeigt hat und die schulische Ordnung nicht gestört hat, die Eltern aber in erheblicher negativer Weise die Klassensituation beeinflusst haben. **143**

F Die querulatorischen Eltern

Die Eltern eines Schülers einer 2. Grundschulklasse haben das Verhalten der Klassenlehrerin mehrfach massiv kritisiert, wiederholt über einen Anwalt Dienstaufsichtsbeschwerden gegen sie erhoben, die von der Schulaufsicht zurückgewiesen wurden, und die Klassenlehrerin bei der Polizei angezeigt. Die Klassenlehrerin und Eltern anderer Kinder haben sich gegen dieses Verhalten der Eltern gewandt und schließlich ebenfalls anwaltlichen Beistand hinzugezogen. Offenbar wegen dieser Spannungen war die Klassenlehrerin wiederholt erkrankt. Nachdem mehrere Versuche, die Auseinandersetzungen gütlich beizulegen, gescheitert waren, setzte die Schulaufsicht schließlich den Schüler in die Parallelklasse um.

Nachdem das Verwaltungsgericht, mit der Begründung, der Maßnahme fehle die gesetzliche Grundlage, da es sich nicht um eine Ordnungsmaßnahme handle, die aufschiebende Wirkung des Widerspruchs der Eltern wiederhergestellt hatte, hat das Oberverwaltungsgericht Bremen → *(Az.: OVG 2 B 305/02; SchulRecht 2/2003, S. 28–31)* eine Wiederherstellung der aufschiebenden Wirkung abgelehnt:

»Die Versetzungsverfügung ist nicht ordnungsrechtlich, sondern pädagogisch begründet. Sie soll sicherstellen, dass die Schule ihren gesetzlichen Auftrag erfüllen kann. ... Ist die Erfüllung dieses Auftrags aufgrund einer andauernden tiefgreifenden Zerrüttung der Beziehungen zwischen Lehrern und Schülern, Lehrern und Eltern oder Eltern untereinander derart beeinträchtigt, dass eine den gesetzlichen Zielen entsprechende Erziehungsarbeit nicht mehr gewährleistet ist, ist die Schulbehörde nicht nur berechtigt, sondern sogar verpflichtet, die zur Sicherung ihres gesetzlichen Auftrages erforderlichen Maßnahmen zu treffen. Sie kann sich dafür auf den ihr generalklauselartig erteilten Bildungs- und Erziehungsauftrag berufen. ...

Die Versetzung des Schülers in eine Parallelklasse erscheint auch als eine erforderliche und verhältnismäßige Maßnahme zur Wiederherstellung des Schulfriedens. Ein milderes Mittel als die Trennung der am Streit Beteiligten kommt nicht in Betracht. Dagegen sprechen die zahlreichen erfolglosen Bemühungen um eine Beilegung der Differenzen.

Der Schulaufsicht kann nicht etwa entgegengehalten werden, sie hätte die Klassenlehrerin versetzen müssen. Es ist sachgerecht und nachvollziehbar, wenn die Schulaufsicht diesbezüglich darauf verweist, dass der Wechsel der Klassenlehrerin auf überwiegendes Unverständnis der übrigen Klasseneltern stoßen würde und dadurch die Spannungen unter der Elternschaft der Klasse nicht beigelegt würden, weil die den Unfrieden hervorrufende Konstellation unverändert bliebe.«

Diese Entscheidung ist grundsätzlich auch auf andere Bundesländer übertragbar. Ihr kommt besondere Bedeutung zu, da sie eine Lücke schließt, die in den – hoffentlich seltenen Fällen – entstehen kann, in denen die schulische Ordnung und die Rechte der am Schulleben Beteiligten nicht von Schülern, sondern ausschließlich von Eltern gestört werden und sich diese Störung durch einen Wechsel der Lerngruppe beseitigen lassen. Ist in solchen Situationen der Wechsel der Lerngruppe kein erfolgversprechendes Mittel, sollte die Schule prüfen, ob mit anderen Mitteln wie persönlichen Gesprächen nur noch in Anwesenheit anderer Kollegiums- oder Schulleitungsmitglieder, der Verweigerung oder des Abbruchs von unzumutbaren Gesprächen bis hin zu einem Hausverbot in dramatischen Fällen eine Sicherung der schulischen Ordnung möglich ist.

F Der Grundschulberserker   144

Ein Grundschüler malträtiert eine Mitschülerin (durch Haareziehen, Schubsen und Faustschläge in den Magen) und verletzt danach die mittlerweile wehrlos auf dem Sofa Liegende weiter, indem er ihr ein Buch auf den Kopf schlägt und mehrfach mit den Ecken in die Rippen stößt. Die Schülerin musste vom Notarzt in ein Krankenhaus eingeliefert werden und dort stationär verbleiben. Der Schüler hat bisher in weiteren Fällen und in ähnlicher Weise keine Mitschüler misshandelt. Der Schüler behauptet, von der Mitschülerin seit geraumer Zeit provoziert und beleidigt worden zu sein, ohne dass die Lehrkräfte trotz seiner Bitten eingeschritten wären. Die Schule überweist ihn mit sofortiger Wirkung in die Parallelklasse.

Das Verwaltungsgericht Braunschweig → *(Az.: 6 B 93/09; SchulRecht 1-2/2010, S. 11 f)* hat den Antrag auf Gewährung vorläufigen Rechtsschutzes abgelehnt: »Für die Feststellung einer groben Verletzung von Schülerpflichten ist unerheblich, ob der Schüler seinem Alter nach strafrechtlich zur Verantwortung gezogen werden kann. Auch die Gewaltanwendung durch Strafunmündige beeinträchtigt grundsätzlich die

Unterrichts- und Erziehungsarbeit an der Schule und verlangt von dieser daher auch mit Blick auf ihren Bildungs- und Erziehungsauftrag eine spürbare Reaktion. Nach diesen Maßstäben ist hier eine grobe Pflichtverletzung gegeben.

Es gibt gegenwärtig zwar keine hinreichenden Anhaltspunkte dafür, dass der Schüler in weiteren Fällen und in ähnlicher Weise Mitschüler misshandelt hat. Auch wenn es erst in einem einzigen Fall zur Ausübung körperlicher Gewalt gegen eine Mitschülerin gekommen ist, kann jedoch eine grobe Verletzung der Schülerpflichten anzunehmen sein. Dies ist insbesondere dann der Fall, wenn die Gewaltausübung nach den Umständen der Tat und den drohenden Folgen derart schwer wiegt, dass die Unterrichts- und Erziehungsarbeit an der Schule schon durch diesen (bislang einmaligen) Vorfall beeinträchtigt ist. So ist es hier.

Damit die Schulen ihren Bildungs- und Erziehungsauftrag erfüllen können, ist es erforderlich, dass sie gegen die Anwendung körperlicher Gewalt zwischen den Schülern konsequent vorgehen. ... Eine angst- und gewaltfreie Atmosphäre ist nicht nur für eine geordnete Unterrichtsarbeit an der Schule notwendig. Eine von Furcht vor Gewalttätigkeiten geprägte Atmosphäre gefährdet auch die Entwicklung der Schüler zu freien und selbstbestimmten Persönlichkeiten. Die Schulen sind darüber hinaus schon aufgrund ihres Bildungsauftrags (§ 2 Abs. 1 NSchG) dazu verpflichtet, konsequent gegen Gewalttätigkeiten vorzugehen ...

Im Übrigen ist es rechtlich nicht zu beanstanden, dass die Schule mit der Maßnahme das Ziel verfolgt, eine weitere gemeinsame Beschulung des Schülers und der durch ihn verletzten Mitschülerin in derselben Klasse zu verhindern.«

Das Oberverwaltungsgericht Nordrhein-Westfalen → *(Az.: 19 B 246/ 96; SchulRecht 10/2000, S. 179)* hat die Überweisung einer Schülerin in die parallele Klasse bestätigt, weil die Schülerin als Hauptverursacherin und meinungsbestimmende Persönlichkeit schulische und außerschulische Schikanen eines Mitschülers durch eine Schülergruppe zu verantworten hatte.

F **Der Angriff auf den Lehrer** **145**

Ein Schüler einer berufsbildenden Schule hat auf die Aufforderung des Lehrers, nach Beginn der Unterrichtsstunde die Sozialkundesachen vom Tisch zu räumen und mit dem Englischunterricht zu beginnen, mit beleidigenden Äußerungen und auf die Aufforderung, den Unterrichtsraum zu verlassen, gar nicht reagiert. Nachdem der Lehrer ihm die Sozialkundematerialien weggenommen hatte, ist der Schüler laut fluchend hinter ihm hergekommen, woraufhin der Lehrer sich entschloss, die Situation außerhalb des Klassenraumes zu deeskalieren. Als er die Tür öffnete, verspürte er einen dumpfen Schlag gegen die Schulter. Der Schüler hatte sich mit voller Wucht von hinten gegen ihn und mit der linken Hand gegen die Tür geworfen, um ihn am Verlassen des Raumes zu hindern.

Die Schule wies den Schüler mit sofortiger Wirkung einer parallelen Lerngruppe zu.

Das Verwaltungsgericht Berlin → *(Az.. 3 A 1093.08; SchulRecht 1-2/ 2011, S. 9)* hat den Antrag des Schülers, die aufschiebende Wirkung seines Widerspruchs gegen die Ordnungsmaßnahme wiederherzustellen, abgelehnt: »Soweit der Schüler geltend macht, er habe den Lehrer nicht verletzen wollen, kommt es hierauf nicht an.« Versucht ein Schüler, einen Lehrer mit Gewalt am Verlassen des Klassenraumes zu hindern, ist es dem Lehrer nicht mehr zuzumuten, den Schüler zu unterrichten.

4. Androhung der Überweisung in eine andere Schule

Die Androhung der Überweisung in eine andere Schule bzw. der Entlas- **146** sung von der Schule wird gelegentlich als schwache Maßnahme angesehen, da sie keine unmittelbaren Konsequenzen für den Schüler hat.

»Sie bringt (aber) wegen ihrer Formalisierung und Ausgestaltung als eigenständige Ordnungsmaßnahme im Gegensatz zu einem bloßen warnenden deklaratorischen Hinweis, eine Verhaltensmißbilligung in schärfster Form zum Ausdruck, verbunden mit der Wertung, dass bei Wiederholung derartigen Fehlverhaltens kein Raum mehr für eine positive Einflussnahme auf den Schüler gesehen, sondern nur noch die absolute Negativsanktion des Schulausschlusses in Betracht gezogen wird.« → *(VGH Baden-Württemberg, Az.: 9 S 1303/92; SPE 154 Nr. 6).*

Vor einer Überweisung ist die Androhung sorgfältig zu prüfen. Im Regelfall muss sie einer Überweisung vorausgehen. »Die Formulierung »muss in der Regel« ist dahin zu verstehen, dass diese Androhung in begründeten Ausnahmefällen unterbleiben kann. An eine solche Ausnahme sind ... strenge Anforderungen zu stellen« → *(OVG Nordrhein-Westfalen, Az.: 19 B 2087/99; SchulRecht 3/2002, S. 61)*. Die Androhung der Entlassung führt nicht dazu, dass in der Folgezeit jedes Fehlverhalten des Schülers die Entlassung von der Schule rechtfertigt. Aufgrund der schwerwiegenden Folgen der Entlassung für den Schüler und der Warnfunktion der Androhung muss auch nach erfolgter Androhung ein weiteres nicht unerhebliches Fehlverhalten des Schülers vorliegen, das nicht von ganz anderer Art sein darf als das Fehlverhalten, das Anlass für die Androhung war, um eine Entlassung zu rechtfertigen.

Die Androhung der Entlassung gegenüber einem Schüler der 13. Jahrgangsstufe, auf dessen privater Homepage die Schule verschiedene, teils vom Schüler selbst, teils von Dritten stammende Einträge gefunden hatte, die für den Fall des Todes eines Mitschülers ein Fest in Aussicht stellten,beleidigende Bemerkungen über die Mutter des Mitschülers enthielten und mögliche Angriffe auf die Schulleitung mit einer automatischen Waffe zum Gegenstand hatten, hat der Bayerische Verwaltungsgerichtshof bestätigt und zugleich angedeutet, auch eine Entlassung wäre möglicherweise rechtmäßig gewesen → *(Az.: 7 CS 02.875; SchulRecht 9/2004, S. 155 f)*.

Von einer Androhung kann abgesehen werden, wenn sie ihr Ziel, den Schüler ein letztes Mal zu warnen und von Fehlverhalten abzuhalten, wegen der Schwere des Fehlverhaltens oder der Uneinsichtigkeit des Schülers offensichtlich nicht erreichen kann.

147 Schwerwiegende Fälle, die eine Androhung überflüssig machen und zur sofortigen Überweisung an eine andere Schule berechtigen, nimmt die Rechtsprechung vor allem bei Rauschgifthandel, Erpressung, erheblicher Gewalttätigkeit oder tätlichen Angriffen auf Lehrer sowie schwerwiegenden Beleidigungen von Lehrern an.

Eine Ausnahme von der vorherigen Androhung ist zulässig, wenn das Fehlverhalten des Schülers und die Beeinträchtigung des Bildungs- und Erziehungsauftrags der Schule gewichtig sind, wie z. B. beim Konsum von Marihuana und dem Erleichtern von Kontakten der Mitschüler zur Drogenszene, und durch die Schule verdeutlicht werden soll, dass der Umgang mit Rauschgift im Verantwortungsbereich der Schule sofort wirksam und dauerhaft unterbunden werden soll → *(Bayerischer Verwaltungsgerichtshof, Az.: 7 CS 02.776; SchulRecht 6-8/2004, S. 133 f).*

Haben Warnungen unterschiedlicher Art und Intensität einen Schüler nicht davon abhalten können, seine Verstöße gegen die schulische Ordnung, zu denen auch der Konsum von Rauschmitteln auf dem Schulgelände gehörte, kontinuierlich auszuweiten und zu steigern, ist die Androhung der Entlassung entbehrlich, da mit Hilfe ihrer Warnfunktion ein wirksamer Rechtsgüterschutz nicht gewährleistet werden kann → *(Verwaltungsgericht Koblenz, Az.: 7 L 1541/04.KO; SchulRecht 2/ 2005, S. 36 f).*

Diese Ausführungen der Gerichte zeigen, dass bei der Prüfung der Verhältnismäßigkeit der Verweisung in eine andere Schule bzw. der Entlassung von der Schule und einem eventuellen Verzicht auf die vorherige Androhung die Umstände des Einzelfalles ausschlaggebend sind. Drogenkonsum und -handel sind aber grundsätzlich als sehr schwerwiegendes Fehlverhalten anzusehen.

F Verunglimpfung einer Lehrerin im Internet

Ein Mitschüler des dreizehnjährigen Schülers S. erstellte als Admin 1 die Internetseite »anti-o.de«. Frau 0 ist eine Lehrerin, deren Verächtlichmachung die Seite zu dienen bestimmt war. Die Internetseite trägt die Überschrift »GO TO HELL 0« und beginnt mit den Worten: »Wir müssen gemeinsam die Erde und unsere Zukunft vor diesem Virus retten. Darum bitte ich euch die HP an alle Leute weiterzuschicken, die diese kanacke auslöschen wollen!!!!« Im folgenden Text schließt sich an die Frage »Sacht ma wie ihr dieses Jägermeister saufende Geschöpf findet!« ein auf Frau O bezogener Fragenkatalog an, der für jede Frage mehrere Antworten vorsieht und jeweils mit der Aufforderung »Zeig's der Fotze« endet. F gab die Seite mit Passwort an den S. weiter, damit dieser sie verbessere. S. veränderte daraufhin als sog. Admin 2 den Rahmen der Seite. Ferner fügte er hinzu: »Nein, was hatten wir nur da wieder für einen Geniestreich!« und »Probleme mit du weißt schon wem? Falls ihr irgendeinen Tipp habt, was wir noch schreiben sollen, schreibt es hier rein!« Die Schule beschloß daraufhin gegen den Mitschüler und S. die Androhung der Entlassung von der Schule, gegen die der Mitschüler keinen Rechtsbehelf einlegte. Die Eltern des S. legten dagegen gegen den ausdrücklichen Wunsch ihres Sohnes Widerspruch ein.

Das Verwaltungsgericht Düsseldorf → *(Az.: 18 K 2667/07; SchulRecht 7-8/2008, S. 81 f.)* hat die Klage abgewiesen: »Der Inhalt der Internetseite ist in extremem Ausmaß geschmack-, distanz- und schamlos. Unerheblich ist, ob und ggfs. welche strafrechtlichen Normen durch seine Anfertigung und Veröffentlichung erfüllt sein könnten. Hierauf kommt es nicht an, weil es vorliegend nicht um Deliktsrecht, sondern um von strafrechtlichem Inhalt unabhängiges schulisches Ordnungsrecht geht. Es handelt sich um ein Pamphlet übelster Art und Sorte, das wegen seines extrem herabwürdigenden Inhalts die Autorität und die Persönlichkeitsrechte der angegriffenen Lehrerin in geradezu unerträglicher Weise verletzt hat. Es kommt auch nicht darauf an, ob diese Lehrerin eventuell Anlass für die behauptete Unzufriedenheit gegeben hat. Denn kein Fehlverhalten eines Lehrers rechtfertigt, dass seine vom Grundgesetz geschützten, unantastbaren Persönlichkeitsrechte in einer solchen unerträglichen Weise verletzt werden.

Die Übergriffe sind dem Schüler auch zuzurechnen. Denn er hat den Rahmen der Seite verändert, also aktiv an deren Gestaltung mitgewirkt, anstatt ihre Veröffentlichung zu verhindern. Er hat sich zudem durch die zweimalige Verwendung des Wortes »wir« im Zusammenhang mit der Veröffentlichung der Internetseite auch deren Inhalt zu eigen gemacht und darüber hinaus weitere Aktivitäten angekündigt.

Die Androhung der Entlassung ist auch verhältnismäßig und zudem auch im übrigen angemessen. Angesichts des massiven Fehlverhaltens dürfte hier auch eine Entlassung von der Schule ohne vorherige Androhung in Betracht zu ziehen gewesen sein. ... Infolgedessen ist die mildere Maßnahme, nämlich die Androhung der Entlassung von der Schule, ohne weiteres angebracht und nicht zu beanstanden.«

Eine Androhung der Entlassung kann auch wiederholt ausgesprochen werden. Der Verhältnismäßigkeitsgrundsatz verbietet ein schematisches Vorgehen. Es gilt daher weder das Prinzip, dass auf eine Androhung stets eine Entlassung folgen müsse, noch der Grundsatz, die Androhung sei bei einmaliger Aussprache verbraucht und dürfe nicht erneut ausgesprochen werden. Das gilt insbesondere, wenn es sich um zwei unterschiedliche Fehlverhaltensweisen handelt → *(s. Thomas Böhm: Die zweimalige Androhung der Entlassung. In: SchulRecht 5-6/2009, S. 52).*

F Der Schlag gegen die Lehrerin   148

Eine Realschule schließt einen Schüler der 6. Klasse ohne vorherige Androhung vom weiteren Besuch dieser Schule aus, da der Schüler, der häufig gegen die schulische Ordnung verstößt, anderen Schülern gedroht hat, sie zusammenzuschlagen, falls er von der Schule fliege. Die Versuche der anwesenden Lehrerin, den Schüler zur Ordnung zu rufen, scheiterten. Vielmehr steigerte der Schüler sein ohnehin bereits aggressives Verhalten und schlug die Lehrerin. Einige Schüler gratulierten ihm im Nachhinein zu dem Angriff auf die Lehrerin. Nach Einschätzung der Schule seien die gegenüber den Schülern der Klasse 6 ausgesprochenen Drohungen ernst zu nehmen, da der Schulleitung bekannt sei, dass bei der Staatsanwaltschaft X ein Verfahren wegen versuchter räuberischer Erpressung gegen den Schüler anhängig sei.

Das Verwaltungsgericht Freiburg → *(Az.: 2 K 1642/03; SchulRecht 1/ 2004, S. 5–8)* hat den Antrag des Schülers auf Wiederherstellung der aufschiebenden Wirkung seines Widerspruchs abgelehnt. Der Verwaltungsgerichtshof Baden-Württemberg → *(Az.: 9 S 2277/03; SchulRecht 1/2004, S. 5–8)* hat die gegen diese Entscheidung erhobene Beschwerde zurückgewiesen:

»Eine ernstliche Gefahr für die Unterrichtung der anderen Schüler ist insbesondere dann gegeben, wenn der Verbleib des Schülers den Schulfrieden so beeinträchtigen würde, dass die Aufrechterhaltung eines geordneten Schulbetriebs nicht mehr gewährleistet werden könnte. Dies ist vorliegend der Fall, denn tätliche Angriffe auf Lehrer stellen eine erhebliche Beeinträchtigung des Schulfriedens dar. ... Besonderes Gewicht hat das Verhalten des Schülers noch dadurch, dass er zunächst seinen Mitschülern mit Tätlichkeiten gedroht hat und sodann nicht davor zurückgeschreckt ist, diese Drohung vor der gesamten Klasse sogar gegenüber einer Lehrerin in die Tat umzusetzen. Welche negative Vorbildwirkung das aggressive Verhalten des Schülers auf einzelne Mitschüler bereits hatte, zeigt der Umstand, dass diese ihm dazu gratuliert haben. Der Schulleiter musste die Erziehungs- und Ordnungsmaßnahme daher so wählen, dass sie insbesondere auch geeignet ist, Nachahmungstaten anderer Schüler zu verhindern. ...

Von Tätlichkeiten eines Schülers gegenüber einer Lehrerin gehen wesentlich andere Gefahren für das Schulleben aus, als von den üblichen Auseinandersetzungen zwischen gleichaltrigen Schülern. Sie können weitaus mehr zur Störung der Unterrichtsarbeit – z. B. durch Verunsicherung und Verängstigung anderer Schüler – und zu einer massiven Beeinträchtigung bzw. Beschädigung der Autorität eines Lehrers führen. Die Schule ist bei der Erfüllung ihres staatlichen Auftrags auch im Hinblick auf die von den Lehrkräften zu leistende Beaufsichtigung der ihr anvertrauten Schüler darauf angewiesen, dass Schüler die Regeln des Schullebens akzeptieren und umsetzen. Dazu zählt auch der Respekt vor den durch die Rechtsordnung vorgegebenen Regeln, insbesondere vor der Einhaltung der durch die Strafgesetze vorgegebenen Verbote. Das Verhalten des Schülers erfüllt den Tatbestand der vorsätzlichen Körperverletzung. Zwar bewegt sich das Maß der von ihm gegenüber der Lehrerin ausgeübten Gewalt auf keinem besonders hohen Niveau, sondern es handelte sich lediglich um einen – allerdings recht heftigen – Schlag, der glücklicherweise zu keiner erheblichen Verletzung geführt hat. Außerdem ist der Schüler erst 12 Jahre alt und handelte aus einer Situation heraus, in der er sehr aufgebracht war. Gleichwohl kann der Schulleiter einen Schulausschluss für angezeigt halten, um zu verhindern, dass die Tat Nachahmer findet und sich der Schüler oder Mitschüler sozusagen an einen Schulausschluss herantasten könnten. Ansonsten bestünde die Gefahr, dass die Gewaltschwelle in der Schule nach und nach sinkt mit der Folge, dass Lehrer und Schüler zunehmend der Gefahr ausgesetzt wären, dass Schüler in Konfliktfällen gewalttätig werden. Vor diesem Hintergrund war es ermessensfehlerfrei, dem Schüler und den Mitschülern zu vermitteln, dass bereits die erste Tätlichkeit gegenüber einer Lehrerin zu einem Schulausschluss führen kann. Insoweit darf der Schulleiter seine Entscheidung unabhängig von dem Maß des tatsächlich eingetretenen Schadens entscheidend auf die Sozialschädlichkeit eines aggressiven und ungehemmten Verhaltens abstellen, wie es der Schüler gezeigt hat.«

Besonders erfreulich ist die klare Stellungnahme beider Gerichte zur Bedeutung eines körperlichen Angriffs auf Lehrer für das Sicherheitsgefühl der Schüler und die Autorität der Lehrer, ohne die eine Erfüllung des schulischen Bildungs- und Erziehungsauftrages unmöglich ist. Auch wenn der körperliche Angriff als solcher von geringer Intensität sein mag, wird mit ihm doch eine Grenze überschritten, die Schüler auf keinen Fall verletzen dürfen.

Schließlich ist erwähnenswert, dass gewalttätiges Verhalten ohne jedweden Schulbezug nicht als solches Gegenstand einer schulischen Ordnungsmaßnahme ist und sein kann, aber bei der Einschätzung des Aggressionspotentials und damit der Gefahr für Schüler und Lehrer durchaus eine Rolle spielen kann.

F Schülergruppe als Täter   149

Ein Schüler der neunten Klasse eines Gymnasiums soll nach Darstellung der Schule Teil einer Gruppe von Schülern gewesen sein, welche zunächst einen Schüler des Gymnasiums geschlagen hätten. Im Anschluss hieran sei die Gruppe vor dem Rektorat aufgetaucht und habe dort derart gegen die Tür geschlagen bzw. getreten, dass die Schulsekretärin den Schulleiter um Hilfe gerufen habe, der die Schüler aus dem Haus verwiesen habe. Diese seien zum Fahrradschuppen gegangen und hätten dort die Mutter des Schülers, die von ihm zur Hilfe gerufen worden sei, bedroht und beschimpft, so dass diese die Polizei gerufen habe. Der Schüler erklärt dazu, ihm könne nicht unterstellt werden, selbst einen Mitschüler geschlagen oder die Mutter eines Mitschülers bedroht zu haben. Er sei nur deshalb mit der Ordnungsmaßnahme belegt worden, weil der Schuldige nicht habe ermittelt werden können. Bei dieser Maßnahme handele es sich deshalb um eine unzulässige Kollektivstrafe ohne pädagogischen Wert.

Der Schulleiter ordnet einen fünftägigen Unterrichtsausschluss und die Androhung des Ausschlusses aus der Schule an.

Das Verwaltungsgericht Stuttgart → *(Az.: 10 K 4801/08; SchulRecht 9-10/2009, S. 102 f.)* hat den Antrag des Schülers auf Anordnung der aufschiebenden Wirkung seines Widerspruchs abgelehnt: »Allein die Gruppenzugehörigkeit dürfte aber für die getroffene Ordnungsmaßnahme ausreichend sein. Diese dürfte sich der Schüler vorwerfen lassen müssen, auch wenn ihm selbst keine konkrete Tätlichkeit gegen den betroffenen Schüler nachgewiesen werden kann. Der Vorwurf gegen den Schüler dürfte vielmehr zu Recht darin bestehen, als Mitglied der Gruppe zu der Einschüchterung des betroffenen Schülers erheblich beigetragen zu haben. Das Bedrohungspotential einer Gruppe von Acht- und Neuntklässlern dürfte sich deutlich höher darstellen als das von einzelnen Schülern. Das Risiko von Übergriffen einzelner Gruppenmitglieder aus der Gruppe heraus dürfte erheblich höher sein als das

Risiko von Tätlichkeiten bei Konflikten zwischen einzelnen Schülern. Dies liegt zum einen daran, dass der Einzelne sich in einer Gruppe stärker fühlen dürfte. Zum anderen kann er als Mitglied einer Gruppe stets ein Unentdecktbleiben seiner Tatbeiträge im »Schutz« der Gruppe – wie hier – erhoffen.

... Auch der zusammen mit dem Unterrichtsausschluss angedrohte Schulausschluss dürfte sich als verhältnismäßig erweisen. Angesichts des von der Schülergruppe ausgehenden Bedrohungspotentials erscheint es dringend erforderlich, dem Schüler unmissverständlich vor Augen zu führen, dass er bei erneutem Fehlverhalten die Schule wird verlassen müssen. Die Schule kann nur durch die ergriffene schulordnungsrechtliche Maßnahme ihrer Verantwortung für die Sicherheit der Mitschüler der Schule und für einen störungsfreien Schulalltag gerecht werden.«

Bemerkenswert sind die Ausführungen des Verwaltungsgerichts zur Zurechenbarkeit eines Gruppenverhaltens. Danach ist es nicht notwendig, jedem einzelnen Gruppenmitglied eine genau zu beschreibende und nachweisbare Handlung nachzuweisen, sondern der Nachweis der Zugehörigkeit zu einer Gruppe reicht aus, um einem Schüler die aus der Gruppe heraus begangenen Handlungen zuzurechnen. Diese Auffassung wird dem besonderen Charakter eines Gruppenhandelns gerecht und verhindert, dass Schüler glauben, sich in einer Gruppe der Verantwortung für das Gruppenhandeln entziehen zu können. Angesichts der besonderen Gefährlichkeit und des Bedrohungspotentials einer Gruppe ist auch ein besonderer Schutz vor Gruppenhandeln notwendig, der unmöglich wäre, wenn jedes Gruppenmitglied nur für eine eindeutig von ihm vorgenommene Handlung verantwortlich zu machen wäre.

F Der Sexfilm

Eine Schülerin und ein Schüler verabreden in der Schule, während der Mittagspause auf der Toilette eines nahegelegenen Restaurants sexuelle Handlungen vorzunehmen, und laden zwei Mitschüler als Zuschauer ein. Ein als Zuschauer eingeladener 12jähriger Schüler, gegen den wiederholt erzieherische Einwirkungen, ein Verweis und ein Unterrichtsausschluss ausgesprochen worden waren, filmt das Geschehen heimlich mit seinem Handy. Die Schülerin, die anderen Schülerinnen von den sexuellen Handlungen erzählt hatte, bittet den Schüler, als sie von der Existenz des Videos erfährt, die Aufnahmen zu löschen. Der Schüler stellt die Aufnahmen stattdessen in das Internet. Vor der Verbreitung über das Internet hatten einige Lehrer den mittlerweile bekannt gewordenen Vorfall ohne Nennung der Namen der Schülerin und des Schülers im Unterricht unter erzieherischen Gesichtspunkten angesprochen. Die Schule spricht die Androhung der Entlassung aus.

Der Verwaltungsgerichtshof Bayern → *(Az.: 7 ZB 08.1801; SchulRecht 5-6/2010, S. 55 f.)* hat die Androhung der Entlassung als rechtmäßig bestätigt:»Ob der Vorfall als außerschulisch anzusehen ist, kann dahinstehen. Dagegen spricht, dass sowohl die sexuellen Handlungen als auch die Absicht, diese zu filmen, in der Schule verabredet wurden und dass sich der Vorfall in der Mittagspause in unmittelbarer Nähe zur Schule ereignet hat. Selbst bei Annahme außerschulischen Verhaltens bestand aber wegen der damit verbundenen Gefährdung der Verwirklichung der Aufgabe der Schule Anlass für eine empfindliche Ordnungsmaßnahme. Durch das Filmen der sexuellen Handlungen und die anschließende Verbreitung des Videos wurde das Persönlichkeitsrecht der betroffenen Schülerin in erheblicher Weise verletzt. Hierdurch wurde auch die Aufgabe der Schule gefährdet, die Intimsphäre der ihr anvertrauten Schüler zu schützen. Daran ändert auch der Umstand nichts, dass die Schülerin grundsätzlich mit den sexuellen Handlungen und möglicherweise auch mit der Anwesenheit des Schülers und eines weiteren Schülers einverstanden war. Davon, dass der Schüler mit einem Handy Videoaufnahmen anfertigt, hatte sie jedenfalls keine Kenntnis. … Auch von einem zwölfjährigen Schüler kann erwartet werden, dass er das Persönlichkeitsrecht und die Intimsphäre seiner Mitschülerin sowie deren Wunsch, die gegen ihren Willen gefertigten Aufnahmen zu löschen, respektiert.

… Auch die nach Bekanntwerden des Vorfalls erfolgte Aufarbeitung durch einzelne Lehrkräfte im Unterricht ohne Nennung der Namen der beteiligten Schüler ist nicht zu beanstanden und lässt die angedrohte Entlassung insbesondere nicht unverhältnismäßig erscheinen.«

5. Überweisung in eine andere Schule

Für Konferenzbeschlüsse über die Überweisung eines Schülers in eine 150 andere Schule sind in zahlreichen Ländern Vorschriften über die Beteiligung weiterer schulischer Organe (wie der Schulkonferenz) oder die Anhörung der Schüler- oder Elternvertretung oder bestimmte Anforderungen wie qualifizierte Mehrheiten oder die Einschaltung eines Schulpsychologen vorgeschrieben → *(Nachweise bei Avenarius/Füssel, S. 499, Fußnote 70).*

151 Die Überweisung in eine andere Schule kann in der Regel auf Antrag schulischer Organe wie der Schulleitung und/oder der Lehrerkonferenz nur von der zuständigen Schulaufsichtsbehörde angeordnet werden, da der einzelnen Schule die Kompetenz fehlt, einer anderen Schule einen Schüler zuweisen zu können. Außerdem soll ein »Abschieben« schwieriger Schüler auf Kosten anderer Schulen verhindert werden. Die Schulaufsicht ist verpflichtet, für den betroffenen Schüler eine Schule zu finden, an der er seinen Bildungsweg fortsetzen kann. Diese Verpflichtung kann sie nicht an die entlassende Schule delegieren, da die Schule keinerlei Weisungsbefugnis anderen Schulen gegenüber hat.

In Baden-Württemberg wird die Aufnahme an der neuen Schule mit einer Probezeit verbunden. Diese Probezeit kann bis zu 6 Monate dauern. Der Schulleiter entscheidet über das Bestehen der Probezeit, insbesondere im Hinblick auf eine Vereinbarung über die Verhaltensänderung.

Die Schulaufsicht muss eine Schule auswählen, an der der Schüler seinen Bildungsweg fortsetzen kann. Es muss sich daher um eine Schule desselben Bildungsganges handeln. Eine gesetzliche Formulierung, nach der es sich um eine Schule »derselben Schulform« (z. B. § 61 Abs. 3 Nr. 2 SchulG Nds) handeln muss, dürfte es schwierig machen, einen Schüler von einer Integrierten zu einer Kooperativen Gesamtschule und umgekehrt zu verweisen. Außerdem hat die Schulaufsicht eventuelle besondere pädagogische Bedürfnisse des Schülers und die Erreichbarkeit einer Schule bei ihrer Entscheidung zu berücksichtigen. Fraglich ist, ob beim bisherigen Besuch einer Gemeinschafts- oder Konfessionsschule die jeweils andere Schulart noch als entsprechende andere Schule anzusehen ist.

Ein durch eine Ordnungsmaßnahme an eine andere Schule überwiesener Schüler hat keinen Anspruch auf Erstattung der höheren Schülerbeförderungskosten → *(VGH Hessen, Az.: 7 A 1900/08.Z; SchulRecht 3-4/2010, S. 31).*

Die Erziehungsberechtigten und der Schüler können sich aber auch selbst um die Aufnahme in eine andere Schule bemühen. Eine Verpflichtung zur Aufnahme eines Schülers besteht aber nur bei Zuweisung durch die Schulaufsicht. Einer solchen Zuweisung kann die betroffene Schule allenfalls eine restlose Erschöpfung ihrer Aufnahmekapazitäten und eventuell bereits bestehende Probleme mit erheblich gegen die Schulordnung verstoßenden Schülern in der zur Aufnahme vorgesehenen Klasse erfolgreich entgegenhalten. Das Schulgesetz des Landes Baden-Württemberg gestattet es, die Aufnahme in eine neue Schule mit einer Probezeit von bis zu 6 Monaten und einer Vereinbarung über eine Verhaltensänderung zu verbinden. Über das Bestehen der Probezeit entscheidet der Schulleiter (§ 90 Abs. 4 Satz 2 SchulG BaWü).

Nicht mehr schulpflichtige Schüler müssen sich selbst um die Aufnahme in eine andere Schule bemühen. Die Schule hat daher die Tatsache, dass der Schüler nicht mehr schulpflichtig ist, bei der Prüfung der Verhältnismäßigkeit besonders zu beachten (s. RdNr. 149).

152 Durch die Überweisung eines noch schulpflichtigen Schülers an eine andere Schule verliert dieser Schüler nicht das Recht, eine private Ersatzschule zu besuchen. Da er aber auch kein Recht zum Besuch einer bestimmten Ersatzschule hat, ist er darauf angewiesen, dass eine Schule in freier Trägerschaft bereit ist, ihn aufzunehmen, wenn er der Zuweisung an eine andere öffentliche Schule entgehen will.

153 Die Überweisung an eine andere Schule mit dem gleichen Bildungsabschluss stellt einen schwerwiegenden Eingriff in den Bildungsweg eines Schülers dar, da er sich mit neuen Mitschülern, neuen Lehrern und unter Umständen anderen inhaltlichen, methodischen und pädagogischen Schwerpunkten auseinandersetzen muss als bisher gewohnt. Eine solche Maßnahme setzt daher voraus, dass der Schüler durch schweres oder wiederholtes Fehlverhalten die Erfüllung der schulischen Aufgaben oder die Rechte anderer ernstlich gefährdet oder verletzt hat.

Die Einschätzung der Schwere eines Fehlverhaltens durch Schüler und Lehrer dürfte bei Taten mit Hilfe elektronischer Medien häufig auseinanderfallen. Schüler sind geneigt, eine Nutzung des Internets oder Eingriffe in Computer, die Lehrer als schwerwiegend einstufen, als Scherz anzusehen. Die Erziehung in der Schule sollte daher auch bei Schülern ein Bewusstsein für die Gefahren der Manipulationsmöglichkeiten durch elektronische Medien wecken. Vor Ordnungsmaßnahmen ist jeweils die Einsicht des Schülers in sein Fehlverhalten und damit die Wiederholungsgefahr zu berücksichtigen. Außerdem ist bei mehreren Beteiligten der jeweilige Tatbeitrag des einzelnen zu ermitteln.

F Das Lehrervideo

Ein Schüler hat einem Klassenkameraden ein von ihm im Unterricht aufgenommenes 15-minütiges Handyvideo, das die unterrichtende Lehrerin zeigt, oder einzelne Szenen daraus übermittelt. Nach dem gemeinsamen Anschauen des Films kam beiden die Idee, ein kurzes Video herzustellen, das die »lustigen« Szenen enthält, also insbesondere die Szene mit der Armbewegung der Lehrerin. Der Schüler behauptet, er habe andere Mitschüler gebeten, das hergestellte Video zu löschen, nachdem er erkannt hatte, dass das Video zu anderen Mitschülern gelangt ist. Der Schüler wurde von der Schule ausgeschlossen.

Das Sächsische Oberverwaltungsgericht → *(Az.: 2 B 214/08; Schul-Recht 7-8/2009, S. 81 f.)* hat es abgelehnt, die aufschiebende Wirkung des Widerspruchs gegen den Schulausschluss wiederherzustellen: »Ist das Video im Besitz mehrerer Mitschüler, ist es der Kontrolle des Schülers entzogen, ob der Film an weitere Mitschüler weitergegeben und weiter bearbeitet wird. Diese durch den Schüler geschaffene Gefahr hat sich hier gerade verwirklicht. Mit der vom Schüler behaupteten Bitte, das Video zu löschen, konnte die Verbreitung des Videos nicht verhindert werden. ...

Das Verwaltungsgericht hat zutreffend ausgeführt, dass es zu den Pflichten eines Schülers gehört, die Persönlichkeitsrechte aller im Schulalltag vereinten Menschen zu achten und dass eine Verletzung des Persönlichkeitsrechts der betroffenen Lehrerin bereits in der unerlaubten Erstellung des Videos im Unterricht und in einer sinnverändernden Bearbeitung des Bildmaterials liegt. Unerheblich ist insoweit, dass der Schüler das Bildmaterial nicht selbst bearbeitet hat. Er hat, wie oben bereits ausgeführt, dem Mitschüler Bildmaterial überlassen zu dem Zweck, ein kurzes Video herzustellen, das die »lustigen« Szenen enthält. Auch wusste er von weiteren Manipulationen durch den Mitschüler. Damit war ihm die Kontrolle über die weitere Verwendung des

Videos entzogen. Nicht entscheidend ist, ob der Schüler die Absicht, das Bildmaterial einem Mitschüler zur Bearbeitung zur Verfügung zu stellen, bereits zum Zeitpunkt der Erstellung des Videos oder erst später hatte. Das Verwaltungsgericht geht auch zu Recht davon aus, dass das Ausgangsvideo beleidigendes und verunglimpfendes Material enthält. Der Schulleiter hat im Bescheid vom 4.6. ohne Rechtsfehler ausgeführt, dass die Einlassung des Schülers, die Armbewegung der Lehrerin sei nur eine lustige Szene, als Schutzbehauptung zu bewerten sei. Die vom Schüler in seiner schriftlichen Stellungnahme angesprochenen »lustigen« Szenen sind diejenigen mit den Armbewegungen der Lehrerin. Diese können nicht als lustig bewertet werden. Sie machen vielmehr ausschließlich im Zusammenhang mit rechtsradikaler Symbolik Sinn.

… Der Schulleiter ist in Übereinstimmung mit der von den Lehrern bei der Klassenkonferenz geäußerten Auffassung davon ausgegangen, dass aufgrund des Fehlverhaltens das Vertrauensverhältnis zwischen dem Schüler und der betroffenen Lehrerin sowie den übrigen Lehrkräften und Mitschülern grundlegend und dauerhaft gestört sei, weshalb ein dauerhaftes Zusammenleben im schulischen Alltag nicht mehr denkbar sei. Diese Einschätzung des Schulleiters lässt Rechtsfehler nicht erkennen. Dass der Schüler in der Vergangenheit keine Auffälligkeiten im schulischen Alltag gezeigt hat, wurde vom Schulleiter berücksichtigt. Dieser Umstand führte jedoch im Hinblick auf die nicht mehr denkbare weitere Zusammenarbeit der betroffenen Lehrerein mit dem Schüler nicht zur Verhängung einer milderen Maßnahme.«

F Die Softairpistole

Ein Schüler der 8. Jahrgangsstufe eines Gymnasiums brachte eine Softairpistole mit zur Schule, hantierte dort mit ihr und zwar auch in Bereichen (Vorraum der Toilette, Klassenzimmer), in denen Mitschüler zugegen waren und setzte diese damit nach Auffassung der Schule einer erheblichen Gefährdung aus. Insbesondere habe er Schüsse aus einer Erdgeschosstoilette in Richtung des während der Pause mit Mitschülern belebten Pausenhofs abgegeben. Schließlich habe er die Softairpistole auch Klassenkameraden überlassen und damit eine Gefährdung von Mitschülern billigend in Kauf genommen. Beim Gebrauch dieses Objekts während einer Unterrichtsstunde habe ein Hartplastikgeschoss eine Mitschülerin knapp unterhalb des rechten Auges getroffen. Der Schüler hatte im laufenden und vorherigen

Schuljahr mehrere Verweise wegen Unterrichtsstörungen und »Flegeleien« erhalten. Der Disziplinarausschuss sprach die Ordnungsmaßnahme der Entlassung von der Schule aus.

Der Bayerische Verwaltungsgerichtshof → *(Az.: 7 CS 07.3380; Schul-Recht 9-10/2008, S. 107 f.)* hat die aufschiebende Wirkung der Klage gegen den Entlassungsbescheid angeordnet: »Ohne weitere Aufklärung ist derzeit zumindest noch offen, ob die Softairpistole des Schülers völlig ungefährlich war oder ob es sich um ein Modell handelt, das – den früheren Grenzwert von 0,5 J einhaltend – geeignet sein könnte, bei Augentreffern zu schwerwiegenderen Verletzungen zu führen.

Es mag im Rahmen des vorliegenden Verfahrens dahinstehen, ob es sich bei der Softairpistole um einen gefährlichen Gegenstand im Sinne des § 39 Abs. 2 Satz 1 der Gymnasialschulordnung (GSO) handelt; in jedem Fall handelt es sich um einen sonstigen Gegenstand, der den Unterricht oder die Ordnung der Schule stören kann oder stört und der deshalb weggenommen und sichergestellt werden kann.

Offen ist weiter, ob hier eine erhebliche Gefährdung von Mitschülern vorlag. Auch wenn eine Mitschülerin knapp unterhalb des rechten Auges von einem Geschoss der Softairpistole getroffen wurde, so erscheint nach den obigen Darlegungen doch noch unklar, ob damit eine erhebliche Gefährdung verbunden war. Schließlich wurde auch nicht näher aufgeklärt, bzw. konnte nicht näher aufgeklärt werden, wer tatsächlich den Schuss auf die Mitschülerin abgegeben hat. Ferner hat der Schüler den Vorwurf, er selbst habe aus einer Erdgeschosstoilette Schüsse in Richtung Pausenhof abgegeben, bestritten.

In diesem Zusammenhang ist darauf hinzuweisen, dass angesichts der schwerwiegenden Bedeutung der Entlassung auf eine genaue Ermittlung des Sachverhalts besonderes Augenmerk zu legen ist. Bestreitet ein Schüler die Feststellungen, auf denen die Entscheidung der Schule beruht, so hat das Gericht dem nachzugehen. Im vorliegenden Verfahren des vorläufigen Rechtsschutzes ist eine weitergehende Sachverhaltsaufklärung durch das Gericht jedoch nicht möglich. Vorbehaltlich weiterer Aufklärung stellt sich das Verhalten des Schülers bei dieser Sachlage als Fehlverhalten dar, das eine deutliche Ordnungsmaßnahme rechtfertigt. Der Verstoß durfte jedoch nach summarischer Prüfung vom Disziplinarausschuss nicht als so schwerwiegend angesehen werden, dass er unter Berücksichtigung des Gebots der Verhältnismäßigkeit eine sofortige Entlassung rechtfertigen würde. Soweit von der Schule bei ihrer Entscheidung auch auf das bisherige Vorverhalten des Schülers in der Schule Bezug genommen wurde, kann auch dies im Zusammenhang mit dem streitgegenständlichen Fehlverhalten nicht die Ordnungsmaßnahme der Entlassung rechtfertigen. Soweit aus der Schülerakte des Gymnasiums ersichtlich, hat der Schüler zwar in der Jahrgangsstufe 8 bereits zwei Verweise und in der Jahrgangsstufe 7 vier Verweise nebst einigen »Hinweisen« erhalten. Diesen Ordnungsmaßnahmen lagen jedoch durchweg entweder Störungen des Unterrichts oder »flegelhaftes« Verhalten zugrunde. Es gibt keinen Hinweis, dass der Schüler früher durch körperliche Attacken, Gewaltandrohungen oder gar gewalttätige Übergriffe oder auch nur Gefährdung von Mitschülern hervorgetreten wäre. Da die Entlassung von der Schule neben dem Ausschluss von allen Schulen die schwerste Ordnungsmaßnahme darstellt, setzt das hierfür erforderliche Fehlverhalten eine besondere Qualität voraus, die sich dem Verhalten des Schülers bislang nicht entnehmen lässt.

Entgegen der Auffassung des Verwaltungsgerichts gilt zwar § 128 Abs. 2 Satz 3 GSO a. F. nicht mehr, wonach der Entlassung deren Androhung vorausgehen sollte. Auch bislang bestand zwischen den Ordnungsmaßnahmen des Art. 86 Abs. 2 BayEUG keine grundsätzliche Rangfolge in der Weise, dass die Schule zuerst immer eine mildere Ordnungsmaßnahme ergreifen müsste, bevor eine der nachhaltigeren Ordnungsmaßnahmen zur Anwendung kommt. Gleichwohl erscheint im vorliegenden Fall die wegen Mitbringens und Verwendens einer Softairpistole verfügte Entlassung von der Schule unverhältnismäßig.«

Die Entscheidung verdeutlicht, dass Grundlage einer jeden Entscheidung über eine Ordnungsmaßnahme eine gründliche Aufklärung des Sachverhalts ist. Das gilt in ganz besonderem Maße für schwerwiegende Maßnahmen wie die Entlassung von der Schule. Ein früheres Fehlverhalten des Schülers ist von geringer Bedeutung, wenn es von ganz anderer Art ist als das aktuell zu beurteilende.

Das Versprühen von Pfefferspray in einem Unterrichtsraum und das Schießen mit einer Schreckschusspistole auf dem Schulgelände stellen ein schweres Fehlverhalten dar und können, wenn bereits eine Androhung der Entlassung ausgesprochen wurde, zur Entlassung von der Schule führen → *(VG Aachen, Az.: 9 L 191/08; SchulRecht 5-6/2009, S. 57)*.

154 Neben einem besonders schweren Fehlverhalten kann auch ein häufiges Fehlverhalten eine Entlassung rechtfertigen. Dabei ist aber die vorherige Androhung der Entlassung unabdingbar.

> **F** **Die Tätlichkeiten**
>
> Gegen einen Schüler wurden erzieherische Maßnahmen sowie ein schriftlicher Verweis, die Überweisung in eine parallele Lerngruppe und ein vorübergehender Unterrichtsausschluss ausgesprochen. Wegen eines Faustschlags auf die Nase eines Mitschülers war dem Schüler die Entlassung angedroht worden. Er tritt und bedroht einen Mitschüler. Daraufhin wird er von der Schule entlassen und von der Schulaufsicht einer anderen Schule zugewiesen.

Das Verwaltungsgericht Aachen → *(Az.: 9 L 452/09; SchulRecht 9-10/ 2010, S. 102)* hat den Antrag des Schülers auf Bewilligung von Prozesskostenhilfe abgelehnt, weil die Rechtsverfolgung keine hinreichende Erfolgsaussicht biete: »Nach § 53 Abs. 4 Satz 1 SchulG sind die Androhung der Entlassung und die Entlassung nur zulässig, wenn der Schüler durch schweres oder wiederholtes Fehlverhalten die Erfüllung der Aufgaben der Schule oder die Rechte anderer ernstlich gefährdet oder verletzt hat.

Zunächst ist von wiederholtem schweren Fehlverhalten, das die Rechte anderer ernstlich gefährdet hat, auszugehen. Bereits der Androhung der Entlassung ist nämlich eine Körperverletzung eines anderen Schülers in Form eines Faustschlages auf die Nase, wodurch eine ärztliche Behandlung erforderlich wurde, vorausgegangen. ... Die Entlassung erweist sich ferner als ermessensgerecht, insbesondere als verhältnismäßig, weil ihr bereits erzieherische Maßnahmen sowie Ordnungsmaßnahmen in Form des Verweises einhergehend mit der Überweisung in eine parallele Lerngruppe, des vorübergehenden Unterrichtsausschlusses und der Androhung der Entlassung voraufgegangen sind.«

Auch eine Amoklaufdrohung kann die Entlassung von der Schule rechtfertigen, wenn der Schüler über einen längeren Zeitraum häufiges Fehlverhalten gezeigt hat, uneinsichtig ist und im Zusammenhang mit seiner Amoklaufdrohung zu keiner Zusammenarbeit mit der Schule bereit ist → *(VGH Bayern, Az.: 7 B 06.2352; SchulRecht 3-3/2009, S. 35 f.)*. Die scherzhafte Ankündigung eines Amoklaufs in einem Internetportal, die von den Urhebern nicht sofort auch als Scherz bezeichnet wird, kann ebenfalls zur Entlassung von der Schule führen. Eine wie auch immer geartete Ankündigung eines Amoklaufs ist auch als Scherz nicht hinnehmbar und kann die Überweisung an eine andere Schule nach sich ziehen → *(OVG Niedersachsen, Az.: 2 ME 444/09; SchlRecht 1-2/ 2011, S. 10)*. Der Ausschluss vom Schulbesuch bis zur Klärung eines etwaigen Gefahrenpotentials ist rechtmäßig, wenn aufgrund eines Verhaltens des Schülers nicht ganz fernliegende Anhaltspunkte für einen Amoklauf bestehen. Dann hat das Interesse des Schülers, von präventiven Maßnahmen verschont zu bleiben und weiterhin am Unterricht teilnehmen zu können, gegenüber dem Schutz der potentiell betroffenen Schüler und Lehrer zurückzustehen → *(VGH Bayern, Az.: 7 C 09.2870; SchulRecht 11-12/2010, S. 130)*.

F Der unverschämte Schüler

Eine Schule hatte gegen einen Schüler einer 13. Klasse wegen zahlreicher Verstöße gegen die schulische Ordnung zahlreiche erzieherische Einwirkungen und mehrere Ordnungsmaßnahmen ergriffen. Ihm wurde wegen Fälschung einer ärztlichen Bescheinigung die Entlassung angedroht. Monate nach dieser Entscheidung erschien der Schüler zu spät zum Unterricht, diskutierte mit dem unterrichtenden Lehrer über sein Fehlverhalten, beschimpfte den Lehrer und äußerte sich dabei dem Lehrer gegenüber drohend. Kurz darauf betrat er egen den Willen eines unterrichtenden Lehrers einen Klassenraum, um mit einem Mitschüler zu sprechen. Die Aufforderung des Lehrers, den Raum sofort zu verlassen, ignorierte er. Die Schule beschloss daraufhin die Entlassung des Schülers.

Das Verwaltungsgericht Greifswald → *(Az.: 4 B 2581/01; SchulRecht 1/2004, S. 12 14)* lehnte den Antrag des Schülers auf Wiederherstellung der aufschiebenden Wirkung seines Widerspruchs ab:

»Der Schüler hat gezeigt, dass er nicht bereit ist, die Autorität eines Lehrers zu akzeptieren. Grundlage des Schulverhältnisses ist die Tatsache, dass die Schulleitung und in ihrer Vertretung die Lehrkräfte im Bereich der äußeren Ordnung der Schule weisungsbefugt sind. Diese Weisungsbefugnis schließt eine Diskussion über Anordnungen, Hinweise und Äußerungen der Lehrkräfte in diesem Bereich aus. Der Schüler hat sich der Weisungsbefugnis der Lehrer nicht nur widersetzt, sondern den Lehrer unsachlich beschimpft und Drohungen ausgestoßen. ... Daß es sich bei diesem Widerstand gegen die Autorität der Lehrkräfte nicht um einen einmaligen Fehltritt handelte, ergibt sich sowohl aus der Vorgeschichte als auch aus nachfolgenden Geschehnissen. ... Eine weniger belastende Maßnahme als die Überweisung an eine andere Schule kam im vorliegenden Fall nicht in Betracht. Die Androhung der Überweisung war dem Schüler bereits erfolglos angedroht worden.«

155 **F** **Die Vorbereitung auf die Klassenfahrt**
Auf Grund von Hinweisen, nach denen namentlich benannte Schüler beabsichtigten, zu einer Klassenfahrt »Gras« mitzunehmen, führte die Polizei am Morgen des Abfahrtstages in der Schule eine Razzia durch. Dabei wurden bei einem Schüler einer 9. Klasse 1,6 g Marihuana sichergestellt. Bei seiner polizeilichen Vernehmung am gleichen Tag gab der Schüler an, das Rauschgift am Vortag von jemandem für 20 Euro erworben zu haben, von dem er den Spitznamen und die Handynummer kenne. Von dem sichergestellten Päckchen (Marihuana) habe er schon vor Schulbeginn geraucht und seine Zigarette auch einem Mitschüler weitergegeben. Ein anderer Mitschüler habe selbst »Stoff« mitgebracht und zusammen mit einem weiteren Schulfreund einen Joint geraucht. Die benannten Mitschüler bestritten ihre Beteiligung. Die Schule beschloss die Entlassung des Schülers und ordnete die sofortige Vollziehung an.

Der Bayerische Verwaltungsgerichtshof → *(Az.: 7 CS 02.776; Schul-Recht 6-8/2004, S. 133–135)* lehnte den Antrag des Schülers auf Wiederherstellung der aufschiebenden Wirkung seiner Klage ab:

»Eine ernst zu nehmende Gefährdung von Mitschülern ist nicht zuletzt darin zu sehen, dass Marihuana zur Einstiegsdroge für (noch) härtere Rauschgifte werden kann und der Schüler zum einen einem Mitschüler die Gelegenheit zum Konsum geboten hat und zum anderen das Rauschgift auch auf eine mehrtägige schulische Veranstaltung mitnehmen wollte.

Dem steht zu Gunsten des Schülers gegenüber, dass die bei der Razzia bei ihm sichergestellte Menge Marihuana gering war und dass er seine Beteiligung in der polizeilichen Vernehmung offengelegt hat. Andererseits hat der Schüler noch in der Lehrerkonferenz seine Vorerfahrung beim Drogenkonsum beschönigt und auch wenig Einsichtsfähigkeit in die Problematik gezeigt, wenn er wenige Tage nach dem schulischen Besuch einer Strafverhandlung wegen eines Betäubungsmitteldelikts selbst Marihuana erwirbt, konsumiert und an einen Mitschüler weitergibt.

Bei Abwägung dieser Gesichtspunkte hielt sich die Schule im Rahmen des von ihr auszuübenden Ermessens, wenn sie dem Schüler – auch bei »nur« 1,6 g sichergestellten Marihuana – nicht nur die Entlassung von der Schule androhte, sondern die Entlassung aussprach. Zwar bestimmt § 114 Abs. 2 Satz 3 RSO (Realschulordnung), dass einer Entlassung deren Androhung vorausgehen soll. Eine Ausnahme von dieser Regel ist jedoch zulässig, wenn das Fehlverhalten des Schülers und die Beeinträchtigung des Bildungs- und Erziehungsauftrags der Schule gewichtig sind und in nicht zu beanstandender Weise manifestiert werden soll, dass der Umgang mit Rauschgift im Verantwortungsbereich der Schule sofort wirksam und dauerhaft unterbunden werden soll. …

Aus der Zielrichtung der schulischen Ordnungsmaßnahme als Erziehungsmaßnahme und nicht als Strafe, erschließt sich auch, dass die Entscheidung der Staatsanwaltschaft, von einer Verfolgung des Schülers gemäß § 45 Abs. 2 JGG (Jugendgerichtsgesetz) abzusehen, die Rechtmäßigkeit der nicht zuletzt auf generalpräventive Überlegungen gestützten Schulentlassung nicht tangiert. Auch die Verfügung nach § 45 Abs. 2 JGG setzt im Übrigen tatbestandlich voraus, dass eine erzieherische Maßnahme bereits durchgeführt und eingeleitet ist.«

F **Der Diebstahl** 156

Ein Schüler stiehlt einem Mitschüler einen von der Schule zur Verfügung gestellten grafikfähigen Taschenrechner im Wert von ca. 70,– EUR. Ein 14-jähriger Schüler bestärkt den sich bei ihm vergewissernden Täter durch ein zustimmendes Kopfnicken in seinem Tun und hilft ihm nach der Tat bei der Veräußerung, u. a. durch die Zurverfügungstellung seines Accounts. Die Schule schließt den 14-jährigen Schüler vorübergehend vom Unterricht aus, untersagt ihm die Teilnahme an einem Winterschullandheimaufenthalt und verweist ihn von der Schule.

Der Verwaltungsgerichtshof Baden-Württemberg → *(Az.: 9 S 1624/09; SchulRecht 3-4/2011, S. 35 f)* ordnete die aufschiebende Wirkung des Widerspruchs gegen den Schulausschluss an: »Zwar trifft zu, dass für die Aufrechterhaltung einer Klassengemeinschaft eine Vertrauensgrundlage unabdingbar ist, die auch die Achtung fremden Eigentums beinhaltet. Hieraus folgt indes nicht, dass Verstöße hiergegen stets und zwingend mit einem Schulausschluss geahndet werden müssten. Vielmehr ist es zunächst und primär Aufgabe der Schule, auf ein entsprechendes Fehlverhalten mit pädagogischen Mitteln zu reagieren und erzieherisch auf die Täter (und ggf. das Klassenumfeld) einzuwirken. Dies schließt die Verhängung angemessener »Strafen« durchaus ein, weil deren Beitrag zu der angestrebten und erforderlichen Verhaltensänderung nicht unterschätzt werden darf.

Der Abbruch des Schulverhältnisses kann angesichts der damit verbundenen Auswirkungen für den Betroffenen indes nur aufgrund von schwerwiegenden, anders nicht zu behebenden Störungen des Schulfriedens gerechtfertigt werden, um den Schutz der Rechte anderer Schüler und Lehrkräfte sowie die Aufrechterhaltung eines funktionsfähigen Schulbetriebs und damit die Erfüllung der verfassungsmäßigen Aufgaben der Schule gewährleisten zu können. ...

Eigentumsdelikte erreichen für sich genommen grundsätzlich nicht unmittelbar die Schwelle eines Schulausschlusses; ... Dies gilt umso mehr, als der Schüler selbst den seinem Mitschüler von der Schule zur Verfügung gestellten grafikfähigen Taschenrechner nicht entwendet, sein Tatbeitrag vielmehr nur darin bestanden hat, den sich bei ihm vergewissernden Täter durch ein zustimmendes Kopfnicken in seinem Tun zu bestärken und ihm nachfolgend bei der Veräußerung, u. a. durch die Zurverfügungstellung seines Accounts, behilflich zu sein. ... (Es) ist davon auszugehen, dass auch mildere Maßnahmen – insbesondere der bereits vollzogene Unterrichtsausschluss sowie die untersagte Teilnahme am Wintersportschullandheim – geeignet sind, mit dem gebotenen Nachdruck auf den Schüler einzuwirken.«

Eine Überweisung an eine andere Schule wenige Wochen vor einem Schulabschluss wegen Alkoholkonsums und Drogenbesitzes auf einer Abschlussfahrt, von der die beteiligten Schüler aber nicht ausgeschlossen wurden, ist rechtswidrig, da die Belastung für die Schüler erheblich ist, die Drogen nicht an bis dahin unbeteiligte Mitschüler weitergegeben wurden und das Verhalten der Schule widersprüchlich ist, da sie die Schüler zwar in eine andere Schule überweisen will, sie aber nach Entdeckung der Drogen nicht von der weiteren Teilnahme an der Fahrt ausgeschlossen hat → *(VG Osnabrück, Az.: 1 B 26/05; SchulRecht 1-2/ 2006, S. 10).*

Schüler, die das Internet nicht nur als Informationsquelle und Kommunikationsmittel, sondern auch als Spiel- und Spaßmedium wahrnehmen, unterschätzen gelegentlich die Schwere eines mit Hilfe des Internets ausgeführten Angriffs auf die Ehre oder die Sicherheit von Personen. Schüler können aber auch bewusst die technischen Möglichkeiten und die Anonymität des Internets nutzen, um die Rechte am Schulleben beteiligter Personen gravierend zu verletzen. **157**

F Die pornographische Fotomontage

Ein Schüler eines 11. Jahrganges eines Gymnasiums fertigte eine Computer-Fotomontage an, indem er in ein pornographisches Bild die Köpfe einer Lehrerin und zweier Lehrer montierte. Er sandte diese Montage per e-mail an einen Mitschüler, mit dem er auch über die Montage sprach. Dieser Mitschüler steckte das Bild in die Vitrine des Vertretungsplans der Schule. Der Urheber der Montage sah dieses Bild in der Vitrine, als er in die Schule kam. Er unternahm nichts, um das Bild schnellstmöglich zu entfernen. Vor der daraufhin einberufenen Klassenkonferenz bedauerte der Schüler den Vorfall und entschuldigte sich dafür. Die betroffenen Lehrkräfte lehnten die Entschuldigung ab. Die Konferenz beschloss die Überweisung an eine andere Schule.

Das Verwaltungsgericht Hannover → *(Az.: 6 A 3649/00; SchulRecht 11-12/2002, S. 193 f)* hat die Klage des Schülers abgewiesen:

»Die Verhaltensweisen des Schülers stellen grobe Pflichtverletzungen dar. Der Schüler hat die Fotomontage erstellt und einem Mitschüler zur Verfügung gestellt. Er hat diese Fotomontage in der Vitrine gesehen und nichts unternommen, damit die Montage unverzüglich entfernt wird. Es kann offen bleiben, ob nicht bereits die Weitergabe dieser Fotomontage an den Mitschüler eine grobe Pflichtverletzung darstellt. Jedenfalls in Verbindung mit dem nicht sofortigen Einschreiten nach Kenntnis der Veröffentlichung der Fotomontage liegt eine grobe Pflichtverletzung des Schülers vor. Unabhängig davon bejaht das Gericht die grobe Pflichtverletzung auch durch bloße Herstellung und Versendung der Fotomontage an einen Mitschüler. Wer eine derartige Fotomontage an einen Mitschüler weitergibt, muss damit rechnen, dass dieser Mitschüler diese Fotomontage auch weiteren Personen zugänglich macht, insbesondere dem gemeinsamen Umfeld der Schule. Die Frage, ob der Kläger mit seinen Handlungen auch Täter oder Teilnehmer einer Straftat nach § 184 bzw. 185 StGB (Beleidigung) ist, ist für das verwaltungsgerichtliche Verfahren unbeachtlich. Es kommt allein darauf an, dass eine grobe Pflichtverletzung des Schülers vorliegt. ...

Im Hinblick auf die Entschuldigungen des Schülers ist nicht festzustellen, dass die Klassenkonferenz die Entschuldigungsversuche nicht zur Kenntnis genommen hat. Die Wertung, dass auf Seiten des Schülers eine mangelnde Einsicht in die Bedeutung seiner Handlung vorliegt, beruht im Wesentlichen auf dem unmittelbaren Eindruck der Beteiligten und der Klassenkonferenz. Sie ist nach der Aktenlage nachvollziehbar dargestellt und nicht zu beanstanden. Eine Pflicht eines betroffenen Lehrers, eine Entschuldigung anzunehmen, besteht nicht. ...

Die Überweisung des Schülers an ein anderes Gymnasium verstößt auch nicht gegen den Grundsatz der Verhältnismäßigkeit. Angesichts der Schwere des Pflichtverletzung des Schülers brauchte die Schule weder den Erfolg eines Erziehungsmittels abzuwarten noch ein eventuell milderes Ordnungsmittel zu beschließen. Der Schluss der Klassenkonferenz, dass ein Verbleib des Schülers bei der Schule die Probleme, die infolge der Verhaltensweise des Schülers entstanden sind und weiter bestehen würden, nicht löse, ist nicht zu beanstanden. Angesichts der Auswirkungen der Handlung auf den Schulbetrieb erscheinen innerschulischen Maßnahmen eher von vornherein ausgeschlossen. Auch aus generalpräventiven Aspekten ist die Entscheidung nicht zu beanstanden. Lehrer sind kein Freiwild für Schüler. Es kann nicht hingenommen werden, dass Lehrer in einer derart widerwärtigen Weise angegangen werden. Wenn es der Schule genommen wäre, in einem derartigen Fall hart durchzugreifen, wären die Lehrer mehr oder weniger schutzlos solchen herabwürdigenden Verhaltensweisen ausgeliefert. Was sollte Nachahmer abhalten, wenn eine Entschuldigung zwingend dazu führen müsste, von gravierenden Ordnungsmaßnahmen Abstand nehmen zu müssen. Ein von der Klägerseite vorgebrachtes nachlassendes Unrechtbewusstsein bei Schülern darf nicht dazu führen, dass Wertmaßstäbe gesenkt werden müssen. Vielmehr ist es nicht zu beanstanden, dass die allgemein gesellschaftlich anerkannten Wertmaßstäbe auch im Schulbetrieb aufrecht erhalten werden.«

F **Der Chatroom für Singles**

Nach einem Hinweis von Schülern teilte ein Lehrer dem Schulleiter einer Realschule mit, dass in dem Chatroom der Internetseite www.single-city.de die ganz oder teilweise mit den Namen von Lehrkräften der Schule identischen Usernamen M.-N., o., PopoP., Q.-R. und S.arsch benutzt würden, und dass unter diesen Chatnamen Lehrkräfte der Schule mit sexuellen Begriffen und Unterstellungen beleidigt und beschimpft worden seien. Nachdem die betroffenen Lehrkräfte Strafanzeigen erstattet hatten, führte der Schulleiter ein Gespräch mit einem Schüler der Klasse 6 in Anwesenheit zweier Polizisten. Der Schüler gab zu, unter dem Namen der Lehrerin T. ein Userprofil erstellt und Chatbeiträge geleistet zu haben. Er habe aber nur wenige Beiträge verfasst, und es hätten auch andere Personen Zugang zu dem privaten Computer gehabt und das Kennwort gekannt.

Das Verwaltungsgericht Hannover → *(Az.: 6 A 3372/06; SchulRecht 5-6/2008, S. 61)* hat die Klage des Schülers gegen die Überweisung an eine andere Schule mit der folgenden Begründung abgewiesen: Die Schule ist den Aktivitäten der Schüler im Internet erst nachgegangen, als sie aus der Schülerschaft Hinweise auf gravierendes Fehlverhalten erhalten hat. Die Nachforschungen im Internet wären unter dem Gesichtspunkt einer Verletzung der Persönlichkeitssphäre der Schüler nur dann problematisch, wenn die Schule ohne jedes Verdachtsmoment prophylaktisch überprüft hätte, was Schüler im Internet tun.

Die Anwesenheit der Polizisten ändert nichts daran, dass es sich um ein schulisches Ordnungsmaßnahmeverfahren handelte und nicht um ein polizeiliches Ermittlungsverfahren.

Bei der Verwendung eines privaten Computers und eines Kennwortes kann ein Schüler sich nicht durch den pauschalen Hinweis, auch andere hätten den Computer nutzen können und das Kennwort gekannt, von der Verantwortlichkeit befreien. Er müsste einen konkreten und plausiblen Ablauf der Nutzung durch andere darlegen.

Durch die Herstellung und Verbreitung von Pornographie oder Gewaltdarstellungen können sich Schüler strafbar machen. § 131 des Strafgesetzbuches verbietet die Herstellung und Verbreitung von Gewaltdarstellungen, § 184 StGB das Anbieten, Überlassen oder Zugänglichmachen von Pornographie an Personen unter 18 Jahren und das unaufgeforderte Zusenden von Pornographie auch an Personen über 18 Jahren sowie das Vorführen oder sonstige Zugänglichmachen von Pornographie an Orten, zu denen Personen unter 18 Jahren Zugang haben.

158 | ! | Aus den bisher dargestellten Fällen zur Verweisung in eine andere Schule und zur Weitergabe von Drogen an Mitschüler lassen sich einige grundsätzliche und einige auf die Drogenproblematik bezogene Fragen ableiten, die in jedem Fall von der Schule beantwortet werden sollten, bevor sie sich entschließt, eine Entlassung bzw. Verweisung auszusprechen:

Grundsätzliche Fragen:

– Liegt der schulischen Entscheidung ein bewiesener Sachverhalt zugrunde?
– Wurden bereits Ordnungsmaßnahmen verhängt?
– Wurde die Zwecklosigkeit der Androhung der Entlassung sorgfältig begründet?
– Wie wurden die Gesichtspunkte der Spezial- und Generalprävention gewichtet?
– Wurden die Folgen der Entlassung für den konkreten Schüler, insbesondere im Hinblick auf Versetzungen und Schulabschlüsse berücksichtigt?
– Wurde ggf. die Notwendigkeit einer sofortigen Vollziehung ausreichend begründet?

Fragen zu Schule und Drogen:

– Handelt es sich um »harte« oder »weiche« Drogen?
– Um welche Menge handelt es sich? Wurden die Drogen selbst konsumiert oder weitergegeben?
– Wurde mit Gewinnerzielungsabsicht verkauft?
– Handelte es sich um einen einmaligen Vorfall?
– Wurden weitere Straftaten wie z. B. eine Körperverletzung angedroht oder ausgeführt?
– Zeigte der Täter Einsicht in das Unrecht seines Tuns?

Neben schweren Fällen von Gewalttätigkeit, Erpressung und Drogen- **159**
handel können auch Angriffe auf Lehrkräfte zur Entlassung von der
Schule führen (s. o. RdNr. 148). Das gilt keineswegs ausschließlich für
körperliche Attacken eines Schülers gegen eine Lehrkraft.

F **Der Lügner**
Ein Schüler besuchte die Klasse 8b des Hauptschulzweiges einer
Haupt- und Realschule. Die Mutter des Schülers hatte bei der Bezirksregierung schriftlich folgendes angezeigt: Der Sportlehrer habe im
Sportunterricht ihrem Sohn nach dessen Angaben und den Angaben
eines Schulkameraden durch das gesamte Hosenbein bis hinauf in
den Schambereich gefasst, was ihr Sohn als Unzucht empfunden
habe.
Nach Anhörung mehrerer Schüler wies die Bezirksregierung die als
Dienstaufsichtsbeschwerde verstandene Eingabe der Mutter zurück,
weil die Behauptung des Schülers über das Verhalten des Sportlehrers
nicht der Wahrheit entspreche. Der Lehrer habe nach den eindeutigen Aussagen dreier Mitschüler lediglich versucht, den Schüler an den
Füßen von der Sportmatte zu ziehen.
Der Schüler entschuldigte sich nicht für seine wahrheitswidrige
Behauptung. Die Klassenkonferenz beschloss daraufhin, den Schüler
unter Anordnung der sofortigen Vollziehung an eine andere Hauptschule zu überweisen.

Das Verwaltungsgericht Hannover → *(Az.: 6 B 2226/98; SchulRecht 2/
1999, S. 28)* lehnte den Antrag des Schülers auf Wiederherstellung der
aufschiebenden Wirkung seines Widerspruchs ab:

»Erhebt eine Schülerin oder ein Schüler gegen eine Lehrkraft subjektiv
und objektiv unrichtig den Vorwurf sexueller Belästigung, liegt darin eine
grobe Pflichtverletzung, die außergewöhnlich schwerwiegend ist.

Schülerinnen und Schüler sind im Rahmen der Aufsichtspflicht der Verantwortung von Lehrkräften anvertraut ... Die Wahrung des dadurch
bedingten Vertrauensverhältnisses ist notwendiger Bestandteil einer
funktionierenden Schule. Sexuelle Übergriffe einer Lehrkraft stellen deshalb ein besonders schwerwiegendes Vergehen dar, weil sie die Schutz-
und Hilflosigkeit sowie die persönliche Abhängigkeit des Schulkindes und
seiner Sorgeberechtigten ausnutzen und auf diese Weise zusätzlichen
Schaden anrichten. Das bedeutet zugleich, dass das für ein funktionieren-

des Schulleben unverzichtbare Vertrauensverhältnis zwischen Schülern und ihren Erziehungsberechtigten einerseits sowie Lehrkräften und Schulleitung andererseits nicht durch subjektiv und objektiv unrichtige Vorwürfe sexueller Verfehlungen von Lehrkräften zerstört werden darf. Auch wenn ein solcher von einem Schüler erhobener unrichtiger Vorwurf nicht die Verletzung typischer Schülerpflichten wie Unterrichtsteilnahme, Verhalten auf dem Schulgelände usw. kennzeichnet, sondern sich gezielt gegen die persönliche Integrität einer einzelnen Lehrkraft richtet, berechtigt er dennoch zu einer schulrechtlichen Ordnungsmaßnahme ...

Es besteht auch ein überwiegendes öffentliches Interesse an der sofortigen Vollziehung der Ordnungsmaßnahme. Der subjektiv und objektiv unrichtige Vorwurf sexueller Verfehlungen gegen eine Lehrkraft erfordert stets unverzügliches Handeln, um die Ordnung im Schulbetrieb zu erhalten und ein gestörtes Vertrauensverhältnis zu einzelnen oder mehreren Lehrkräften möglichst umgehend wiederherzustellen. Es handelt sich typischerweise um eine Sachlage, die eine sofortige Maßnahme der Schule rechtfertigt.«

160 Einige Länder sehen die Entlassung nicht mehr schulpflichtiger Schüler bei in erheblichem Maße unentschuldigt versäumtem Unterricht vor. Dabei ist in der Regel das für Ordnungsmaßnahmen vorgeschriebene Verfahren durchzuführen.

Fehlt eine entsprechende gesetzliche Grundlage und will die Schule volljährige, nicht mehr schulpflichtige Schüler wegen häufiger unentschuldigter Fehlzeiten von der Schule entlassen, muss sie begründen, warum in diesem Fehlen eine erhebliche Störung der schulischen Ordnung zu sehen ist. Das wird nicht immer leicht sein, da man argumentieren kann, das Fehlen eines einzelnen Schülers gefährde nicht die Aufgabe der Schule und verletze nicht die Rechte der anderen Schüler. Es müssen daher über das bloße Fehlen hinausgehende Folgen wie etwa eine erkennbare »Vorbildwirkung« auf die Mitschüler oder ein gemeinsames, abgesprochenes Fehlen mehrerer Schüler vorliegen → *(s. dazu oben VG Braunschweig, Az.: 6 B 48/03; SchulRecht 5/2004, S. 108).*

6. Verweisung von allen öffentlichen Schulen des Landes

Nicht alle Länder sehen eine Verweisung nicht mehr schulpflichtiger **161** Schüler von allen öffentlichen Schulen des Landes vor. In Niedersachsen können dagegen auch schulpflichtige Schüler von allen Schulen des Landes verwiesen werden (§ 61 Abs. 3 Nr. 6SchulG Nds). Aufgrund der Verweisung ruht die Pflicht zum Schulbesuch (§ 70 Abs. 5 SchulG Nds).

Die Verweisung bezieht sich nur auf alle öffentlichen Schulen eines Lan- **162** des. Der Besuch einer privaten Ersatz- oder Ergänzungsschule wird damit nicht ausgeschlossen. Da diese Maßnahme aber wohl nur bei schwerstkriminellem oder unberechenbar gemeingefährlichem Verhalten in Frage kommt, dürfte sich keine private Schule bereitfinden, einen solchen Schüler aufzunehmen.

Eine Verweisung von allen öffentlichen Schulen eines Landes kommt in der Praxis äußerst selten vor. Handelt es sich um einen schulpflichtigen Schüler, wird für geeignete Bildungsmaßnahmen wie etwa die Unterbringung in einer Anstalt oder einem Heim gesorgt. Schüler, die das Leben und die Gesundheit anderer Schüler gefährden, können gemäß § 86 Abs. 13 BayEUG vom Schulleiter auch dann vom Schulbesuch dauerhaft ausgeschlossen werden, wenn sie noch schulpflichtig sind. Der Schulleiter hat die Polizei, das Jugendamt, die Schulaufsicht, die Erziehungsberechtigten und die zuständigen schulischen Beratungsfachkräfte unverzüglich zu informieren. Bei Schülern ab dem 8. Schulbesuchsjahr, denen gegenüber die Ordnungsmaßnahme eines Ausschlusses vom Unterricht für mehr als vier Wochen ausgesprochen wurde, kann in Bayern die Vollzeitschulpflicht vorzeitig beendet werden, wenn ein weiterer Unterrichtsausschluss erforderlich wäre, um eine Störung der schulischen Ordnung zu verhindern.

7. Kombination der Ordnungsmaßnahmen mit weiteren Maßnahmen

Ordnungsmaßnahmen können beliebig mit Erziehungsmaßnahmen **163** kombiniert werden, da die Länderregelungen solche Kombinationen nicht ausschließen.

Bei der Kombination mehrerer Ordnungsmaßnahmen miteinander **164** schreiben einige Länder ausschließlich bestimmte Kombinationen vor.

So dürfen Nachsitzen und die Überweisung in die Parallelklasse in Baden-Württemberg mit der Androhung des zeitweiligen Ausschlusses vom Unterricht sowie der zeitweilige Ausschluss vom Unterricht mit der Androhung des Ausschlusses aus der Schule kombiniert werden. Alle anderen denkbaren Kombinationen von Ordnungsmaßnahmen sind dann unzulässig. Enthalten die Schulgesetze keine Regelung möglicher Kombinationen ist davon auszugehen, dass alle Kombinationen zulässig sind, die dem Grundsatz der Verhältnismäßigkeit entsprechen.

VII. Beschwerde- und Widerspruchsverfahren

Mit welchen Rechtsbehelfen Eltern und Schüler gegen erzieherische **165** Maßnahmen oder Ordnungsmaßnahmen vorgehen können, hängt vom Rechtscharakter der jeweiligen Maßnahme ab. Ordnungsmaßnahmen gehören nicht zum Bereich der innerschulischen Organisation. Sie sind in aller Regel Verwaltungsakte, können aber im Einzelfall auch der Kategorie des schlicht-hoheitlichen Handelns zuzuordnen sein. Erzieherische Einwirkungen sind demgegenüber in der Regel keine Verwaltungsakte, es sei denn, sie wären in rechtlicher und tatsächlicher Hinsicht so belastend, dass sie im Einzelfall als Verwaltungsakte anzusehen sind.

1. Beschwerde

Die Verweise sind wegen der Geringfügigkeit des Eingriffs in die Rechte **166** der Betroffenen und ihrer auch in tatsächlicher Hinsicht geringen belastenden Wirkung nach der hier vertretenen Auffassung keine Verwaltungsakte, sondern schlicht-hoheitliches Handeln. Schüler und Eltern können daher mit einer frist- und formlosen Beschwerde gegen Verweise vorgehen. Die Beschwerde sollte zunächst bei dem schulischen Organ erhoben werden, das den Verweis ausgesprochen hat. Sie hat keine aufschiebende Wirkung. Hilft ihr das zuständige Organ nicht ab, muss durch die Umstände oder eine klare Äußerung des Schülers und der Erziehungsberechtigten festgestellt werden, ob das Beschwerdeverfahren damit als abgeschlossen anzusehen ist, oder ob die Beschwerde als Aufsichtsbeschwerde erhoben worden ist und damit an die zuständige Schulaufsichtsbehörde weiterzuleiten ist.

2. Widerspruch

a. Akteneinsicht

Nach Abschluss des zur Verhängung einer Ordnungsmaßnahme führen- **167** den Verfahrens können die Verfahrensbeteiligten, also die Erziehungsberechtigten oder der volljährige Schüler, Akteneinsicht beantragen, um prüfen zu können, ob von der Widerspruchsmöglichkeit Gebrauch gemacht werden soll oder – falls sie bereits Widerspruch eingelegt haben –, um im Rahmen eines Widerspruchsverfahrens die behördliche Entscheidung prüfen zu können (§ 29 VwVfG). Die Akteneinsicht erfolgt grundsätzlich bei der Schule. Form, Ort und Zeit der Akteneinsicht müssen für beide Seiten zumutbar sein. Die Schule kann nach eigenem Ermessen auch Akteneinsicht in anderer Form, z. B. durch Übersenden von Kopien (auf Kosten der Erziehungsberechtigten bzw. des volljährigen Schülers) gewähren. Die Kopien können auf Wunsch auch an einen Rechtsanwalt geschickt werden. Eine persönliche Akteneinsicht durch einen Rechtsanwalt sollte die Schule in der Regel über die Schulaufsichtsbehörde durchführen lassen.

168 Die Übersendung von Kopien ist grundsätzlich unproblematisch, da gem. § 100 VwGO, der bei der Auslegung von § 29 VwVfG zu beachten ist, im Verfahren vor dem Verwaltungsgericht ein Anspruch auf die Kopien besteht, so dass die Erziehungsberechtigten oder der volljährige Schüler spätestens in einem gerichtlichen Verfahren Einsicht in Kopien nehmen könnten. Außerdem sollte die Schule auf jeden Fall den Eindruck vermeiden, sie habe etwas zu verbergen, und stattdessen eher auf eine gute anwaltliche Beratung vertrauen, die einem Mandanten auch eventuelle geringe Erfolgsaussichten vor Augen führt.

b. Grundlagen

169 Ordnungsmaßnahmen sind Verwaltungsakte, wenn sie erheblich in die Rechte der Betroffenen eingreifen und sie auch in tatsächlicher Hinsicht erheblich belasten. Schüler und Eltern können daher mit einem form- und fristgebundenen Widerspruch gegen diese schulischen Entscheidungen vorgehen. Der Widerspruch entfaltet eine aufschiebende Wirkung, die die Schule durch die Anordnung der sofortigen Vollziehung beseitigen kann.

Einige Länder (z. B. Baden-Württemberg, Nordrhein-Westfalen und das Saarland) haben die aufschiebende Wirkung eines Widerspruchs und einer gerichtlichen Klage bei einigen oder allen Ordnungsmaßnahmen gesetzlich ausgeschlossen. Die Schulen müssen daher in diesen Ländern keine sofortige Vollziehung mehr anordnen, um eine Ordnungsmaßnahme trotz eines eingelegten Widerspruchs ohne Verzögerung wirksam werden zu lassen. Schüler und Eltern können bei der Schulaufsicht oder in einem Eilverfahren beim Verwaltungsgericht die Aussetzung der

Vollziehung beantragen. Der vorläufige Rechtsschutz ändert sich damit für Eltern und Schüler nur geringfügig, da bei aufschiebender Wirkung eines Widerspruchs und Anordnung der sofortigen Vollziehung durch die Schule ein Antrag auf Wiederherstellung der aufschiebenden Wirkung gestellt werden kann. Die Schulen sind aber der Verpflichtung enthoben, in jedem Fall die sofortige Vollziehung anordnen zu müssen, wenn sie sicher sein wollen, dass eine Maßnahme trotz eines eingelegten Widerspruchs sofort wirksam werden kann. Es handelt sich daher um aus schulischer Sicht begrüßenswerte Regelungen.

In den meisten Ländern endet die aufschiebende Wirkung eines Widerspruchs erst mit der Zurückweisung des Widerspruchs durch die Widerspruchsbehörde und wenn gegen diese Entscheidung keine Klage innerhalb der gesetzlichen Frist – in der Regel ein Monat – eingelegt wurde. Wird Klage erhoben, bleibt die aufschiebende Wirkung bis zu einer rechtskräftigen gerichtlichen Entscheidung bestehen.

Bei Ordnungsmaßnahmen sind Anordnungen der sofortigen Vollziehung häufiger als bei anderen schulischen Maßnahmen, da die meisten Ordnungsmaßnahmen innerhalb eines bestimmten, meist relativ kurzen Zeitraumes vollzogen werden müssen, um die gewünschte Wirkung entfalten zu können. Wollte man die Entscheidung im Widerspruchsverfahren oder gar in einem gerichtlichen Verfahren abwarten, bedeutete das in vielen Fällen die faktische Unwirksamkeit der beschlossenen Maßnahme. **170**

Eine Anordnung der sofortigen Vollziehung ist allerdings bei der Androhung der Entlassung von der Schule überflüssig, da die sofortige Vollziehung keine über die bereits in der Androhung der Entlassung enthaltene Beschwer des Schülers hinausgehenden zusätzlichen negativen Folgen enthält → *(VG Bayreuth, Az: B 6 S 01.622; SchulRecht 3/ 2004, S. 63)*. Bei den anderen Ordnungsmaßnahmen wird in der Regel das für die Anordnung des Sofortvollzuges erforderliche besondere öffentliche Interesse gegeben sein, »da Erziehungs- und Ordnungsmaßnahmen nur dann sinnvoll sind und auf den betroffenen Schüler einwirken können, wenn eine zeitliche Nähe zur vorgeworfenen Verfehlung besteht. Es macht pädagogisch keinen Sinn, wenn mit dem Unterrichtsausschluss bis zu einer endgültigen Verwaltungsentscheidung, unter

Umständen bis zu einer rechtskräftigen Gerichtsentscheidung abgewartet wird, die womöglich Monate, wenn nicht Jahre nach dem der Erziehungs- und Ordnungsmaßnahme zugrunde liegenden Vorfall ergehen.«
→ *(VG Karlsruhe, Az.: 14 K 173/99; SchulRecht 5/2000, S. 111 f und VG Bayreuth, Az.: B 6 S 01.622; SchulRecht 3/2004, S. 63).*

171 Das bei Ordnungsmaßnahmen häufig gegebene öffentliche Interesse an der sofortigen Vollziehung führt aber nicht automatisch zur Aufhebung der aufschiebenden Wirkung eines Widerspruchs. Vielmehr muss das öffentliche Interesse am sofortigen Vollzug das entgegenstehende private Interesse des Schülers an der Aussetzung der Entscheidung überwiegen. Diesen Abwägungsprozess hat die Schule vorzunehmen und ihre Entscheidung schriftlich zu begründen. Dabei muss nicht zwingend der Begriff »sofortige Vollziehung« verwendet werden, wenn das Ziel der schulischen Entscheidung, die aufschiebende Wirkung eines Widerspruchs zu beseitigen, eindeutig ist. Die Begründung der Schule darf sich dabei nicht in allgemeinen Wendungen oder einer Wiederholung des Gesetzestextes erschöpfen.

Bei der Abwägung des privaten und des öffentlichen Interesses spielt die überwiegende Wahrscheinlichkeit der Rechtmäßigkeit oder Rechtswidrigkeit der schulischen Maßnahme eine große Rolle. Sollte die Prüfung der Rechtmäßigkeit zu einem eindeutigen Ergebnis führen, ist damit auch die Interessenabwägung entschieden.

172 Die Anordnung der sofortigen Vollziehung setzt nicht zwingend die unmittelbare Gefahr eines wiederholten Fehlverhaltens voraus und sie darf auch, aber nicht ausschließlich auf generalpräventive Gründe gestützt werden:

»Wenn der Schüler davon ausgeht, die Anordnung der sofortigen Vollziehung der Schulüberweisung setzte die Gefahr voraus, dass er weiterhin Drogen verkaufen werde, weil nur dann davon ausgegangen werden könne, dass sein Verbleiben auf der Schule auch nur vorübergehend nicht hingenommen werden könne, so vermag dies die Rechtmäßigkeit des Beschlusses des Verwaltungsgerichts nicht in Frage zu stellen ...

Der Schüler verkennt, dass die streitige Schulordnungsmaßnahme durchaus nicht nur (also rein) vorbeugenden Charakter hat. Auch wenn in § 61 NSchG von »Ordnungsmaßnahmen« die Rede ist, bedeutet das nicht, dass diese nur der Ordnung in der Schule dienten; vielmehr haben sie auch eine erzieherische Aufgabe. Als erzieherische Maßregel duldet die dem Schüler gegenüber ausgesprochene Schulüberweisung aber nicht nur aus spezial-, sondern auch aus generalpräventiven Gründen keinen Aufschub bis zum Abschluss des Klageverfahrens, es sei denn, die Maßnahme selbst begegnete durchgreifenden rechtlichen Bedenken. Insofern ergibt sich ein überwiegendes, nicht näher und weiter begründbares öffentliches Interesse aus dem Sinn und Zweck der Maßnahme, die zudem bei längerem Zuwarten – etwa infolge eines Schulabgangs – nicht mehr durchführbar wäre. Hier kam hinzu, dass im Interesse des Schülers als Übergangstermin die Schuljahresmitte vorgesehen war, was ohne Anordnung der sofortigen Vollziehung nicht gewährleistet wäre.« → *(Niedersächsisches OVG, Az.: 13 M 771/98; SchulRecht 1/2000, S. 11 f.).*

Auch bei Ordnungsmaßnahmen darf die sofortige Vollziehung keinesfalls schematisch angeordnet werden, sondern sie ist als eigenständiger Beschluss zu fassen und zu begründen. Auf die Begründung der Ordnungsmaßnahme und der sofortigen Vollziehung sollte die Schule größte Sorgfalt verwenden, da es nur in sehr seltenen Fällen überhaupt noch zu einer Entscheidung in der Hauptsache kommt.

173 Über die Anordnung der sofortigen Vollziehung entscheidet gem. § 80 Abs. 2 Nr. 4 VwGO diejenige Behörde, die auch den Verwaltungsakt erlassen hat. Innerhalb der Behörde ist das Organ zuständig, das die Ordnungsmaßnahme beschlossen hat, also in der Regel die Klassen- bzw. Lehrerkonferenz oder der Schulleiter, da die Anordnung der sofortigen Vollziehung in einer engen inhaltlichen Beziehung zur verhängten Ordnungsmaßnahme steht. Die sofortige Vollziehung kann gem. § 80 Abs. 2 Nr. 4 VwGO auch von der Widerspruchsbehörde, also der zuständigen Schulaufsichtsbehörde angeordnet werden.

174 Bei der Entscheidung über die sofortige Vollziehung müssen die Interessen aller Beteiligten festgestellt und gegeneinander abgewogen werden.

Typische Begründungen für den Sofortvollzug sind die erhebliche Gefährdung von Mitschülern oder die zwingende Notwendigkeit einer tatnahen Sanktion. Auch diese Begründungen dürfen aber nicht floskelhaft erfolgen, sondern müssen bezogen auf den konkreten Einzelfall überzeugend sein.

(Die folgenden Beispiele finden sich in → *Martina Wedel-Dreier: Aufschiebende Wirkung von Widersprüchen und Anordnung des Sofortvollzuges. In: Recht Aktuell Nr. 5, S. 4.*)

»Beispiel 1:

Schüler A hat seinen Mitschüler B, den er schon seit langem gehänselt hatte, zusammengeschlagen. A wird daraufhin in die Parallelklasse umgesetzt.

Die Begründung der Anordnung der sofortigen Vollziehung könnte wie folgt lauten: Die sofortige Vollziehung der Umsetzung in die Parallelklasse wird nach § 80 Abs. 2 Nr. 4 VwGO angeordnet. Zum Schutz des Schülers B ist die sofortige Vollziehung der Maßnahme erforderlich, da B sich immer noch vor A fürchtet und in dessen Gegenwart dem Unterricht nicht zu folgen vermag. Hierdurch wird die Unterrichts- und Erziehungsarbeit in der Klasse nachhaltig gefährdet. Das Interesse des A, weiter in der bisherigen Klasse unterrichtet zu werden, ist demgegenüber nachrangig.

Beispiel 2:

Schüler C raucht unter Verstoß gegen die Hausordnung im Klassenraum, drückt brennende Zigaretten am Mobiliar und auf dem Teppichboden aus und reagiert auf diesbezügliche Ermahnungen von Lehrkräften mit beleidigenden Worten. Er soll deshalb drei Tage vom Unterricht ausgeschlossen werden.

Die Begründung der sofortigen Vollziehung könnte wie folgt lauten:

Die sofortige Vollziehung des Unterrichtsausschlusses wird gemäß § 80 Abs. 2 Nr. 4 VwGO angeordnet. Der Zweck der Ordnungsmaßnahme liegt vorliegend nicht nur in der Beseitigung der Störungen durch C; sondern damit soll zur Sicherung der Erziehungs- und Unterrichtsarbeit auch den anderen Schülerinnen und Schülern deutlich gemacht werden, dass derart gravierendes Fehlverhalten sichtbare Konsequenzen nach sich zieht. Es wäre unter erzieherischen Gesichtspunkten fatal, wenn die erforderlichen Konsequenzen aus trotz mehrfacher Ermahnung fortgesetzten Verstößen gegen die Hausordnung und gegen Anweisungen von Lehrkräften unangemessen lange auf sich warten lassen. Um den

Zusammenhang zwischen Fehlverhalten und Sanktion deutlich werden zu lassen, ist deshalb ein sofortiger Unterrichtsausschluss pädagogisch notwendig.«

Die Begründungen müssen jeweils einen engen Bezug zum konkreten Einzelfall aufweisen. So hätte etwa im ersten Beispiel der Zeitpunkt der Umsetzung in die parallele Klasse berücksichtigt werden müssen, wenn die Entscheidung kurz vor einer Versetzung getroffen worden wäre und die Versetzung des Schülers gefährdet gewesen wäre. Diese Umstände hätten nicht unbedingt zu einer anderen Entscheidung geführt, hätten aber in den Abwägungsprozess einbezogen werden müssen.

Stellen die Betroffenen beim Verwaltungsgericht einen Antrag auf Wiederherstellung der aufschiebenden Wirkung gem. § 80 Abs. 5 VwGO, prüft das Gericht in einem Eilverfahren, ob der zugrunde liegende Verwaltungsakt offensichtlich rechtmäßig oder offensichtlich rechtswidrig ist sowie das Ergebnis der Interessenabwägung.

c. Verfahrens- und Formfehler

Die Bedeutung der Verfahrens- und Formfehler für die Rechtswidrigkeit **175** einer schulischen Ordnungsmaßnahme wird häufig überschätzt. Das Verfahren ist in den Schulgesetzen und ggf. in den Rechtsverordnungen klar geregelt.

Sollte es doch einmal zu erheblichen Verfahrens- und Formfehlern gekommen sein, lassen sich die meisten dieser Fehler im Widerspruchsverfahren heilen. Eine Schulaufsicht, die die Schule in ihrer Arbeit unterstützen will und eine Maßnahme pädagogisch für vertretbar oder sogar notwendig hält, sollte die Schulen auch so beraten, dass Form- und Verfahrensfehler entweder von vornherein vermieden oder im Widerspruchsverfahren geheilt werden können.

Wird z. B. das Recht auf rechtliches Gehör verletzt, indem die Anhö- **176** rung des Schülers oder seiner Erziehungsberechtigten unterlassen wird, kann dieser Verfahrensfehler gemäß § 45 Abs. 1 Nr. 3 VwVfG, der vorsieht, dass eine unterlassene Anhörung nachgeholt werden kann, geheilt werden. Die Schule selbst kann die Anhörung nachholen oder die Schulaufsicht kann als Widerspruchsbehörde die formelle Rechtswidrigkeit einer vom Schulleiter erlassenen Ordnungsmaßnahme, die auf dem Fehlen einer ordnungsgemäßen Anhörung beruht, durch Nachholung der Anhörung im Widerspruchsverfahren heilen → *(VGH Hessen, Az.: 7 ZU 2137/07; SchulRecht 7-8/2010, S. 84).*

Auch Formulierungen in der Begründung können im Widerspruchsverfahren geändert werden:

»Was die Formulierung in der Begründung der Ordnungsmaßnahme betrifft, dem Schüler werde »insbesondere« zur Last gelegt, gegen das Verbot des Mitbringens von Waffen verstoßen zu haben, so folgt hieraus ebenfalls nicht die Rechtswidrigkeit der festgesetzten Ordnungsmaßnahme. In der Abhilfekonferenz (Widerspruchskonferenz) ist festgestellt worden, dass es in der Begründung heißen müsse: »Nämlich zur Last gelegt wird, gegen das Verbot des Mitbringens von Waffen verstoßen zu haben«. Damit ist klargestellt, dass es sich lediglich um einen Schreib- bzw. Formulierungsfehler gehandelt hat, der sich bei der Festsetzung der Ordnungsmaßnahme rechtlich nicht ausgewirkt hat. Auch besteht kein Anlass zu der Annahme, hiermit habe – wie der Schüler meint – suggeriert werden sollen, er habe andere, die Sicherheit von Mitschülern gefährdende Vergehen begangen. Weder im Protokoll der Klassenkonferenz noch in der Begründung der Festsetzung der Ordnungsmaßnahme ist hiervon die Rede.« → *(VG Braunschweig, Az.: 6 B 6208/98; SchulRecht 2/ 2000 S. 37 f.).*

Nicht nur Formulierungsfehler, sondern auch unvollständige oder fehlerhafte Begründungen können gem. § 45 Abs. 1 VwVfG im Widerspruchsverfahren nachgebessert werden. Das gilt sogar für das Nachholen fehlender Begründungen im Widerspruchsverfahren und im gerichtlichen Verfahren:

»Zwar lässt die Verfügung (der Schule) eine Begründung überhaupt und damit ausreichende Ermessenserwägungen missen. Die tragenden Ermessenserwägungen der Behörde wurden jedoch in rechtlich nicht zu beanstandender Weise nachgeschoben. Nach der Rechtsprechung des Bundesverwaltungsgerichts bleibt der Anspruch auf ermessensfehlerfreie Entscheidung ... während des anhängigen Rechtsstreits erfüllbar.« → *(VG Karlsruhe, Az.: 14 K 173/99; SchulRecht 5/2000, S. 111 f.).*

177 Allerdings können Verfahrens- und Formfehler normalerweise nur bis zum Abschluss des Widerspruchsverfahrens geheilt werden. Hat ein

Land aber die Regelung des Verwaltungsverfahrensgesetzes des Bundes übernommen, könnte eine Heilung sogar noch im verwaltungsgerichtlichen Verfahren möglich sein. Für die Schule und die Schulaufsicht sollte der zeitliche Rahmen des Widerspruchsverfahrens in aller Regel völlig ausreichend sein, da Verfahrens- und Formfehler normalerweise leicht feststellbar sind.

Ob eventuell eine Heilung von Verfahrens- und Formfehlern noch im **178** gerichtlichen Verfahren möglich ist, richtet sich zum einen nach der Regelung des jeweiligen Landesverwaltungsverfahrensgesetzes und zum anderen nach der juristischen Auffassung von der Geltung einer entsprechenden Vorschrift bei Ermessensentscheidungen, zu denen die Entscheidungen über Ordnungsmaßnahmen in jedem Fall gehören → *(VG Karlsruhe, Az.: 6 K 181/97; SchulRecht 4/2001, S. 84 f).* Selbst wenn eine solche Heilung auf der Grundlage der jeweiligen Landesregelung denkbar ist, sollten Schule und Schulaufsicht kein unnötiges Risiko eingehen, sondern im Widerspruchsverfahren die Entscheidung sorgfältig auf Verfahrens- und Formfehler hin untersuchen, um sie innerhalb des Widerspruchsverfahrens heilen zu können.

Die Möglichkeit, einem dennoch übersehenen Verfahrens- oder Formfehler wegen Unbeachtlichkeit gem. § 46 VwVfG die zur Rechtswidrigkeit führende Wirkung zu nehmen, scheidet in aller Regel aus, da eine solche Unbeachtlichkeit bei Ermessensentscheidungen nur in seltenen Ausnahmefällen vorliegt.

Sollte eine schulische Entscheidung wegen eines Verfahrens- oder Formfehlers vor Gericht keinen Bestand haben, wird das Gericht die schulische Entscheidung nicht durch eine eigene Entscheidung ersetzen, sondern die schulische Maßnahme aufheben. Die Schule hat dann grundsätzlich die Möglichkeit, in einem erneuten – diesmal fehlerfreien – Verfahren wieder eine Ordnungsmaßnahme auszusprechen. In der Praxis dürfte das aber oft an der langen Zeit zwischen der ersten Maßnahme und einer endgültigen gerichtlichen Entscheidung scheitern, da das Fehlverhalten zu lange zurückliegt, als dass es noch zu einer Maßnahme führen könnte. Anders liegt die Situation selbstverständlich, wenn in der Zwischenzeit erneutes Fehlverhalten gezeigt wurde.

d. Kontrolldichte der Rechtsprechung

179 »In der Sache ist die nach pflichtgemäßem Ermessen vorzunehmende Wahl der jeweiligen Ordnungsmaßnahme vorwiegend durch pädagogische Erwägungen bestimmt, die sich daran auszurichten haben, in welcher Weise einem in der Schule nicht hinzunehmenden Verhalten von Schülern unter pädagogischen Gesichtspunkten adäquat, sinnvoll und wirksam zu begegnen ist …

Diese pädagogische Bewertung einer schulischen Situation, die vor allem auch eine pädagogische und psychologische Beurteilung der Person und des Verhaltens des betreffenden Schülers verlangt, entzieht sich einer vollständigen Erfassung nach rein rechtlichen Kriterien und bedingt daher sachnotwendig, ähnlich wie bei sonstigen pädagogischen Werturteilen wie etwa im Bereich des Prüfungsrechts, einen Wertungsspielraum des zuständigen Organs der Schule. In diesen Bereich spezifisch pädagogischer Wertungen und Überlegungen haben die Verwaltungsgerichte nicht korrigierend einzugreifen; sie können nicht anstelle des zuständigen Organs der Schule eigene pädagogische Erwägungen anstellen, zu denen sie fachgerecht auch nicht in der Lage wären.

Trotz dieser Grenzen der gerichtlichen Kontrolle haben die Gerichte aber den gegen die jeweilige Ordnungsmaßnahme erhobenen Einwendungen nachzugehen und die pädagogische Bewertung der Schule auf ihre Angemessenheit hin zu überprüfen. Sie haben insbesondere zu kontrollieren, ob die Schule mit der jeweiligen Ordnungsmaßnahme gegen die vorstehend dargelegten Grundsätze der Verhältnismäßigkeit verstoßen hat.«
→ *(Bayerischer VGH, Az.: 7 CS 92.3507; SPE 902 Nr. 5).*

Im Mittelpunkt der juristischen und gerichtlichen Überprüfung von Ordnungsmaßnahmen steht deren Verhältnismäßigkeit. Dabei ist die Kontrolldichte auf der Grundlage des Verhältnismäßigkeitsprinzips im Schulwesen ziemlich dehnbar → *(Niehues, Schul- und Prüfungsrecht, 2. Aufl., RdNr. 108)*: »Die Entscheidung von Streitfällen hängt in diesen Grenzbereichen nicht von der angeblich objektiven Richtigkeit des Kontrollmaßstabes, sondern davon ab, wie das Gericht … die Kontrolle ansetzt.« »Letztlich kommt es immer darauf an, ob die Gerichte ihre Kontrollfunktion in angemessener Zurückhaltung wahrnehmen und es vermeiden, die Verwaltung mit eigenen Zweckmäßigkeitserwägungen zu gängeln.« → *(Niehues, RdNr. 109).*

Auch wenn einige Gerichte wie der oben zitierte Bayerische Verwaltungsgerichtshof die Notwendigkeit einer zurückhaltenden Kontrolle im Bereich pädagogischer Wertungen und damit auch der Verhältnismäßigkeit überzeugend begründen, zeigen sich in der Praxis einiger Gerichte auch immer wieder Tendenzen zu einer Ausdehnung des Kontrollmaßstabs. Das kann im Extremfall dazu führen, dass die möglicherweise richtige Entscheidung einer Konferenz durch die möglicherweise richtige Entscheidung eines Gerichtes ersetzt wird. Auch unter dem Gesichtspunkt der Abgrenzung der Kompetenzen der Judikative von denen der Exekutive ist diese Praxis bedenklich. Die rechtsstaatlich völlig unverzichtbare Überprüfung schulischer Maßnahmen am Maßstab der Verhältnismäßigkeit kann durch die Überdehnung dieses Maßstabes in der verwaltungsgerichtlichen Praxis zu einer nicht sachgerechten Kontrolldichte führen.

e. Kontrolldichte der Schulaufsicht

Die Schulaufsicht kann die Entscheidung über eine Ordnungsmaß- **180** nahme in vollem Umfang nachprüfen, das heißt, sie ist nicht auf eine Überprüfung der Rechtmäßigkeit der Maßnahme beschränkt wie die Gerichte, sondern sie kann auch die pädagogische Zweckmäßigkeit einer Maßnahme überprüfen, muss dabei aber eventuelle landesrechtliche Regelungen hinsichtlich des Ausmaßes der Zweckmäßigkeitsprüfung beachten. Sie kann einem Widerspruch auch nur teilweise abhelfen, indem sie beispielsweise einen zweiwöchigen Unterrichtsausschluss auf eine Woche verkürzt. Ob die Schulaufsicht sich auch für kompetent hält, gegebenenfalls eine eigene pädagogische Entscheidung zu fällen, obwohl die Rechtmäßigkeit der schulischen Ordnungsmaßnahme außer Frage steht, und obwohl es sehr zweifelhaft ist, ob eine sachgerechte Entscheidung ohne die persönliche Kenntnis des Schülers, der Klasse, des gesamten schulischen Umfeldes und der beteiligten Lehrer möglich ist, hängt entscheidend von der Einschätzung des jeweiligen Schulaufsichtsbeamten und den landesrechtlichen Kompetenzen der Schulaufsicht ab.

f. Häufige Anfechtungsgründe

181 [!] Einige der häufigsten Gründe, die zu Anfechtungen von Ordnungsmaßnahmen führen, sollen im folgenden abschließend kurz erwähnt werden, um eine schnelle Prüfung durch die Schulleitung zu ermöglichen:

- Unzuständigkeit des Beschlussorgans, z. B. Schulleiter statt Lehrerkonferenz,
- kein Hinweis auf das Widerspruchsrecht gegen die Beteiligung bestimmter Personen am Verfahren,
- fehlende Beschlussfähigkeit einer Konferenz,
- Öffentlichkeit der Sitzung,
- keine ordnungsgemäße Beratung und Abstimmung, z. B. Personen ohne Teilnahmeberechtigung haben an der Beratung teilgenommen oder nicht stimmberechtigte Personen haben abgestimmt,
- falsche Berechnung der Stimmenmehrheit,
- unterbliebene oder unzureichende Anhörung des Schülers und der Erziehungsberechtigten oder sonstiger Personen (Vertrauenspersonen, Schüler- oder Elternvertreter),
- keine ausreichende und richtige Ermittlung der Tatsachen, z. B. unterlassene Befragung wichtiger Zeugen,
- keine Berücksichtigung in der Vergangenheit ausgesprochener Ordnungsmaßnahmen oder Berücksichtigung von zu weit zurückliegenden Maßnahmen,
- Fehler bei der Ermessensausübung, z. B. glaubt die Schule, Ordnungsmaßnahmen nur in bestimmter Reihenfolge verhängen zu können, oder die Begründung lässt eine Voreingenommenheit gegenüber dem Schüler oder den Eltern erkennen,
- keine ausreichende Begründung der Maßnahme, insbesondere im Hinblick auf ihre Verhältnismäßigkeit,
- keine richtige Gewichtung der Spezial- und der Generalprävention,
- keine ausreichende Berücksichtigung der Folgen der Ordnungsmaßnahme für Versetzungen und Schulabschlüsse bei der Entlassung von der Schule: keine Begründung für die Zwecklosigkeit der Androhung der Entlassung.

Bei der sofortigen Vollziehung:

- keine ausreichende Begründung der Notwendigkeit einer sofortigen Vollziehung.

g. Fortsetzungsfeststellungsklage

Hat ein Schüler die Schule gewechselt oder seine Schullaufbahn been- **182** det, verliert er in der Regel die Möglichkeit, gegen eine Ordnungsmaß- nahme gerichtlich vorzugehen, da eine rechtliche oder tatsächliche Beeinträchtigung durch die Ordnungsmaßnahme nicht mehr vorliegt. Eine Feststellung der Rechtswidrigkeit der verhängten Maßnahme ist allenfalls noch mit einer Fortsetzungsfeststellungsklage möglich. Voraussetzung für eine solche Klage ist aber ein berechtigtes Interesse an der Feststellung der Rechtswidrigkeit. Ein berechtigtes Interesse ist nur zu bejahen, wenn der Schüler durch die Ordnungsmaßnahme noch zum Zeitpunkt der Klage in seiner Ehre oder seinem beruflichen oder gesellschaftlichen Ansehen erheblich beeinträchtigt ist. Es kommt dabei nicht auf das subjektive Empfinden des Betroffenen an, sondern auf eine objektiv feststellbare Beeinträchtigung, die im Normalfall zu ver- neinen sein wird. Das Rechtsschutzbedürfnis fehlt in der Regel auch, wenn der Sachverhalt, auf den sich die Ordnungsmaßnahme stützt, bereits Gegenstand eincs Strafverfahrens war → *(VG Göttingen, Az.: 4 A 239/03; SchulRecht 3-4/2008, S. 33 f).*

Wechselt ein Schüler nach der Entlassung von der Schule auf eine andere Schule, fehlt ihm das Rechtsschutzbedürfnis für einen Antrag auf Anordnung der aufschiebenden Wirkung seines Widerspruchs oder eine Anfechtungsklage. Eine Fortsetzungsfeststellungsklage, mit der die Rechtswidrigkeit der Ordnungsmaßnahme festgestellt werden kann, ist aber wegen des Rehabilitationsinteresses grundsätzlich zuläs- sig → *(VGH Bayern, Az.: 7 CS 09.1347; SchulRecht 3-4/2010, S. 31).*

VIII. Rechtsfragen nach Verfahrensabschluss

1. Dokumentation und Löschungsfristen

Die Länder haben die Dokumentation der Ordnungsmaßnahmen unterschiedlich geregelt. In NRW sind sie beispielsweise in die Schülerakte (Schülerbegleitmappe), nicht aber in das Schülerstammblatt, dessen Inhalte abschließend aufgezählt sind, aufzunehmen. Bedeutsamer als die Frage der Art der Dokumentation ist aber in jedem Fall die Frage einer eventuellen Löschung und der Übermittlung an andere Schulen oder Behörden. **183**

Eine eindeutige Regelung zur Löschungsfrist enthält § 60 a Abs. 8 SchulG MV (»spätestens am Ende des zweiten Schuljahres nach der Eintragung, sofern nicht während dieser Zeit eine erneute Ordnungsmaßnahme getroffen wurde.«). In Hamburg ist in Verwaltungsvorschriften (Nr. 2.4 der Bestimmungen über die Anlage von Schülerbögen) geregelt, dass Vorgänge über Ordnungsmaßnahmen spätestens am Ende des Schuljahres zu vernichten sind, das dem Schuljahr folgt, in dem die Ordnungsmaßnahme zwei Jahre besteht, soweit nicht weitere Ordnungsmaßnahmen ausgesprochen wurden. § 64 Abs. 6 Nr. 4 SchulG Br ermächtigt das für Schule zuständige Mitglied der Landesregierung, die Eintragung von Ordnungsmaßnahmen in die Schülerakten und deren Löschung durch Rechtsverordnung zu regeln. Wird lediglich ein allgemeiner datenschutzrechtlicher Löschungsanspruch geltend gemacht, kann die Schule diesem die Notwendigkeit der Aufzeichnungen für das weitere unterrichtliche und erzieherische Handeln der Schule entgegenhalten → *(VG Hannover, Az.: 6 A 386/04; SchulRecht 3-4/2006, S. 35 f).*

Existieren keine Regelungen zur Löschung, steht nicht die Frage nach der Löschung zu einem bestimmten Zeitpunkt, sondern die Frage im Vordergrund, wie lange eine frühere Ordnungsmaßnahme bei der Beratung über eine weitere Ordnungsmaßnahme berücksichtigt werden darf. Hier können die Regelungen anderer Länder zu den Löschungsfristen Anhaltspunkte geben, die Beantwortung dieser Frage hängt aber in allen Ländern auch vom inneren Zusammenhang zwischen den Vorfällen und Ordnungsmaßnahmen ab. Eine begründete Entscheidung kann daher nur in jedem Einzelfall getroffen werden. Dabei auf den **184**

Ablauf eines Schuljahres abzustellen, ist sicherlich nicht sinnvoll, da durch eine derartig schematische Abgrenzung nicht nur ein möglicher enger innerer Zusammenhang, sondern sogar ein unmittelbarer zeitlicher Zusammenhang zwischen einer Ordnungsmaßnahme gegen Ende eines Schuljahres und einer zweiten am Anfang des folgenden Schuljahres zerstört wird.

Geht man nicht vom Schuljahr, sondern vom Kalenderjahr aus, wird man je nach Schwere der bereits ausgesprochenen Ordnungsmaßnahme und des erneuten Fehlverhaltens von einem bis zwei Zeitjahren auszugehen haben, nach deren Ablauf eine frühere Ordnungsmaßnahme als erledigt anzusehen ist. Beispielsweise geht das Verwaltungsgericht Göttingen → *(Az.: 4 B 4043/99; SchulRecht 9/2000, S. 152)* davon aus, dass die Berücksichtigung von im vergangenen Schuljahr ausgesprochenen Ordnungsmaßnahmen unproblematisch ist:

»Es ist auch nicht zu beanstanden, dass die Schule das Fehlverhalten des Schülers während des vergangenen Schuljahres bei ihrer hier streitigen Entscheidung in ihre Überlegungen mit hat einfließen lassen. Auch die seinerzeit beschlossenen Ordnungsmaßnahmen ... beruhten auf ernsthaften Störungen des Schulalltags durch das Verhalten des Schülers.«

Dabei ist zu berücksichtigen, dass bei Schülern die persönliche Entwicklung noch nicht abgeschlossen ist und zu schnellen Veränderungen führen kann und daher nicht schematisch, sondern unter Berücksichtigung des Einzelfalles zu entscheiden ist. »Der Grundsatz der Verhältnismäßigkeit gebietet, in unterschiedliche Alters- und Entwicklungsphasen des Schülers fallendes Fehlverhalten auch differenziert zu bewerten.« → *(Staupe, S. 168).*

2. Mitteilung an andere Schulen

185 Sofern es keine ausdrückliche Regelung der Übermittlung an andere Schulen gibt, muss im Einzelfall über die Weitergabe entschieden werden. In den Bundesländern gibt es Regelungen zum Erfassen und Übermitteln von Schülerdaten, z. B. in NRW die Verordnung über die zur Verarbeitung zugelassenen Daten von Schülerinnen, Schülern und Erziehungsberechtigten, in denen im Einzelnen die Daten aufgeführt sind, die im Regelfall weiterzugeben sind. Erziehungs- und Ordnungsmaßnahmen werden dabei z. B. in NRW nicht erwähnt. Für nicht aufgeführte Daten gilt, dass sie übermittelt werden, soweit sie für die weitere Schulausbildung erforderlich sind. Eine Weitergabe wird daher immer dann erforderlich sein, wenn die neue Schule die Informationen benötigt, um den betroffenen Schüler selbst erzieherisch fördern oder Mitschüler vor erheblicher Gefährdung schützen zu können.

IX. Konsequenzen unabhängig vom Schulordnungsrecht

1. Zivil- und strafrechtliche Konsequenzen

Ordnungsmaßnahmen können neben weitere Maßnahmen wie ein **186** Hausverbot oder eine strafrechtliche Verurteilung treten. Eine Strafanzeige und eine Ordnungsmaßnahme sind nebeneinander möglich, da Strafe und Ordnungsmaßnahme auf unterschiedliche Wirkungen zielen und einen unterschiedlichen Charakter haben. Es handelt sich daher, falls es zusätzlich zur Ordnungsmaßnahme auch zu einer strafrechtlichen Sanktion kommt, nicht um eine Doppelbestrafung.

> ! Bei schwerwiegenden strafbaren Handlungen in der Schule oder mit **187** unmittelbaren Auswirkungen auf die Schule wie Rauschgifthandel, schwerer Körperverletzung oder Erpressung sollte die Schulleitung nicht zögern, umgehend die Polizei einzuschalten. Einige Länder haben, wie Nordrhein-Westfalen, in Verwaltungsvorschriften die Handlungen aufgeführt, bei denen eine Strafanzeige zu erstatten ist. Dazu gehören Straftaten gegen das Leben, Sexualdelikte, Raub, schwere und gefährliche Körperverletzung, besonders schwere Fälle von Bedrohung, Sachbeschädigung oder Nötigung, politisch motivierte Straftaten, Verstöße gegen das Waffengesetz,, Einbruchdiebstähle, gefährliche Eingriffe in den Straßenverkehr sowie Besitz, Handel oder sonstige Weitergabe von Betäubungsmitteln. Bei geringfügigeren Straftaten oder beim Verdacht einer strafbaren Handlung hat der Schulleiter zu prüfen, ob pädagogische Maßnahmen ausreichen oder wegen der Schwere der Tat eine Anzeige zu erstatten ist (RdErl. v. 31. 8. 2007). In Fällen bereits begangener Straftaten macht sich die Schulleitung nicht selbst strafbar, wenn sie eine Anzeige unterlässt. Sie und die Lehrer der Schule können sich allerdings selbst strafbar machen, wenn sie vom Vorhaben bestimmter Straftaten wie Raub oder Brandstiftung erfahren, ohne Strafanzeige zu erstatten. In allen Fällen, die eine nicht unerhebliche kriminelle Energie erkennen lassen, ist grundsätzlich davon auszugehen, dass die Schule allein mit schulischen Mitteln die Opfer nicht in ausreichendem Maße schützen und nicht in angemessener Weise reagieren kann.

Die Zuständigkeit für die Verständigung der Strafverfolgungsbehörden liegt beim Schulleiter als dem für die Außenvertretung der Schule zuständigen Behördenleiter. Einzelne Lehrer dürfen nicht ohne Rücksprache und Einverständnis des Schulleiters die Polizei oder andere Behörden benachrichtigen. Der Schulleiter muss das Einverständnis der Schulaufsicht nur dann einholen, wenn Vorschriften des Landes ihn dazu ausdrücklich verpflichten.

188 Kommt es zu strafrechtlichen Ermittlungsverfahren, besteht wegen der Unabhängigkeit von schulischem Ordnungsverfahren und Strafverfahren keine Notwendigkeit, zunächst das Ergebnis der staatsanwaltschaftlichen Ermittlungen abzuwarten:

> »Daher (wegen des Unterschieds zwischen Ordnungsmaßnahme und Strafe) bestand für ein Aussetzen der Entscheidung über den Unterrichtsausschluss bis zum Abschluss des strafrechtlichen Ermittlungsverfahrens kein Anlass. Dies gilt um so mehr, als die von der Schule verhängte Erziehungs- und Ordnungsmaßnahme ihrerseits im Rahmen des Ermittlungsverfahrens berücksichtigt werden kann (vgl. etwa §§ 45 Abs. 2, 47 Abs. 1 Nr. 2 JGG).« → (VG Freiburg, Az.: 2 K 1004/99; SchulRecht 1/2001, S. 11).

189 Sind Mitschüler Opfer einer Straftat, z. B. einer Beleidigung (§ 185 StGB), Körperverletzung (§ 223 StGB), Nötigung (§ 240 StGB), Bedrohung (§ 241 StGB), Sachbeschädigung (§ 303 StGB) oder eines Diebstahls (§ 242 StGB) in der Schule geworden, können volljährige Schüler oder die Erziehungsberechtigten einen Strafantrag innerhalb von drei Monaten gerechnet vom Zeitpunkt der Kenntnis von Tat und Täter stellen. Handelt es sich dagegen um strafbare Delikte gegenüber Lehrern, bedürfen diese ebenso wie in einem eventuellen Strafverfahren einer Aussagegenehmigung durch die Schulaufsicht, um einen Strafantrag stellen zu können. Das gilt gleichermaßen für Beamte aufgrund der Landesbeamtengesetze wie für Angestellte aufgrund der Tarifverträge.

Bei Lehrern kann ein Strafantrag bei Beleidigung (§ 194 Abs. 3 StGB) und Körperverletzung (§ 232 Abs. 2 StGB) nicht nur vom Verletzten, sondern auch vom Dienstherrn gestellt werden. Durch eine Antragstellung des Dienstherrn wird eine aus Sicht des Verletzten positive Entscheidung der Staatsanwaltschaft und auch eines Gerichts wahrscheinlicher. Daher ist die in einigen Ländern zu beobachtende Tendenz der

Schulaufsichtsbehörden, von einer eigenen Antragstellung auch bei Fällen massiver Beleidigungen durch Eltern oder erheblicher Körperverletzungen durch Schüler abzusehen, angesichts des Anspruchs der Lehrer auf Fürsorge und der zunehmenden verbalen und tätlichen Angriffe auf Lehrer völlig unverständlich → *(s. dazu: Schutz der Ehre – Fehlanzeige bei Lehrern? In: SchulRecht 11-12/2003, S. 2–5).*

Sind Schadensersatzansprüche in Geld z. B. wegen einer Sachbeschädigung entstanden, kann die Schule zwar zum Ersatz des Schadens auffordern, eine solche Aufforderung hat allerdings in vielen Fällen lediglich Appellcharakter, da eine rechtliche Durchsetzung von Schadensersatzansprüchen nur den Geschädigten selbst (also z. B. Mitschülern oder dem Schulträger) möglich ist. **190**

Richten Schüler in der Schule Sachschäden an, sind die Eltern in aller Regel nicht zum Schadensersatz verpflichtet, da Eltern nicht für ihre Kinder haften, sondern für eine Verletzung ihrer Aufsichtspflicht. Ihre Aufsichtspflicht können Eltern in der Schule aber normalerweise nicht verletzen. Eine Aufsichtspflichtverletzung ist allerdings denkbar, wenn Eltern von der Schule darauf hingewiesen worden sind, dass ihr Kind einen gefährlichen Gegenstand mit in die Schule gebracht hat, und dieses Verhalten nicht unterbinden. Richtet der Schüler dann mit diesem Gegenstand (z. B. einem Messer) einen Schaden an, ist auch eine eventuelle Aufsichtspflichtverletzung der Eltern zu prüfen.

Häufig sind Eltern allerdings zum Ersatz eines Schadens auch auf freiwilliger Basis bereit. Schüler haften für von ihnen angerichtete Schäden unmittelbar, wenn sie das siebte Lebensjahr vollendet haben und über die zur Erkenntnis der Verantwortlichkeit erforderliche Einsicht verfügen (§ 828 Abs. 2 BGB). An diese Einsichtsfähigkeit stellt die Rechtsprechung keine hohen Anforderungen. Schüler können daher vom Geschädigten, z. B. dem Schulträger oder einem Mitschüler, persönlich auf Schadensersatz in Anspruch genommen werden. **191**

Handelt es sich um ganz geringfügige materielle Schäden, beispielsweise wird ein Aufkleber auf der Tasche eines Mitschülers beschädigt, oder um immaterielle Schäden, wie bei der Beleidigung eines Mitschülers, kann die Schule, da eine anderweitige rechtliche Durchsetzung von Wiedergutmachungsansprüchen in der Praxis nicht in Frage kommt und eine Wiedergutmachung für den betroffenen Schüler mit keinerlei oder nur ganz geringfügigen materiellen Aufwendungen verbunden ist, die Aufforderung zur Schadenswiedergutmachung (etwa durch eine Entschuldigung) auch mit Sanktionsandrohungen verbinden.

192 Die Schule muss in jedem Fall zu einer Aufklärung des Sachverhaltes beitragen, und sie kann die Geschädigten auf ihre Rechte hinweisen. Benötigen z. B. geschädigte Mitschüler vonseiten der Schule Informationen, um ihre Ansprüche durchsetzen zu können, kann die Schule verpflichtet sein, ihnen diese Informationen zu geben.

F Der anonyme Schädiger

Eine Schülerin läuft nach Beendigung der Pause vom Schulhof in das Schulgebäude. Dabei stürzt sie und bricht sich den linken Unterarm. Sie behauptet, ein Schüler habe ihr »ein Bein gesetzt«. Der vom Schulleiter zu dem Vorfall befragte Schüler bestreitet das und behauptet, die Schülerin habe sich beim Laufen immer wieder zu einer Freundin umgedreht und sei dabei gegen ihn gerannt und hingefallen.

Die Eltern der Schülerin bitten die Schule um Mitteilung des Namens und der Adresse des Schülers, um gegen den ihnen namentlich nicht bekannten Schüler Schadensersatzansprüche geltend machen zu können. Die Schule lehnt das unter Hinweis auf den Schutz personenbezogener Daten von Schülern ab.

Gegen den ablehnenden Bescheid der Schule klagen die Eltern vor dem Verwaltungsgericht. Sie beantragen, die Schule dazu zu verurteilen, ihnen Auskunft darüber zu geben, welcher Schüler (Name und Anschrift) ihre Tochter auf dem Schulgelände verletzt habe.

Da es im Schulrecht des betreffenden Landes keine unmittelbare Regelung zur Auskunftspflicht der Schulen bei privatrechtlichen Klagen von Schülern untereinander gibt, prüft das Verwaltungsgericht Gelsenkirchen → *(Az.: 4 K 867/90; SPE 193 Nr. 1)* als mögliche Anspruchsgrundlage Normen des Schulrechts des Landes Nordrhein-Westfalen, die sinngemäß auch für das Schulrecht der anderen Bundesländer gelten:

»Der Schüler hat insbesondere das Recht, über ihn betreffende wesentliche Angelegenheiten informiert zu werden. Dass der hier streitgegenständliche Vorfall eine für die Klägerin wesentliche Angelegenheit darstellt, ergibt sich insbesondere aus § 3 Abs. 4 Nr. 3 ASchO , wonach der Schüler alles zu unterlassen hat, was die Rechte beteiligter Personen beeinträchtigt. Da nicht ausgeschlossen ist, dass die Klägerin durch vorsätzliche oder fahrlässige Einwirkung eines Mitschülers ... körperlich verletzt worden ist, hat sie zur zivilrechtlichen Klärung etwaiger Schadensersatzansprüche grundsätzlich einen Anspruch ..., über die Personalien des etwaigen Schädigers informiert zu werden.

Vorschriften des Datenschutzes stehen diesem grundsätzlichen Auskunftsanspruch ... nicht entgegen ...

Die Verarbeitung, also auch die Übermittlung, personenbezogener Daten ist nur zulässig, wenn entweder das Datenschutzgesetz oder eine andere Rechtsvorschrift sie erlaubt oder der Betroffene eingewilligt hat (§ 4 DSG NW). Eine Einwilligung des betroffenen Mitschülers liegt nicht vor. Die oben genannten Anspruchsnormen stellen keine »andere Rechtsvorschrift« im Sinne des § 4 DSG NW dar, weil sie keine ausdrückliche Erlaubnis zur Datenübermittlung im Sinne einer im Datenschutz zu fordernden Normklarheit enthalten ...

Jedoch erlaubt § 16 Abs. 1 Buchstabe c) DSG NW hier die Bekanntgabe von Namen und Anschrift des betreffenden Mitschülers an die Klägerin. Nach dieser Vorschrift ist die Übermittlung personenbezogener Daten an Personen oder Stellen außerhalb des öffentlichen Bereichs zulässig, wenn der Auskunftsbegehrende ein rechtliches Interesse an der Kenntnis der zu übermittelnden Daten glaubhaft macht und kein Grund zu der Annahme besteht, dass das Geheimhaltungsinteresse des Betroffenen überwiegt.

Ein rechtliches Interesse der Klägerin ist nicht zweifelhaft. Aus dem von ihr geschilderten Sachverhalt können sich Schadensersatzansprüche gegen den Schädiger ergeben, die sie auch zu verfolgen beabsichtigt. Gegenüber diesem rechtlichen Interesse der Klägerin überwiegt ein Interesse des betroffenen Mitschülers an der Geheimhaltung seines Namens und seiner Anschrift nicht. Nach der Rechtsordnung sieht sich der betroffene Mitschüler zu Recht Schadensersatzansprüchen der Klägerin ausgesetzt, wenn er die Klägerin schuldhaft verletzt hat. Diesem von der Rechtsordnung geschützten starken Interesse der Klägerin steht lediglich ein minimaler Eingriff in den Schutzbereich der personenbezogenen Daten des betroffenen Mitschülers, nämlich Preisgabe von Name und Anschrift, gegenüber. Dies ist dem Mitschüler ohne weiteres zumutbar. Er hat gegenüber dem Interesse der Klägerin kein schützenswertes Interesse daran, vor einem etwaigen Schadensersatzanspruch verschont zu bleiben.«

2. Versicherungsrechtliche Folgen

193 Verletzen Schüler schuldhaft andere Personen, ist zunächst festzustellen, ob diese Personen in den Schutzbereich der gesetzlichen Unfallversicherung einbezogen sind, da bei bestehendem gesetzlichen Versicherungsschutz besondere Haftungsregeln gelten, durch die der Schädiger in gewisser Weise privilegiert wird, da zunächst die gesetzliche Unfallversicherung für den Körperschaden aufkommt, der Schädiger bei fahrlässigem Handeln nicht haftet und Schmerzensgeldansprüche des Geschädigten nur bei vorsätzlichem Handeln bestehen. Gesetzlicher Versicherungsschutz besteht für alle unmittelbar am Schulleben beteiligten Personen wie den Mitschülern und dem lehrenden wie nichtlehrenden Personal (z. B. Schulsekretärin, Hausmeister).

Körperliche Schädigungen, die während der Schulzeit aus tätlichen Auseinandersetzungen zwischen minderjährigen Schülern entstehen, unterliegen grundsätzlich dem Versicherungsschutz und dem gesetzlichen Haftungsausschluss, es sei denn, im Einzelfall fehlte offensichtlich jeder Schulbezug oder die Tätlichkeiten sprengten den schülertypischen Rahmen durch ihre ungewöhnliche Brutalität. In Fällen schuluntypischer Brutalität entfällt der gesetzliche Unfallversicherungsschutz und die Beteiligten können unmittelbar gegeneinander zivilrechtliche Ansprüche – einschließlich eines Schmerzensgeldes – geltend machen. Auseinandersetzungen unter volljährigen Schülern sind dagegen nur versichert, wenn die Gründe für die Tätlichkeiten eindeutig aus dem Schulbesuch erwachsen sind. Bei vorsätzlichem Handeln kann der Schädiger vom Verletzten unmittelbar in Anspruch genommen werden.

194 Werden Personen verletzt, die nicht zum Schulbetrieb gehören wie z. B. Passanten und liegt keine Verletzung der Aufsichtspflicht vor, haften die Schüler nach den allgemeinen zivilrechtlichen Regeln unmittelbar für den Schaden, und der Geschädigte kann ein Schmerzensgeld fordern.

195 Wird eine zum Schulbetrieb gehörende Person verletzt, ist festzustellen, ob der innere Zusammenhang mit dem Schulbetrieb besteht.

F **Der Faustschlag aufs Auge**
Ein 17-jähriger Schüler erhält bei einer Auseinandersetzung mit einem Mitschüler einen Faustschlag auf das rechte Auge, wodurch er eine Augenhöhlenbodenfraktur erlitt. Die körperliche Auseinandersetzung ereignete sich in der Pause.

Der Verletzte gab an, der Mitschüler habe ihm grundlos ein paar Schläge ins Gesicht gegeben. Zeugen führten in einer gemeinsamen Erklärung an, der Verletzte habe sich in ein Gespräch zwischen ihnen über Verdienstmöglichkeiten, insbesondere von Taxifahrern, eingemischt; im Verlauf der Unterhaltung habe er den Mitschüler zum Zweikampf gefordert. Nach mehrmaliger Provokation sei der Mitschüler aufgestanden und zum Verletzten gegangen. Dieser habe den Mitschüler ins Gesicht geschlagen, worauf der zurückgeschlagen habe und der Verletzte zu Boden gefallen sei.

»Alle Instanzen → *(LSG Rheinland Pfalz; Az.: L 7 U 254/95)* haben in diesem Fall einen versicherten Arbeitsunfall abgelehnt. Während einer Pause sei der innere Zusammenhang mit dem versicherten Tätigkeitsbereich Schule zwar nicht ohne weiteres aufgehoben. Er bestehe allerdings nicht, solange der versicherte Schüler eine private Tätigkeit verrichte. Um eine solche habe es sich vorliegend während der Streitigkeit mit dem Mitschüler gehandelt. Bei einer Streitigkeit sei der innere Zusammenhang mit dem versicherten Tätigkeitsbereich dann zu bejahen, wenn sie aus Gründen entstanden ist, die mit der Schule zusammenhängen. Diese Voraussetzung sei vorliegend nicht erfüllt.

Die tätliche Auseinandersetzung zwischen dem Verletzten und dem **196** Mitschüler sei infolge einer Diskussion über die Verdienstmöglichkeiten von Taxifahrern entstanden. Insoweit fehle es an einer Verbindung zu dem versicherten Tätigkeitsbereich des Verletzten als Schüler.« → *(Thomas Meiser: Gewalt an Schulen – Eine versicherungs- und haftungsrechtliche Betrachtung, in: SchulRecht 3/1999, S. 35–38).*

Schülern und Eltern sollte deutlich gesagt werden, dass selbst bei Tätlichkeiten in der Schule gegenüber Mitschülern eine unmittelbare und umfassende persönliche Haftung möglich ist, falls der innere Zusammenhang mit dem Schulbetrieb bei minderjährigen Schülern offensichtlich fehlt oder sich bei volljährigen Schülern nicht eindeutig herstellen lässt. Auch wenn Tätlichkeiten den schülertypischen Bezug durch ihre schuluntypische Brutalität verlieren, kann der Täter sich nicht auf die Schutzwirkung der Regelungen zur gesetzlichen Unfallversicherung berufen.. Ein solcher Hinweis hat möglicherweise eine nicht unbeträchtliche erzieherische Wirkung.

> Das gilt umso mehr für die Information, dass ein Rückgriff der gesetzlichen Unfallversicherung bei vorsätzlichem Handeln des Täters durch § 110 SGB VII wesentlich erleichtert wurde.

197 Vom Geschädigten kann der Täter bei vorsätzlichem Handeln unmittelbar und persönlich, einschließlich eines Schmerzensgeldes in Anspruch genommen werden. Der Vorsatz muss sich dabei auf die Tathandlung und deren Folgen beziehen (Bundesgerichtshof, Az.: VI ZR 34/02; SchulRecht 9/2003, S. 5 ff). Bei Vorsatz und bei grober Fahrlässigkeit ist ein Rückgriff der gesetzlichen Unfallversicherung beim Schädiger möglich. Nach der Neuregelung müssen sich Vorsatz und grobe Fahrlässigkeit aber nicht mehr auf die Handlung und die Schadensfolgen beziehen, sondern »Das Verschulden braucht sich nur auf das den Versicherungsfall verursachende Handeln oder Unterlassen zu beziehen.« (§ 110 Abs. 1 Satz 3 SGB VII). Ein tätlich werdender Schüler muss sich also nicht bestimmte Folgen seines Handelns vorstellen, es genügt, dass er vorsätzlich oder grob fahrlässig gehandelt hat. Bei vorsätzlicher Herbeiführung eines Schadens kommt die private Haftpflichtversicherung nicht für den Schaden auf. Der Täter hat daher den Rückgriffsanspruch der gesetzlichen Unfallversicherung persönlich zu befriedigen. Allerdings ist ein solcher Rückgriff an enge Voraussetzungen gebunden, da der Rückgriff nur möglich ist, »… wenn der durch das Haftungsprivileg begünstigte Schüler den Unfall und damit die Aufwendungen des Sozialversicherungsträgers durch ein besonders zu missbilligendes Verhalten verursacht hat.« → *(Bundesgerichtshof, Az.: VI ZR 212/07; SchulRecht 7-8/2009, S. 83).*

198 Eine gewisse Sanktionierung von grobem Fehlverhalten durch die Regelungen zum gesetzlichen Unfallversicherungsschutz beschränkt sich aber nicht auf Fälle vorsätzlicher Schädigung von Mitschülern.

> **!** Unabhängig von Tätlichkeiten sollten Schüler insbesondere im Zusammenhang mit der Aufsicht auf dem Schulhof und bei Klassenfahrten darauf hingewiesen werden, dass sie nicht nur mit einer Ordnungsmaßnahme rechnen müssen, sondern in aller Regel den Versicherungsschutz verlieren, wenn sie sich unerlaubter Weise aus dem schulischen Bereich entfernen.

3. Information anderer Behörden/Institutionen

a. Mitteilung an das Jugendamt

Das Jugendamt kann sowohl im Rahmen der Mitwirkung im Verfahren **199** nach dem Jugendgerichtsgesetz als auch nach eigenem Auftrag im Rahmen des Kinder- und Jugendhilfegesetzes Ursachen für schwerwiegendes Fehlverhalten – vor allem im familiären Bereich – suchen und Hilfen anbieten.

In Fällen, in denen der Schulleitung Tatsachen bekannt werden, die darauf schließen lassen, dass das Wohl eines Schülers ernsthaft gefährdet oder beeinträchtigt ist, sollte daher die Unterrichtung des Jugendamtes ernsthaft erwogen werden. Da es sich immer um Einzelfallentscheidungen handelt, verzichten einige Länder auf eine ausdrückliche Regelung, während andere die Voraussetzungen für eine Zusammenarbeit näher ausgeführt haben oder sogar im Schulgesetz Regelungen getroffen haben. Da diese gesetzlichen Regelungen einen gewissen Leitbildcharakter auch für andere Länder haben können, seien zwei Vorschriften beispielhaft erwähnt:

§ 63 Abs. 3 SchulG Br verpflichtet die Schulleitung, das zuständige Jugendamt zu unterrichten, falls im Zusammenhang mit dem Fehlverhalten eines Schülers Tatsachen bekannt werden, die darauf schließen lassen, dass das Wohl dieses Schülers ernsthaft gefährdet oder beeinträchtigt ist. Zuvor sind die Eltern zu benachrichtigen. Diese Vorschrift ist eine Sollvorschrift. Die Schulleitung muss daher dieser Verpflichtung nachkommen, es sei denn, es gibt im konkreten Einzelfall schwerwiegende Gründe, eine Unterrichtung des Jugendamtes zu unterlassen.

In welchen Fällen und wie häufig sich ein Schulleiter entscheidet, das Jugendamt zu informieren, hängt bei Fehlen einer Vorschrift wohl in besonderem Maße auch davon ab, welche Erfahrungen er mit der Effektivität jugendamtlicher Maßnahmen gemacht hat.

b. Zusammenarbeit mit den Polizeibehörden

Im Zusammenhang mit strafbaren Handlungen kann nicht nur eine **200** Anzeige bei der Polizei, sondern auch eine Zusammenarbeit mit den Polizeibehörden im Vorfeld konkreter Entscheidungen sehr hilfreich sein. Insbesondere die auf Probleme der Jugendkriminalität spezialisierten Polizeibeamten können bei der Einschätzung einer Gefahrenlage und der Prävention die Schule unterstützen. Besteht eine nicht offensichtlich unbegründete Besorgnis eines Amoklaufs, ist die Polizei einzuschalten, die hilft, die Gefahrenlage einzuschätzen und im außerschulischen Bereich handlungsfähig ist.

Wird polizeilicher Rat benötigt, ohne dass die Schule Namen Beteiligter nennen möchte, kann die Polizei auch gebeten werden, ein Beratungsgespräch über einen anonymisierten Fall zu führen.

c. Gesundheitsamt

201 Beruhen schwere Verstöße gegen die schulische Ordnung und die Rechte anderer möglicherweise auf psychischen Störungen oder schweren Verhaltensstörungen, empfiehlt es sich, spezielle Dienste – wie den jugendpsychiatrischen und/oder den jugend- und schulärztlichen Dienst – beim Gesundheitsamt einzuschalten → *(so ausdrücklich z. B. RdErl. vom 31. 8. 2007; BASS NRW18-03 Nr. 1).*

X. Ordnungsmaßnahmen an Schulen in freier Trägerschaft

Die Rechtsbeziehungen zwischen dem Träger einer Schule in freier Trägerschaft und den Schülern und Eltern können öffentlich-rechtlicher oder privatrechtlicher Natur sein. Öffentlich-rechtlich sind alle das Berechtigungswesen, also im Wesentlichen Versetzungen, Abschlüsse und Prüfungen, berührenden Angelegenheiten. Privatrechtlicher Natur und damit auf dem Schulvertrag beruhend sind alle sonstigen Angelegenheiten, zu denen auch die erzieherischen Einwirkungen und Ordnungsmaßnahmen gehören. **202**

Träger einer Privatschule können natürliche oder juristische Personen des Privatrechts sowie Religionsgemeinschaften oder Weltanschauungsgemeinschaften, die die Rechte einer Körperschaft des öffentlichen Rechts besitzt, sein. Die Schulgesetze definieren die Privatschulen in der Regel über die Trägerschaft. Eine über die in den Schulgesetzen übliche formale Definition hinausgehende Begriffsbestimmung der Privatschule lautet: »Die Privatschule ist eine von einem der genannten Träger errichtete und betriebene Schule, die Erziehung und Unterricht in eigener Verantwortung gestaltet und die von Eltern und Schülern frei gewählt werden kann.« → *(Avenarius/Füssel, S. 288)*. Insbesondere der Bereich der Erziehung gehört zu den auf dem Schulvertrag beruhenden Bereichen, in denen der Träger eine besondere Gestaltungsfreiheit hat, die er im Interesse der besonderen Prägung der Schulen in freier Trägerschaft auch häufig nutzt. Die Schulen in freier Trägerschaft können Eltern und Schülern beispielsweise eine religiös oder weltanschaulich gebundene Erziehung bieten, die öffentliche Schulen wegen des Neutralitätsgebotes nicht anstreben dürfen. Liegt eine solche Zielsetzung, die allerdings für die Genehmigung einer privaten Schule nicht erforderlich ist, vor, hat sie unmittelbare Auswirkungen auf den Bereich des erzieherischen Handelns.

Die Gestaltungsfreiheit des Schulträgers ist aber nicht unbegrenzt. Enthält der Schulvertrag, bei dem es sich um einen Dienstvertrag handelt, Allgemeine Geschäftsbedingungen, sind die Regelungen des Gesetzes zur Regelung des Rechts der Allgemeinen Geschäftsbedingungen zu beachten. Bestehen Zweifel an der Auslegung der Allgemeinen Geschäftsbedingungen, gehen diese zu Lasten des Schulträgers. Geschäftsbedingungen, die Eltern und Schüler unangemessen benachteiligen sind unwirksam. Eine in den Allgemeinen Geschäftsbedingungen eines privaten Schulträgers enthaltene Kündigungsklausel, die eine fristgemäße Kündigung jeweils zum Schulhalbjahr mit einer Kündigungsfrist von zwei Monaten enthält, ist wirksam → *(BGH, Az.: III ZR 74/073; SchulRecht 11-12/2008, S. 133 ff.).* Der Schulträger muss eine fristgemäße im Gegensatz zur fristlosen Kündigung grundsätzlich nicht begründen. Sollten die Eltern oder Schüler aber Tatsachen nennen, die den Verdacht einer rechtsmissbräuchlichen Kündigung nahelegen, ist der Schulträger verpflichtet, Gründe für die Kündigung zu nennen, um den Verdacht des Rechtsmissbrauchs auszuräumen (BGH, a. a. O.).

Eine Schule in freier Trägerschaft hat daher zwei Möglichkeiten der Vertragskündigung und damit der Beendigung des Schulverhältnisses. Sie kann fristgemäß oder fristlos kündigen. Bei der Ordnungsmaßnahme der Entlassung von der Schule wird eine fristgemäße Kündigung nur infrage kommen, wenn der Schüler wegen der Einhaltung der Frist und der in der Regel auf zwei Termine im Schuljahr begrenzten Kündigungsmöglichkeit nicht noch unangemessen lange die Schule besuchen kann. Eine fristlose Kündigung ist jederzeit möglich, und es ist die Verpflichtung der staatlichen Schulaufsicht und nicht des Trägers der Schule in freier Trägerschaft, schulpflichtige Schüler einer öffentlichen Schule zuzuweisen. Allerdings ist eine fristlose Kündigung an strenge Voraussetzungen gebunden. Sie ist nur rechtmäßig, wenn der Schule eine Fortsetzung des Vertragsverhältnisses unzumutbar ist. Das Verhältnis der Vertragsparteien zueinander muss derart zerrüttet sein, dass eine sofortige Trennung unausweichlich ist.

Die Kündigungsmöglichkeiten der fristgemäßen und fristlosen Kündigung stehen selbstverständlich nicht nur dem privaten Schulträger, sondern auch den Eltern und Schülern zur Verfügung.

Verfügt die Schule in freier Trägerschaft über eine eigene Schulordnung, die z. B. das Verfahren bei Ordnungsmaßnahmen und die Maßnahmen selbst festlegt, wird diese Schulordnung üblicherweise durch eine entsprechende Vertragsklausel Bestandteil des Schulvertrages.

Für die Erziehungs- und Ordnungsmaßnahmen bedeutet das, dass sie **203** das privatrechtliche Verhältnis zwischen dem Schulträger und den Schülern und Eltern betreffen. Das hat mehrere Konsequenzen, die zu Unterschieden zwischen der Rechtslage an Schulen in öffentlicher Trägerschaft und denen in freier Trägerschaft führen:

- Die Schule in freier Trägerschaft ist nicht an die gesetzlichen Regelungen gebunden, sondern kann durch eine eigene Schulordnung und den Schulvertrag eigene Erziehungs- und Ordnungsmaßnahmen einführen.
- Ordnungsmaßnahmen sind keine Verwaltungsakte. Es gibt daher keine Widerspruchsmöglichkeit, sondern nur eine Beschwerde beim Schulträger. Die Entlassung von der Schule erfolgt durch Kündigung des Schulvertrages und nicht durch hoheitliches Handeln wie an der öffentlichen Schule.
- Die Zuständigkeit für gerichtliche Auseinandersetzungen liegt nicht bei den Verwaltungsgerichten, sondern bei den Zivilgerichten:

»Das Rechtsverhältnis zwischen dem Schüler und dem Träger einer Privatschule ist in seiner Grundstruktur privatrechtlich ausgestaltet. Der Anspruch auf Aufnahme in eine Privatschule oder die Abwehr der von ihr ausgehenden Ordnungsmaßnahmen (einschließlich der Entlassung des Schülers) richtet sich auf den Abschluss oder die Einhaltung des Schulvertrages auf der Grundlage des allgemeinen Vertragsrechts und hat mithin privatrechtlichen Charakter; solche Rechte sind als »bürgerliche Rechtsstreitigkeiten« vor den ordentlichen Gerichten (Zivilgerichten, d.Verf.) geltend zu machen.« → *(VGH Hessen, Az.: 7 TJ 1763/06; SchulRecht 9-10/2007, S. 104 f).*

Verzichtet eine Schule in freier Trägerschaft darauf, in einer Schulord- **204** nung eigene Ordnungsmaßnahmen festzulegen, und werden im Schulvertrag keine besonderen Absprachen getroffen, gelten die Regelungen des jeweiligen Landes auch für die Schule in freier Trägerschaft entsprechend. Für Klagen bleiben aber die Zivilgerichte zuständig. Das gilt auch, wenn die Schule in freier Trägerschaft die schriftliche Mitteilung über eine Ordnungsmaßnahme mit einer Rechtsmittelbelehrung und dem Hinweis verbunden hat, es sei eine Klageerhebung vor dem Verwaltungsgericht möglich.

F Der unzulässige Rechtsweg

Ein als private Ersatzschule anerkanntes Gymnasium entließ einen Schüler aus disziplinarischen Gründen mit sofortiger Wirkung. In dem Mitteilungsschreiben nahm die Schule sowohl auf die vertraglich vereinbarte Kündigungsregelung als auch auf die gesetzlichen Regelungen zu Ordnungsmaßnahmen Bezug. Das Amtsgericht lehnte den Erlass einer einstweiligen Anordnung als unbegründet ab. Das anschließend angerufene Verwaltungsgericht erklärte den Verwaltungsrechtsweg für unzulässig und verwies den Rechtsstreit an das Landgericht. Auf die dagegen eingelegte Beschwerde lehnte das OVG den Antrag auf Gewährung vorläufigen Rechtsschutzes endgültig als unzulässig ab → *(OVG Nordrhein-Westfalen, Az.: 19 E 169/97; SPE 636 Nr. 21):*

»Für Streitigkeiten, die sich aus der Entlassung eines Schülers von einer Privatschule ergeben, ist in Nordrhein-Westfalen, wie in anderen Bundesländern auch, der Verwaltungsrechtsweg nicht gegeben ...

Von einer selbstständigen öffentlich-rechtlichen Maßnahme ist auch nicht aufgrund der Form, in der die Entlassung bekanntgegeben wurde, auszugehen. Ist Streitgegenstand ein Verwaltungsakt, ist zwar grundsätzlich von einem öffentlich-rechtlichen Rechtsverhältnis auszugehen, auch wenn der Hoheitsträger keinen Verwaltungsakt erlassen durfte, z. B. weil das Rechtsverhältnis privatrechtlich geregelt ist ...

Ein Verwaltungsakt liegt hier der Form nach nicht vor. Dass der Schulträger seinem Schreiben eine Rechtsmittelbelehrung mit dem Hinweis auf die Möglichkeit einer Klageerhebung vor dem Verwaltungsgericht angefügt hat, stellt sich bei verständiger Würdigung vom objektiven Empfängerhorizont her als schlichte Reaktion auf den Widerspruch des Schülers und den vorausgegangenen Streit über den Rechtsweg dar. Dass der Schulträger nicht hoheitlich handeln und insbesondere der Bekanntgabe seiner Entscheidung nachträglich keine Verwaltungsaktsqualität beimessen wollte, ergibt sich mit hinreichender Deutlichkeit aus dem Inhalt des Schreibens. Darin weist der Schulträger den Widerspruch des Schülers als unzulässig zurück und nimmt zur Begründung ausdrücklich auf die Schriftsätze seiner Prozessbevollmächtigten Bezug, in denen diese ausführlich dargelegt haben, dass der Schulträger gerade nicht hoheitlich handeln wollte.

Entgegen der Auffassung des Schülers ergibt sich für ihn aus der Charakterisierung seiner Entlassung vom Gymnasium als einheitliche privatrechtliche Maßnahme auch keine Verletzung seines Grundrechts aus Art. 19 Abs. 4 GG auf effektiven Rechtsschutz. Soweit die Gleichwertigkeit es erfordert, hat die Allgemeine Schulordnung (als Rechtsverordnung des Landes) und auch die Regelung über die Entlassung von der Schule (in der Allgemeinen Schulordnung) Einfluss auf die privatrechtliche Ausgestaltung des Schulverhältnisses. Der Schutz der sich daraus ergebenden Rechte für den Schüler wird vom zuständigen Zivilgericht im Rahmen der Überprüfung der Beendigung des Schulverhältnisses gewährleistet.«

Die Zivilgerichte beurteilen die Wirksamkeit der schulischen Ordnungsmaßnahme anhand der Schulordnung des Trägers der Privatschule und des Schulvertrages oder der entsprechend angewandten schulgesetzlichen Regelungen, vor allem der Verfahrensregelungen. Auch der Maßstab der Verhältnismäßigkeit wird nach den gleichen Kriterien angelegt wie bei den Maßnahmen öffentlicher Schulen. Bei der Abwägung der Interessen sind allerdings die besonderen Interesses des Trägers zu berücksichtigen. Diese besonderen Interessen bestehen vor allem in an öffentlichen Schulen nicht üblichen oder nicht zulässigen Erziehungszielen und dem Interesse des Trägers an der Bewahrung des Rufs der Schule, da er wegen der freien Schulwahl der Eltern und Schüler in noch höherem Maße als eine öffentliche Schule auf einen guten Ruf angewiesen ist. Eine Verschlechterung des Ansehens der Schule in der Eltern- und Schülerschaft kann für den Träger existenzbedrohend werden. **205**

Dass der Maßstab der Verhältnismäßigkeit in gleicher Weise an Ordnungsmaßnahmen der Schulen in freier Trägerschaft angelegt wird wie an die öffentlicher Schulen, verdeutlicht der folgende Fall. **206**

F **Der Kurierdienst**
Eine Schülerin der 10. Klasse eines Gymnasiums in freier Trägerschaft, gegen die bis dahin keinerlei Ordnungsmaßnahmen verhängt worden waren, erledigte für einen Schüler, der auf dem Schulgelände mit Marihuana und ähnlichen Drogen gehandelt hatte, wenigstens einmal Kurierdienste, indem sie, darauf angesprochen, ob sie Drogen besorgen könne, sich an den »Händler« wandte, von dem sie ein Filmdöschen erhielt, in dem sich Marihuana befinden sollte. Später wurde festgestellt, dass das Döschen vermutlich lediglich Huflattichtee ent-

hielt. Die Schülerin übergab das Döschen an den Besteller. Die Schule verwies die Schülerin auf Grund dieses Vorfalles von der Schule.

Das Landgericht Paderborn → *(Az.: 4 O 583/97; SchulRecht 6–8/1998, S. 85 ff.)* hat die Schulentlassung durch eine fristlose Kündigung für unwirksam erklärt:

»Die erforderlichen Voraussetzungen für die Kündigung eines Dauerschuldverhältnisses sind hier nicht gegeben. Insoweit nämlich kommt es auf das Vorliegen von Tatsachen an, die unter Berücksichtigung aller Umstände und unter Abwägung der beiderseitigen Interessen die Fortsetzung des Vertrages für den Kündigenden unzumutbar machen. Eben davon kann bei Würdigung aller erheblichen Aspekte des hier in Streit stehenden Einzelfalls aber nicht ausgegangen werden. Dabei ist (dem Schulträger) durchaus zuzugestehen, dass seine Zielsetzung, das von ihm betriebene Gymnasium drogenfrei zu halten, anerkennens- und schützenswert ist. Es ist aber nicht ersichtlich, dass die Verwirklichung dieses Ziels der Beendigung des Schulvertrages mit der Schülerin bedarf. …

Im Hinblick (auf die Kuriertätigkeit) kann zunächst dahinstehen, ob sich in dem Filmdöschen tatsächlich Marihuana oder lediglich Huflattichtee befunden hat, denn jedenfalls beabsichtigte die Schülerin unstreitig, Marihuana weiterzugeben. Bereits hierin ist ein schwerer Verstoß gegen den Erziehungsauftrag der Schule zu sehen. Ausschlaggebend ist in diesem Zusammenhang die Intention der Schülerin. …

(Bei Marihuana handelt es sich) um keine »harte« Droge, die in die Abhängigkeit führt. … Dies ist im Zusammenhang mit der Einschätzung der Gefährdung anderer Schüler durch die Schülerin im Rahmen der Abwägung der beiderseitigen Interessen hinsichtlich des Fortbestandes des Schulverhältnisses durchaus bedeutsam. Weiterhin muss in Betracht gezogen werden, dass die Schülerin keine Schlüsselposition in dem Drogenhandel am Gymnasium eingenommen hat, sondern nur einmal als Überbringerin einer geringen Dosis agiert und hieraus keinen eigenen Nutzen gezogen hat. …

Was aber Randfiguren wie die Schülerin betrifft, erscheint es nicht um der pädagogischen Zielsetzung der Schule willen geboten, diese ohne Rücksicht auf die Besonderheiten des Einzelfalles allesamt zu entlassen. Der Grad der »Schuld« der Schülerin, die ihr erstmaliges Fehlverhalten im Übrigen einsieht, steht zu einer so einschneidenden Maßnahme in einem

Missverhältnis. Dies gilt umso mehr, als die Schülerin inmitten des letzten Schuljahres vor dem Erreichen der mittleren Reife gezwungen wäre, die Schule zu wechseln. …

Der Schule hingegen stehen neben der Kündigung des Schulvertrages andere, weniger einschneidende Ordnungsmaßnahmen zur Verfügung, um die Schülerin zu disziplinieren.«

Rechtsstaatliche Grundsätze wie das Verhältnismäßigkeitsprinzip und das Anhörungsrecht der Betroffenen vor der Entscheidung über eine Ordnungsmaßnahme gelten für Schulen in freier Trägerschaft ebenso wie für öffentliche Schulen. Außerdem sind die zivilrechtlichen Regelungen zu beachten, die einer völlig freien Vertragsgestaltung entgegenstehen.

Die Schulen in freier Trägerschaft haben einen erheblichen Handlungs- **207** spielraum bei den erzieherischen Einwirkungen und Ordnungsmaßnahmen, der von den Schulen durch entsprechende Schulordnungen ausgefüllt werden kann. Die öffentlich-rechtlichen Regelungen des jeweiligen Landes zu den Ordnungsmaßnahmen gelten nur subsidiär, falls der Träger von seinem Gestaltungsrecht keinen Gebrauch macht.

Verzeichnis der Fälle

Die **fett gedruckten Zahlen** verweisen auf Randziffern.

Verzeichnis der Gerichtsentscheidungen

Abkürzungsverzeichnis

Abs.	Absatz
Art.	Artikel
ASchO	Allgemeine Schulordnung
Az.	Aktenzeichen
BDO	Bundesdisziplinarordnung
BGB	Bürgerliches Gesetzbuch
BGH	Bundesgerichtshof
BBG	Bundesbeamtengesetz
BRRG	Beamtenrechtsrahmengesetz
BSG	Bundessozialgericht
BSGE	Sammlung der Entscheidungen des Bundessozialgerichts
EOMV	Verordnung über Konfliktschlichtung, Erziehungs- und Ordnungsmaßnahmen
Erl.	Erlass
FamRZ	Zeitschrift für Familienrecht
GG	Grundgesetz
KG	Kammergericht
KM	Kultusministerium
LBG	Landesbeamtengesetz
LG	Landgericht
LSG	Landessozialgericht
OLG	Oberlandesgericht
OVG	Oberverwaltungsgericht
RdErl.	Runderlass
RVO	Reichsversicherungsordnung
SchulO	Schulordnung
SchuR	Zeitschrift »SchulRecht«
SGB	Sozialgesetzbuch
SozR	Sozialrecht

SPE a. F.   Sammlung schul- und prüfungsrechtlicher Entscheidungen, alte Folge

SPE   Sammlung schul- und prüfungsrechtlicher Entscheidungen, 3. Folge

StGB   Strafgesetzbuch

VGH   Verwaltungsgerichtshof

VV   Verwaltungsvorschriften

Literaturverzeichnis

Hermann Avenarius/Hans-Peter Füssel: Schulrecht. 8. neubearbeitete Auflage Köln 2010 (zitiert als Avenarius/Füssel)

Hermann Avenarius/Hans Heckel: Schulrechtskunde. 7. Aufl. Neuwied 2000 (zitiert als Avenarius/Heckel)

Thomas Böhm (Hrsg.): SchulRecht. Informationsdienst für Schulleitung und Schulaufsicht. Kronach (erscheint 6-mal jährlich)

Thomas Böhm (Hrsg.): Sammlung schul- und prüfungsrechtlicher Entscheidungen (SPE). (LBW) Neuwied

Thomas Böhm: Aufsicht und Haftung in der Schule. 4. überarbeitete Aufl. Köln 2011

Thomas Böhm: Schulrechtliche Fallbeispiele für Lehrer. 6. überarbeitete Aufl. Köln 2010

Norbert Niehues: Schul- und Prüfungsrecht. Band 1: Schulrecht. 3. Aufl. München 2000

Jürgen Staupe: Schulrecht von A–Z. 5. Aufl. München 2001

Stichwortverzeichnis

Die **fett gedruckten Zahlen** verweisen auf Randziffern.

Notizen

Notizen